新时代公共管理
理论与实践研究

郑国宁◎著

经济管理出版社
ECONOMY & MANAGEMENT PUBLISHING HOUSE

图书在版编目（CIP）数据

新时代公共管理理论与实践研究/郑国宁著.—北京：经济管理出版社，2023.9
ISBN 978-7-5096-9235-6

Ⅰ.①新… Ⅱ.①郑… Ⅲ.①公共管理 Ⅳ.①D035-0

中国国家版本馆 CIP 数据核字（2023）第 173673 号

组稿编辑：张馨予
责任编辑：张馨予
责任印制：张莉琼
责任校对：陈　颖

出版发行：经济管理出版社
　　　　　（北京市海淀区北蜂窝 8 号中雅大厦 A 座 11 层　100038）
网　　址：www.E-mp.com.cn
电　　话：（010）51915602
印　　刷：北京晨旭印刷厂
经　　销：新华书店
开　　本：720mm×1000mm/16
印　　张：14.75
字　　数：242 千字
版　　次：2023 年 9 月第 1 版　　2023 年 9 月第 1 次印刷
书　　号：ISBN 978-7-5096-9235-6
定　　价：98.00 元

内容简介

公共管理无论是从其理论还是从实践角度看都呈现出日新月异的发展局面,《新时代公共管理理论与实践研究》一书立足于我国公共管理现实,以全新的视角,从发展到实践对公共管理理论与实践进行了分析。本书从管理的起源开始研究,探究了公共管理的概念与特点;明确了管理的主要对象;进而站在人性的基础与假设上进行行为方式的控制与分析。同时,本书还介绍了公共管理的主体性,明确了不同组织部门在公共管理中的关键作用。最后,本书系统地介绍了公共管理的方法与途径,并对其未来的现代化发展做了憧憬和分析。本书理论框架完整,以全新的视角分析了公共管理未来发展的基础理论以及实践发展,为高校公共管理相关专业师生的研究和学习提供了理论参考。

前　言

　　公共管理作为一门学科，诞生于 20 世纪 70 年代的美国，它经历了从公共行政学到新公共管理的发展历程。公共管理学科的兴起和发展为我们理解和研究公共管理领域事务的特征、运行规律、发展趋势以及优化政府管理提供了系统科学的理论指导和实践依据。值得关注的是，进入 21 世纪以来，公共管理学科在我国蓬勃发展。

　　公共管理学科的快速发展态势不仅因为其所蕴含的丰富的理论资源，还和其强大的理论吸纳能力和理论整合能力密不可分。现代经济学理论中的委托代理理论、公共选择理论、交易成本理论，现代管理理论中的战略管理理论、目标管理理论、绩效管理理论，政治学中的参与式民主理论、协商民主理论、治理理论、公共服务理论以及社会学中的社会资本理论均被纳入公共管理的理论研究视域。这些理论不仅建构了公共管理综合性的理论视角和研究框架，而且增强了公共管理学科的实践回应性和应用性。我国公共管理领域的专家学者在系统追踪国外研究成果的同时批判性地消化和吸收了相关的理论精髓，取得了丰硕的研究成果。这些理论结晶不仅为公共管理学科理论发展的本土化奠定了坚实的基础，也为我国公共部门的管理实践创新提供了不竭动力。因此，从理论层面梳理公共管理理论的发展脉络，并从实践层面探讨我国公共管理发展的环境变化和现实路径具有重要的理论和现实意义。《新时代公共管理理论与实践研究》一书立足于我国公共管理现实，以全新的视角，从发展到实践对公共管理理论与实践进行了分析。

本书分为七章，从公共管理的起源开始研究，探究了公共管理的概念与特点；明确了公共管理的主要对象；进而站在人性的基础与假设上进行行为方式的控制与分析。同时，介绍了公共管理的主体性，明确了不同组织部门在公共管理中的关键作用。最后，本书系统地介绍了公共管理的方法与途径，并对其未来的现代化发展做了憧憬和分析。本书理论框架完整，以全新的视角分析了公共管理未来发展的基础理论以及实践发展，为高校公共管理相关专业师生的研究和学习提供了理论参考。

本书在撰写的过程中参考了大量的资料，在此向各位老师表示由衷的感谢，由于时间仓促，加之个人水平有限，书中难免存在疏漏，敬请各位读者批评指正。

郑国宁

2023 年 2 月

目　录

第一章　公共管理概念与特点

第一节　公共管理的概念

公共管理学是在 20 世纪 70 年代以后，作为一个相对独立的研究领域和学科，逐步发展起来的。公共管理学以其对传统公共行政学批判性继承、发展和超越的趋势回应了时代变迁对理论创新的要求。随着新时代的进步和发展，以其巨大的理论和实用价值而发展起来的公共管理学正在成为一个新兴学科。

简单而言，公共管理学是针对公共管理这一实践活动所展开的理论研究。因此，要对作为一门学科形态的公共管理学进行深入理解，首先就要掌握公共管理的一般理论，而其中最重要的就是要准确认识公共管理的内涵以及特征。

一、公共管理的内涵

对于公共管理（Public Management）内涵的界定，理论界还没有形成共识，至少还没有一个能够广泛被接受且得到认可的概念。在研究和实践的过程中，对公共管理、公共行政和行政管理这些相近概念以及它们之间关系的争论一直不断，形成了不同的看法和理解，导致公共管理在内涵界定上模糊不清。因而，要准确理解公共管理的内涵，首要的任务在于厘清这些概念，把握它们之间的异同。

（一）公共管理与公共行政

无论是在英文还是在中文中，"管理（Management）"和"行政（Administration）"这两个词都是近义词。人们有时将两者混用，如美国著名的管理学家赫伯特·西蒙的《管理行为：管理组织决策过程的研究》（*Administrative Behavior*），在 Master of Public Administration（MPA）引入我国时，称为公共管理专业硕士，亦将 Administration 翻译为"管理"；我国行政学界公认的学术权威夏书章教授在其主编的教材中也指出行政管理学又称行政学，或公共行政学，或公共管理学，或公共行政管理学。其中"行政""管理"也是通用的。可见，虽然当前国内对于将 Public Administration 译为"公共行政"和将 Public Management 译为"公共管理"的译法上，基本达成了共识，但并不排除在某些条件下两者的互换使用。在西方理论界，同样存在这样的情况。以罗森布鲁姆为代表的坚持传统范式的西方学者认为，公共管理完全等同于公共行政。他在《公共行政学：管理、政治和法律的途径》一书中认为：公共行政是管理的、政治的和法律的理论应用过程，也是为全社会或社会的一部分履行规制和服务职能而执行立法的和司法的政府法令的过程。这个相对广泛的定义，涵盖了所有的公共部门及其管理活动，这与公共管理学派所理解的"公共管理"实质上是相同的。但通过对"行政""管理"进行详细的语义分析，我们发现这两个概念的内在差别还是比较明显的。Administration 源于拉丁文 Adminiatrare，是一个出现得比较早、词义丰富的概念。对"行政"而言，《牛津英语词典》的解释是一种为处理事务，指导或监督执行，运用或引导的行政活动。在我国的通用译法主要有：第一，管理、经营；第二，行政、行政机关、局（署、处等）政府；第三，（行政官员或机关的）任职期；第四，（军）后方勤务；第五，执行等。在我国的释义为：第一，行使国家权力的机构；第二，机关、企业、团体等内部的管理工作。对管理而言，《牛津英语词典》的解释为管理是通过自己的行动引导、控制事务的照看或看管的过程。《韦伯斯特词典》更详细地解释了管理一词，定义为管理的行动或艺术，引导或监督商业一类的事务，尤其是指商业活动项目中的计划、组织、协调、指导、控制等执行功能，以对结果负责，为达到目的而明智地使用各种手段。在我国的释义为主持或负责某项工作、经营、料理、约束、照管。从中可见，"行政"一词虽然也有管理的内容，但是多针对行政机构的活动；"管理"则是就一般管理而言，对管理的主体形式没有特别的限定；另外，行政多局限在行政机构的内部活动，而管理的活动内容则比较宽泛。从而，管理活动的边界要大于行政活动的边界，行政只是管理的一种特殊表现形式。基于以上行政和管理含义的不同，被赋予"公共"一词后的公共行政和公共管理也会有所差异。就公共管理而言，虽然管理活动带了"公共性"，但是与公共行政相比，它关注的范围依然要大于公共行政的视野，它不仅包括对公共部门自身的管理，而且包括外部管理，以便更好地向社会提供公共产品和公共服务。这使得公共管理在管理内容、管理模式、管理方法和目标取向上都有别于公共行政。

从理论发展的角度来看，公共管理与公共行政的内涵也是不同的。自威尔逊以来，公共行政一直是政府公共部门管理的主要形式。总体来看，政治与行政二分理论和韦伯的官僚制理论是它的建立基础。威尔逊的政治-行政二分理论奠定了传统公共行政的理论基础，而韦伯的官僚制则进一步解决了政治-行政二分理论的应用问题，从而保证了以规则为基础的非人格化的管理制度的实现。官僚制理论重视机关内部的规范化管理，强调法制条件下的层级制组织结构模式；强调职业化、专业培训和新式忠诚的官员职位，官员的个人职位由传统的等级制加以保证，由上级选任、终身担任，实行定额薪金等。传统公共行政模式适应了工业社会的管理要求，在历史上取得了很大的成功。但随着时代的发展，这种模式开始暴露出自身的局限性。在经济全球化、政治民主化和技术革命的大趋势下，传统公共行政的组织形式由于过度封闭，与外部环境缺乏有机的联系和沟通，开始变得僵化，既缺乏对公共利益的关注，又出现机构臃肿、效率低下的现象。因而，传统公共行政逐渐受到广泛的批评与质疑。20世纪70年代末80年代初，一场声势浩大的行政改革浪潮在世界范围内掀起，被称为理论基础的新公共管理，对公共行政特别是传统的行政理论构成了极大的冲击。公共管理——一种新的公共部门管理模式，成为全新的高效的公共部门管理概念。相比于公共行政，它的突出特点可以总结为三点：第一，就管理理念来讲，政府不再是单纯注重效率，而是转换为效率、效益与社会公正、社会平等并重，提高管理与服务的社会效益，保持公共管理的公正和平等被放在了突出的位置，重视公共部门的责任感，甚至将其放在有时可以决定公共事务的管理效果的重要地位；第二，在管理方式上，公共管理意味着打破传统的公共服务提供形式，更加重视引入市场机制，凭借企业精神改造政府管理，并通过授权、委托、代理等方式，积极寻找采用公私合作的新路线，并把管理的主体拓展到非政府公共机构领域，实施政府与社会力量互动的治理模式；第三，从管理的过程来讲，发展为更多地关注管理的结果，投入、产出、成本、效益等重要理念被引入公共部门的管理中，而不再是过去重点关注管理的过程，追求 3E（Economy，Efficiency，Effectiveness，即经济、效率和效果）的统一。可见，这场带有强烈的市场化取向和管理主义色彩的改革运动的确把传统的公共行政理论向前推进了一步。基于以上分析，不难发现，公共管理和公共行政这两个概念虽然都意指公共部门的管理活动，但是它们之间有着本质的区别，公共管理在理论基础、管理主体、管理理念和管理方式上都发生了重大改变。

（二）公共管理与行政管理

对于公共管理与行政管理的关系的辩论，其实与我国对 public administration 的最早译法直接相关。20 世纪 80 年代，我国的行政学研究带有明显的政治取向和政治色彩，从而我国学者将 public administration 译成行政管理，将大写的 Public Administration 译成行政管理学（以下简称行政学），高校的相关教学研究机构则被称为"行政管理系"，用于突出我国当时行政管理的阶级属性。20 世纪 90 年代末期，对行政学研究的政治敏锐性逐渐弱化，根据我国公共部门管理的新特点 public administration 开始恢复本来词义，公共行政这一称呼开始流行。但是，占据主流地位的仍然是先入为主的行政管理，行政管理的字样仍被保留在了大学的学科设置、社会上的学会名称以及相关的教科书上，公共行政还没有完全取代行政管理，公共行政学和行政管理学只是一个学科的两种叫法。然而随着时间的推移，人们思想逐渐解放，理论研究不断推陈出新，行政管理逐渐被公共管理代替。

通过以上公共管理与公共行政、行政管理的对比，联系公共管理自身的特性，总结出以政府为核心的公共组织和其他社会组织等，为推进社会整体和谐发展、增进社会的公共利益，运用公共权力，凭借观念和手段的不断创新，对日益复杂的公共事务及组织自身进行管理和优化的活动被称为公共管理。

二、公共管理的基本特征

通过以上对公共管理内涵的研究，我们已经不难发现公共管理的特征，具体可以归结为五个方面。

（一）公共管理的公共性

公共管理的公共性主要包含两层含义。

1. 利益取向的公共性

在公共管理过程中，凭借其所提供的公共物品和公共服务，公共组织要去推进、实现和维护公共利益的最大化。这样的公共利益不是指向任何一个特定的阶层或群体，而是指一定范围内，不特定群体的共同利益，包括其根本利益和长远利益。公共管理与传统公共行政的本质区别在于强化公共利益的重要性。尽管传统公共行政也标榜公共利益，但是更多时候，其强调的只是维护统治阶级利益，往往只是挂在口头的政治标语。然而公共管理将公共利益放在了突出位置，并采取多种形式保障其能够有效实现，从而更具有现实性。

2. 公共参与性

随着政治民主化的发展，社会组织及公众的权利意识、民主意识和法治意识不断增强，公民社会开始逐渐成长起来，他们越来越多地要求参与公共管理以便于更好地维护其合法利益。这既能使社会组织和公众充分发挥对政府管理的监督和制约作用，保障政府管理的公正性和高效性，又能在参与公共管理的过程中，通过与政府的协作共治，提升管理的能力。因此，在公共管理过程中，政府以及政府之外的其他公共组织、私人组织与公民都是管理的主体。

（二）公共管理的效能性

相较于传统公共行政关注管理过程和管理程序，公共管理则是强调投入要素和实际产出之间的对比关系，将视线转移到结果的取得上。因此，公共管理主张效能建设，经济、效率和效果在内的多元价值的有机统一是公共部门在管理目标的实现上必须追求的目标。为此，公共管理不仅通过规范化的制度建设和科学化的技术创新促进公共管理效能的提升，而且强调在公共管理中，通过人力资源管理对人这一不确定因素施加影响，不断提高管理能力。

（三）公共管理的回应性

随着现代化的发展，伴随社会公共需求的增长，公众期望以政府为核心的公共组织能够通过公共产品和公共服务的供给不断满足其需要。同时，社会所面临的公共事务问题以及各种矛盾冲突也变得更加尖锐复杂。这就要求公共组织不断加强与社会的沟通和交流，准确了解公众需要并查明所存在的社会问题，进而采取相应的措施加以解决。只有这样，才能保障社会和谐发展和公共部门的正当性。换句话说，公共部门以人为本、重视公众利益具体体现为公共管理的过程，这也是一个与社会互动的过程。对于政府组织来说，它是具有高度开放特征的开放体系而不再是传统公共行政中的封闭体系。政府要提供有效的制度平台和渠道，在公众及时地向政府反映问题的同时对公众的需要迅速做出反应。

（四）公共管理手段的多样性和创新性

公共管理非常注重管理技术和方法的研究和创新，这是由管理对象的复杂性所决定的。一方面，公共管理过程中许多新的问题和矛盾的出现需要采取相应的措施加以解决；另一方面，公共组织既要实现自身的优化管理，也要不断开发新的技术和手段。20世纪80年代以后，西方发达国家在公共管理技术上获得了巨大发展。公共管理过程中开始逐步引入私人部门的管理经验和做法，以改进自身的管理水平。既采用了资源与支出控制的技术，也使用了用于保证个人和团体绩效的技术。其中，财政管理、战略管理、决策技术、目标管理、全面质量管理、系统分析方法等都为公共管理效能的提升提供了新的思考和行动方式。同时，每个国家根据自身的国家性质、政治体制和所处发展阶段不断创新符合国家具体实际的管理手段和方式。

（五）公共管理的法治性

法治在公共管理中体现为严格遵守法则的精神。如果以政府为主体的公共组织和部门之间要实行对社会事务的合作共治，那么只能建立在法治的基础上。一旦相关的法律保障在某种情况下丧失了，多元多样的主体之间的行为就会难以把握。政府作为公共权力的拥有者，如果缺少了相关的法律限制，滥用职权的可能性就会大大增加。同样的情况，如果其余的民间公共组织、部门和公民们缺少来自法律的约束和管束，也极易产生不履行其相关的义务和责任的现象。如果这样，公共利益就很难得到保障。因而，实行法治是公共管理的必然要求和必然趋势。

第二节　公共管理的理论沿革

公共管理学作为一个相对独立的研究领域或学科，其理论演进的历史分期，根据时间的发展及研究方法的不同可分为以下几个阶段：古典管理理论时期、行为科学兴起后时期、公共管理多元化时期、公共管理价值取向改变后时期以及公共管理思路创新时期，在这个过程中涌现出各种各样的学术流派。

一、古典管理理论时期

古典管理理论将政治与行政分开，提出了政治行政二分法。该理论的代表人物有威尔逊和古德诺。威尔逊否定了关于国家权力的三权分立的观点，认为议会和行政部门是国家权力的掌控者，一个良好的政府应该由优秀的政务官团队和文官团队共同组成，这是构成政府的支柱。古德诺的观点认为，行政与政治是有明显区别的，政治问题不应该成为行政学的关注点，政府的行政效率、方法和技术才是行政学应该研究的对象。由此，公共行政真正成为一门独立学科被人们研究。在此之后的一段时间，出现了科学管理学派、行政管理学派和官僚制度学派等，推动着公共行政学的发展。

（一）科学管理学派

科学管理学派主要关注如何在公共行政领域找到一系列行之有效的方法和

技术来提升行政效率。这一学派的代表人物包括弗雷德里克·温斯洛·泰勒、弗兰克·邦克·吉尔布雷斯和莉莲·莫勒·吉尔布雷斯等。泰勒于 1911 年在《科学管理原理》中指出，科学管理原理普遍适用于各种人类活动，提出了以共同利益为基础的科学管理原则，被誉为"科学管理之父"。吉尔布雷斯夫妇提出了效率管理思想，其核心是对人的研究，强调人在组织发展中的关键作用；他们还对特定生产任务的合理时间和具有最高效率的动作标准进行了研究；莉莲在对管理进行研究过程中还发现人的心理对其工作产生的重要影响，强调将人际关系纳入管理因素。这一学派的重要观点对公共行政学的影响不可忽视，其提出的科学管理原则具有普适性，为公共行政发展提供了重要借鉴；其提倡的技术化和专业化可以提高管理效率，这在行政管理中也有相当的应用空间；该学派注重效率的提升也使得公共行政的发展必须将效率问题始终作为核心问题之一加以关注。

（二）行政管理学派

行政管理学派关注将科学管理的原则和方法应用于实践，它以较高的管理层级作为研究视角，力求建立一套具有普适性的管理准则。该学派的代表人物包括亨利·法约尔（Henri Fayol）、卢瑟·古立克（Luther Halsey Gulick）、林德尔·福恩斯·厄威克（Lyndall Fownes Urwick）等。法约尔认为管理应当形成一套理论供人们遵循和学习，因为管理行为本身非常重要，而且管理也是可以教授的。基于此，他提出了 14 项一般管理原则和管理的五大职能，并认为从管理职能的角度说，行政管理同企业管理一样，都应当具备这五大职能，才能保证管理的有效性。古立克认为政府与企业有明显的不同，"适者生存"在政府行政管理中并不存在，因而政府具有垄断性。行政和政治不可能完全分开，明确了组织分工与协调在行政管理中的重要性，提出了具有普适性的七项管理职能。厄威克提出了具有普适性的八条组织原则，以科学调查为基础进行组织设计，对已有管理理论进行了整合。该学派在吸取前人研究成果的基础上提出了普适性的管理原则和理论，并开始将公共行政作为一个明确的研究方向，增强了理论研究的实践性和应用性。

（三）官僚制度学派

官僚制度学派从组织结构的角度研究管理问题，提出了以官僚模型为代表的组织理论，以求为行政管理提供可以遵循的科学规律和准则。该学派的代表人物包括马克斯·韦伯（Max Weber）、路德维希·冯·米塞斯（Ludwig Heinrich Edler von Mises）、罗伯特·金·默顿（Robert King Merton）等。韦伯系统地构建了官僚制度模型，被称为"组织理论之父"。该模型以"理性-合法型"权威为建立基础，以专业化、层级化、规则化、非人格化、技术化和明确的方向为特征，包含七大要素，以此来保证组织行政的稳定、有效、可靠和准确。米塞斯对官僚制度模型的理解更为理性和辩证，他认为该模型与民主精神并不违背，是一种适用于各种类型组织的工具。但对其也不应抱有过多期望，官僚制度模型的应用范围一旦过大，则会产生负面结果。默顿也认为官僚制度可以提升效率，但也具有明显的反功能。该学派的观点具有辩证性，不同学者对于官僚制度的认知有着不同的理解，但从总体上看，官僚制度模型仍是这一学派的主体观点。该观点对于公共行政实践产生了深远的影响，有助于提升公共行政效率，但其使用的局限性也是很明显的，如对不具有正式组织结构的组织管理，这一模型就不适用；而且这一模型对个体需求的回应性不强，在实践中会影响其效果。

二、行为科学兴起后时期

1929~1933 年，传统的公共行政学派理论受到强烈冲击，动摇了人们对自由市场经济的信心，凯恩斯主义开始被人们认识，行为科学产生。从行为科学兴起到公共管理多元化，产生了 3 个学派，即行为科学学派、社会系统学派和决策理论学派。

（一）行为科学学派

行为科学学派关注于人的行为及其产生原因，是在人际关系学说的基础上壮大进步起来的。主要的代表人物有亚伯拉罕·马斯洛（Abraham H. Maslow）、弗雷德里克·赫茨伯格（Frederick Herzberg）和道格拉斯·麦格雷戈（Douglas M. McGregor）。他们共同关注于人的行为产生的动因，从心理学和社会学的角度审视个人和组织部门的需求、行为以及管理方式。人在管理中的地位得到了凸显，他们不仅是"经济人"，而且是参与社会生活、产生社会需求、寻求社会回报、具有能动性的"社会人",人成了管理中最为重要的因素。因此,该学派所坚持和主张的管理观点也与之前的学派有着明显的不同,这主要体现在两个方面:一是管理方法上更为强调人性化,充分尊重人的因素,注重人的需求、情感和行为的内在动因,而不再像传统的管理理论中所坚持的那样只是将人看作简单的机器,通过施加外在压力而忽视人的关系、情感、能动性和创造力,将压力作为人行为的唯一动力;二是管理对象——人的地位得到了显著提升,过去的管理理论由于较少将人作为主要的因素来考虑,因而会较多地关注于对事务的管理,以此为基础,更多标准化、规范化、工具化的思想就会体现在管理行为当中,在这一过程中人的能动性被严重忽视,管理行为不利于激发和利用人的积极性,在该学派的观点中,人的行为及其内在动因由于人这一因素地位的上升而成为管理的主要关注点,这就为通过管理来激发人的能动性和创造力提供了外在条件和可能。

(二)社会系统学派

社会系统学派从社会学的角度研究管理,将个人与组织联系起来,通过强调组织中人际关系的作用以及个人与组织多层面、立体式的协调关系来建立有效的组织运转体系。该学派的代表人物是切斯特·巴纳德(Chester I. Barnard)。他从组织理论的视角阐述对管理的看法,认为组织变革对社会发展具有十分重要的意义。同时,组织的运作不仅需要正式组织的存在,还需要非正式组织的存在,两者在实践中只有相辅相成才能够保证组织的正常运转。管理既然必须兼顾人际关系和个人与组织的关系,那么这一过程中的效率和效能至关重要。巴纳德通过提出这两个概念,成功地把个人动机与组织效果联系在一起,认为只有个人对组织目标的认同度越高,同时在实现目标过程中获得的满足感越强,才越有助于好的组织绩效的出现。在其所倡导的组织协作系统中,要想成功地将组织与个人联系起来,形成有机统一的整体,权威要素成了必需,巴纳德通过提出权威接受理论,阐述了如何形成有效的权威来引导组织作为一个整体运转。此外,与其他学派显著不同的是,巴纳德还从组织要素的视角提出了管理的职能,有别于传统意义上通过对管理过程的分析提出管理职能的做法。

(三)决策理论学派

决策理论学派以社会系统理论为基础,把组织决策作为研究的中心,将管理内容划分为决策制定和决策执行两大部分，并以决策制定为关注重点进行研究。该学派的代表人物是赫伯特·西蒙（Herbert A. Simon）。在他看来，在组织管理中，决策的出现有一个最为核心的基础叫作"有限理性"，他以"行政人"作为研究的基本假设，即人们在做行政决策时不同于"经济人"追求最优选择，而是力求做出"满意"而不一定是最优的选择。围绕组织决策是管理核心的立场和出发点，西蒙将决策任务分为三个方面，即寻求备选策略，对这些策略可能产生的结果进行估计，对不同策略估计出的结果进行比较。在此基础上，将决策划分为情报、设计、选择和评审四个阶段进行最终策略的制定。西蒙也从决策的角度进行组织设计，围绕组织如何影响决策这一问题，提出了五个组织发挥影响力的渠道与机制，在提出组织均衡概念的基础上，他认为组织设计应遵循可以处理决策分解问题和为更好地完成决策而服务这两大要求。该学派将管理过程作为研究和分析的对象，对管理学的发展是一种丰富，但其缺点也相对较为明显：一是关注面较小，只关注管理决策的制定并不能解决管理中存在的所有问题，因为管理是一项综合性的复杂行为，而不仅仅是管理决策的制定；二是这里的决策概念较为模糊，并没有将组织决策与个人决策做出区分。在实践中，个人决策是存在的，但是这些决策并不与管理，或者说并不直接与管理相关，而对这些决策的研究显然与管理并没有太大关系。

三、公共管理多元化时期

在公共管理多元化时期，管理理论呈现出一种杂乱无章的状态，在价值追求和价值标准方面整体上并没有相对清晰的方向。这种混乱状态给管理领域的学术研究和实务操作带来了负面影响，不利于研究的展开和管理工作实践的进行。自此，人们开始寻求一个新的基点，将已存在的管理理论加以整合以求明确管理价值标准和方向，在这样的背景下，系统管理学派和行政生态学派应运而生。

（一）系统管理学派

系统管理学派发展于一般系统理论的基础上，一般系统理论在1968年贝塔朗菲的《一般系统理论：基础、发展和应用》一书中得到了较为全面和清晰的阐释。该理论认为由若干要素有机地组成了具有特定功能的系统，这些要素相互联系、相互作用、相互影响。系统在建立之后并不是一个封闭的整体，其通过不断与外界进行物质和能量的交换而维持一种稳定的状态。西方学者在工商管理领域对这一理论加以运用，因而形成了系统管理学派。该学派的主要观点是从系统的角度分析出构成系统的各种要素，并以这些要素作为管理的关注点，进而实现对整个组织的管理。该学派的代表人物有冯·贝塔朗菲（Von Bertalanffy）、塔尔科特·帕森斯（Talcott Parsons）、弗里蒙特·卡斯特（Fremont E. Kast）和詹姆斯·罗森茨韦克（James Rosenzweig）等。贝塔朗菲对系统的含义及其特征进行了明晰的阐述，帕森斯将社会行动看作一个系统，并将其分解为多个子系统，在此基础上提出了"结构-功能理论"并应用到社会管理中。卡斯特和罗森茨韦克更为明确地将系统论运用到管理实践中，提出了组织的系统分析模型。在该模型中，他们认为企业就是一个由各种要素构成的有机系统，管理企业可以视作对这个有机系统的管理，这些要素都会对企业的发展产生不可忽视的影响。其中，人这一要素具有能动性，占据主要位置，其他要素则都具有被动性。企业自身既是一个系统，又是一个子系统。从企业的角度来看，它是一个由多个子系统构成的系统。这些子系统包括目标和准则子系统、技术子系统、社会心理子系统、组织结构子系统和外界因素子系统等，而这些子系统还可以进一步细分，其中任何一个子系统的变化都会对企业这个大系统产生影响；从社会的角度来说，企业又是社会的子系统，它与社会之间相互影响。他们认为，将管理对象整合为一个有机系统并从系统的角度对管理对象进行管理有利于提升管理效率，具有更强的目标导向性，不会让管理者在大大小小的管理事务中迷失组织的整体方向，也有利于管理者明确自身定位。

该学派给管理理论的发展提供了一种新的思路和角度，将管理对象视为一个有机系统，强调管理的整体性，在明确组织目标、提升管理效率方面具有明显的优势；与此同时，他们所倡导的系统开放性以及对子系统的划分和强调系统要素之间的关联性也对管理实践的有效开展具有重要意义；但该学派试图用一般的系统论观点来解决管理中所面临的所有问题，显然对管理行为的复杂性还缺乏准确的判断，这种寻求普适性做法来解决复杂性问题的尝试也有可能会使该学派的研究成果在实践中难以奏效。

（二）行政生态学派

行政生态学派在某种程度上是对系统管理学派的延伸和应用。该学派将行政看作一个系统，研究其与外部环境之间的相互关系与相互作用，在这一过程中，该学派借鉴了生态学中研究生命个体与其生存环境之间相互作用与相互关系的方法，运用模拟来研究行政生态系统。该学派的代表人物包括约翰·高斯（Johann Gauss）、弗雷德·W·里格斯（Fred W. Riggs）等。他们关注政府与其生存的社会环境之间的相互关系与相互作用，研究各个国家和地区的社会文化和历史对当地行政系统产生的影响以及当地政府管理如何通过引导和管理社会发展来实现对社会的反作用。在这一过程中，他们认为在生态学中，任何有生命的个体既不能离开其生活环境，也不能不与其生存环境进行物质交流而完全孤立地生存，这一规律对于行政生态系统依然适用。高斯以政府与社会关系的角度为着力点，提出了政府生态学的七条公理。里格斯则关注于提炼出行政生态环境中的相关要素，并研究这些要素与行政主体之间的相互关系。在分析行政经济环境的基础上，他提出了三种行政模式。同时，里格斯以一般系统理论为基础发展了比较行政学，它可以说是行政生态学发展的一个必然方向，强调行政管理必须存在于特定的文化和历史环境之中，因而普适性的行政原则并不存在。

行政生态学派在推动行政管理发展中最突出的特点和贡献是在行政管理领域引入了生态学的思维和研究方法，更加注重管理的整体性，摆脱了以往管理理论过多关注管理的抽象原则、细节技术和微观视野的局限性，从更加宏观的角度探讨管理的重要性和方法。

四、公共管理价值取向改变后时期

20世纪60年代末70年代初，西方社会中出现了一系列问题，在政治、经济和社会生活等领域爆发了危机，政府的社会管理面临着严峻的挑战。危机催生变革，在混乱而不稳定的社会环境下，政府改革的声音开始出现，而行政学界对于这一问题的回应比较积极，他们开始摆脱传统公共行政理论的思维束缚，不断检视和挑战传统公共行政理论的各种观点，力求找到全新的视角和追求更为理性科学的价值标尺来推动和革新公共行政实践，探究公共行政当时以及未来的发展。在这一过程中，形成了新的公共行政学派。

（一）新公共行政学派

新公共行政学派认为 20 世纪 60 年代末 70 年代初以前形成的公共行政理论属于传统的公共行政理论，而新公共行政理论以现象学、解释学、本土方法论、符号互动论以及批判理论等为工具，把"公共"的概念作为研究重点，开始于这个时期。该学派与传统的公共行政学派的一个显著的不同点在于该学派将特定的价值观融入行政管理之中，或者说他们认为行政管理不应当是价值中立的，公共行政的公共属性需要其将正义、自由、民主等价值理念贯彻到公共行政的实践之中，使公共行政摆脱刻板抽象的科学实证主义属性而回归其本应具有的人文价值属性。该学派的代表人物包括德怀特·沃尔多（Dwight Waldo）、H·乔治·弗雷德里克森（H. George Frederickson）等。他们对传统的"政治-行政"二分法和以追求效率为核心价值的传统公共行政理论进行了批判，认为公共管理应当因地制宜，随着环境的变化而有不断做出调整的能力，在秉持公平价值观的前提下，要用开放性的思维强化组织形态的创新，以服务对象为中心展开管理。该学派对于推动公共行政管理迈向新的阶段做出了显著贡献。他们以更具人文精神的公平、民主等价值观取代了传统理论中效率至上的公共行政，使其本质属性得到彰显。与此同时，其对原有的公共行政理论研究基础进行了全面的革新，因此该学派为未来公共管理开辟了更广阔的研究空间和更符合公共管理本质的研究思路和研究方法。但也应看到，由于其与传统公共行政理论处于相对割裂的状态，是对原有理论全盘性的革新，因而其发展的连贯性不强，没有支撑其发展的牢固根基，因而虽然迎合了公共行政先进的发展趋势，但还没有取代传统公共行政理论的主导地位。

（二）黑堡学派

黑堡学派产生于 20 世纪 80 年代，当时美国社会政党相继给既有的行政体制带来了很大的冲击，非理性的反政府、反权威、反官僚的社会氛围已经给公共行政的发展带来了严重威胁。在这样的背景下，黑堡学派在坚持公共行政的正当地位这一立场的前提下，提出了政府再造的观点，并且认为这一再造过程需要行政人员和官僚体系集体上的价值、态度、认知等的转变和共同努力才能实现。该学派的代表人物是加里·L·万斯莱（Gary L. Wamsley）。以他为代表的一批学者在公共行政相关的诸多方面提出了自己的观点。他们对公共行政的特质提出了自己的看法，认为公共行政是一种制度，官僚体制只是其中的一种并非唯一的形式，由于公共行政在社会中是唯一可以以社会之名通过强制力实现资源分配和奖惩赏罚的制度。此外，它的存在与人员个体之间的关系是相互的，制度可以约束人，人也可以通过对话来影响制度，制度并非不可变化。同时它对资本主义社会中公共性的缺失也是一种有效的补充和保障。公共行政可以维护公共利益，这种公共利益也不是一成不变的，可以通过对话不断做出调整，因此公共利益具有暂时性。该学派还对与行政相关的重要概念与公共行政的关系作了说明。他们认为政治和行政在不同层次上具有不同的区分度，层次越高，区分度越不明显；公共行政是宪法的守护者，能够充分体现宪法的精神和意志。他们还提出了公务人员应承担的五种角色，以体现公务人员存在的正当性和必要性。黑堡学派与新公共行政学派具有相似的观点，但其对社会制度层面的关注和对公共利益的强调体现出其鲜明特点。

五、公共管理思路创新时期

公共行政学的发展历来具有"采众家之长"的特点，借助其他学科的思维和方法来发展公共行政使得公共行政学科的发展更具有多样性。自20世纪70年代以来，经济学、政策分析、工商管理等相近学科与公共行政学的碰撞总可以为公共行政学带来创新性的理论、思路和方法，也奠定了公共行政学不断向前发展的理论基础。正是在这样的背景下，公共选择学派、新公共管理学派、新公共服务学派、治理学派等对现今公共管理影响颇深的学派不断涌现，丰富了公共行政理论研究的内容和方法。

（一）公共选择学派

公共选择学派最显著的特征在于用经济学的思维和原理解决公共行政问

题。该学派由于是由经济学家所创立的，因而其观点的每个角落都可以看到经济学的影子。该学派的代表人物有詹姆斯·布坎南（James Buchanan）和文森特·奥斯特罗姆（Vincent A. Ostrom）、埃莉诺·奥斯特罗姆（Elinor Ostrom）夫妇等。该学派在提供经济学的研究方法的同时，在公共产品的供给效率、官僚主义的克服以及民主政府方面提出了自己的观点。在研究方法方面，他们将个人作为行政行为的主体，并且进行了"经济人"假设，提出个人行政也是从自利的角度出发，通过对个人行为进行解释来说明组织和集体行为的产生；将政治活动视为交易过程，即通过利益各方不断沟通、交换与协调，最终实现互利的政治过程。在公共产品供给方面，他们认为公共物品具有非排他性和非竞争性，因而不能运用市场原理来进行公共产品的供给，为了科学地衡量供求关系以尽量削弱"搭便车"效应，只能通过集体支付的形式来表示公共物品的需求，在这一过程中，投票将是实现集体共同行为的必要手段。在面对官僚主义问题时，该学派在分析了政府扩张五大原因的基础上，提出了在承认官僚个人利益存在的前提下协调其与公共利益的关系，在满足个人利益的同时也能够最大限度地实现社会公共利益。在行政过程中引入竞争机制，运用市场原理实现对个人的激励以及公共物品的供给。该学派在民主政府问题上提出了三种不同性质的政府模式，其中民主政府模式被认为是一种最优模式，通过代议制民主的具体形式实现公共选择对政府行为的约束，以使其符合公共利益。

该学派对公共行政发展的贡献在于第一次提出了公众参与行政的理念，政府不再是唯一的行政者；通过分权与层级节制实现利益制衡以确保公共利益的实现；以经济原理衡量公共行政，并对政府的扩张目的进行严格把关。

（二）新公共管理学派

随着西方社会的不断发展，又出现了一些新的公共问题使得政府面临着严峻的挑战。这一问题被经济学归纳为一个概念——"滞胀"，即低经济增长、高通胀、高失业率、高财政赤字。在这样的环境中，政府通过行政手段干预和市场机制的自我运转以达到最终目的的方式已经完全不能应用到这种局面之中，"政府失灵"被广泛提及，新公共管理学派在这样的背景下出现了。相比于公共选择学派，新公共管理学派同样也将经济学的观点和精神、思维引入公共行政。这一学派的代表人物包括克里斯托弗·胡德（Christopher Hood）、戴维·奥斯本（David Osborne）和麦克尔·巴泽雷（Michael Barzelay）等。他们以"经济人"为假设，以公共选择理论、委托代理理论、交易成本理论和企业管理理论等为理论基础，强调公共管理过程中的分权、效率、去官僚化与市场化，倡导以管理私人部门的方式实现对公共部门的管理。该学派提出了小政府理论、政府再造理论和重塑政府理论等观点。奥斯本在其提出的政府再造理论中强调政府应当具有企业家精神，他们提出了依靠绩效评估改进政府的管理效果，这一绩效评估的重点在于吸收公民参与，体现出以顾客为中心的政府管理理念。这一理念在其提出的基于回应性的政府全面质量管理理论中也有体现，该理论主张将公民看作顾客，在政府内部建立一套以顾客为中心，以改进、授权与协作为要点的全面质量管理体系，使得政府的回应能力更强，为公民服务的导向更为鲜明。该学派特点鲜明，从经济学的视角研究公共管理问题，定性分析与定量分析兼顾，以经济学理论和私人部门管理为支点，构建出一套新的公共管理理论框架。相比于传统的公共行政理论，该学派的观点回应性更强，对公民需求的关注程度更深，在很大程度上满足了社会发展对于公共行政的要求，也迎合了公共管理的发展趋势。

（三）新公共服务学派

新公共服务理论与新公共管理理论一样，突出一个"新"字，即与传统的公共行政理论相比，新公共服务理论同样打破了传统理论的束缚，抛弃了机械抽象的科学实证主义属性，更多地、更重视从人文精神层面出发，探求公共管理的真谛。该学派的代表人物包括保罗·赖特（Paul Wright）和罗伯特·B·登哈特（Robert B. Denhardt）、珍妮特·登哈特（Janet Denhardt）夫妇等。与新公共管理理论不同的是，新公共服务理论更为关注人的价值，倡导建立更有人文精神的政府。该学派以民主公民权理论、社区与公民社会理论、组织人本主义理论和后现代对话性自我理论为理论基础，提出了区别于新公共管理的鲜明主张。他们认为，政府是为公民服务的"服务者"；公共利益应当是政府公共管理的价值方向，公民普遍有权享受公共产品和服务，公共资源是全体公民所有的，而非政府所有的，因此政府的企业家精神不能与公共资源的属性相匹配，资源的利用应当合理，而不能如企业家那样自由支配；效率不应成为唯一的追求目标，因而政策的制定和执行过程应当是全社会共同努力的结果，政府的责任也应当是多元化的。与传统的公共行政理论和新公共管理理论相比，新公共服务理论可谓走出了公共行政理论发展的"第三条路"，相比而言，新公共服务理论批判地吸收了新公共管理的部分理念，但其更强调对人的重视和对公共利益的追求。同时，公民参与的地位有了空前的提升，在该学派的观点中，公民与政府在行政管理活动中有着平等的地位。当然，这一学派的观点也并不尽善尽美，其倡导的观点中包含的社区美德属性假设并没有找到事实支撑。

（四）治理学派

治理学派所倡导的治理理论诞生于 20 世纪 90 年代，随着社会的不断发展和人民生活水平的不断提升，社会公共管理需求的多元化趋势日益明显。该学派的代表人物有治理理论创始人詹姆斯·罗西瑙（James N. Rosenau）、科迪·罗兹（Cody Rhodes）和 B·盖伊·彼得斯（B. Guy Peters）等。治理理论的要素有以下几点：

（1）治理主体的多元化，即公共管理的主体不再只是政府，管理的手段也不再只是二元的"行政—市场"方式，以社会组织为代表的第三部门力量的壮大丰富了社会管理的主体结构。

（2）政府角色更明显地呈现出"有所为有所不为"的特点，包括市场在内的社会力量在部分领域完全可以承担公共产品与服务的供给。

（3）治理主体之间的关系趋于平等，通过相互依赖、相互协调和相互配合形成的治理网络取代单一政府成为管理社会的系统。

（4）管理对象的范围扩大为多元化的社会需求导致了治理主体的多元化发展，而这一多元化发展必然带来功能更为多样的治理网络，通过扩大服务范围，有效回应多元社会需求。

（5）注重效率与公共性，多元治理网络的存在一方面可以保证社会需求得到最大限度的回应，体现效率；另一方面由于多元主体间是平等关系，社会各个群体的声音在治理过程中就会得到有效获取，从而通过协商、监督与制衡保证治理的公平，最大限度维护公共利益。

（6）治理语境下的公共管理具有自发性和自主性，多元主体根据社会实际需求统一目标、协调配合、共同行动，解决面临的各种公共问题。治理理论中需要关注两个问题：一是由于管理主体多元化和主体间职能的再分配导致管理边界存在着模糊性；二是由于治理主体间存在着平等合作而又相互独立的关系，以及一套符合当地社会文化和历史发展的关系维持与控制机制和行动的正式制度程序，对于治理的成效高低具有至关重要的影响。治理理论中对效率的关注和对人的重视体现出其与新公共管理理论相似的一面，同时，治理理论摆脱了新公共管理理论将管理主体局限于政府的传统束缚，倡导更为广泛、多元和正式的共同参与，在治理主体结构上完成了突破；新公共管理把经济学作为发展的路径，而治理则把公民参与、构建共同网络作为新的发展路径，更符合公共管理的公共属性。

综观公共管理理论的发展历程，可以看出其每一步发展都是以原有的公共行政理论指导下的实践不再适应社会发展需求为引导，而新的公共管理理论和学派也是本着解决这些公共管理问题而出现和发展的。历史的发展证明，公共管理理论是一个开放、多元而兼容并蓄的体系，会随着时代的变化、社会的变迁、文明的进步而不断演变，与此同时，新生的公共管理理论也会引导着公共管理下的社会在历史的轨道上不断向前。

第三节　变革时代的公共管理学

工业化、城市化、市场化等现代性因素成长所引发的"大转型"，是人类历史上罕见的社会生活秩序的整体性变迁，它不仅从根本上改变了经济生活、社会生活和政治生活的逻辑，而且重塑了现代国家政治、经济、社会的关系，并最终演化出了法治政府、市场经济、公民社会三元鼎立的现代国家治理结构。政府角色及其管理方式的现代转型，是现代化进程的重要组成部分，也是现代国家治理体系建构的核心问题。

中国特色社会主义进入新时代，我国社会主要矛盾已经转化为人民日益增长的美好生活需要和不平衡不充分的发展之间的矛盾。这样的论断是基于对中国建设、改革和发展经验的客观分析，体现了对中国与世界关系发生历史性变化的敏锐判断。在新的历史条件下，当代中国的治国理政是一个涵盖经济建设、政治建设、文化建设、社会建设、生态文明建设"五位一体"与全面建成小康社会、全面深化改革、全面依法治国、全面从严治党"四个全面"战略布局的充满高度复杂性的国家治理系统。

在现有学科体系中，公共管理学科最有优势回应新时代国家治理的要求，它也负有义不容辞的责任，这是因为公共管理学"是一门治国理政之学"，在一个国家或地区中，公共管理是关系到国计民生的范围最广、最具权威性的管理，是社会进步和经济发展的推进器。数千年博大精深的治国理政经验，为中国公共管理学的建构与发展提供了丰富的素材和深厚的实践基础。

中国公共管理学必须以转型发展的国家治理重大命题为根本关切。中国国家治理的变迁需要富有生命力的创造性理论对其阐释与指引，为人类命运共同体中的全球治理提供具有重要借鉴意义的中国经验与中国智慧。这样的时代需要来自中国公共管理学的理论贡献，可以说，公共管理学科是否能承担起新时代赋予的历史使命，这不仅取决于公共管理学科自身的发展水平和能力，更取决于它能否进行适应性的变革与创新。很大程度上以体现大国学术抱负的方式参与全球治理的范式革新是每一位中国公共管理学者的时代责任与学术使命。

一、中国公共管理的变革与创新

科学的宏观调控和有效的政府治理，是发挥社会主义市场经济体制优势的内在要求。切实转变政府职能，深化行政体制改革，创新行政管理方式，增强政府公信力和执行力，建设法治政府和服务型政府，这是公共管理变革的重要内容。推进政府职能转变是我国全面深化改革、推进政府治理现代化的核心关键环节，也正是我国政府管理体制改革的重难点命题（王浦劬，2015）。中国的公共管理变革应该抓住政府职能转变这个关键，加快转变政府职能，着力推进放管结合、优化服务改革，使市场在资源配置中起决定性作用和更好地发挥政府作用，切实推动政府职能向创造良好的发展环境、维护社会的公平正义、提供优质的公共服务转变。

（一）转变政府职能

转变政府职能是深化行政体制改革的核心，实质上要解决的是政府应该做、不应该做什么，重点是政府、市场、社会的关系，即哪些事该由市场、社会、政府各自分担，哪些事应该由三者共同承担。改革开放以来，我国加强中央政府宏观调控职责和能力，加强地方政府公共服务、市场监管、社会管理、环境保护等职责，推进简政放权，取消和下放行政审批事项，实现"政府的自我革命"。实施商事制度改革，工商登记由"先证后照"改为"先照后证"，全面实施"三证合一、一照一码"。建立完善政府权力清单制度，推进机构、职能、权限、程序、责任法定化，做到"法无授权不可为"，同时制定市场准入负面清单制度，负面清单以外的，各类市场主体皆可以依法平等进入，释放市场活力和社会创造力。加强事中事后监管，建立了"双随机、一公开"的市场监管体制，有效减少了执法者的自由裁量权和寻租机会，促进了执法公正。逐渐健全了以国家发展战略和规划为导向、以财政政策和货币政策为主要手段的宏观调控体系，加强了财政政策、货币政策与产业、价格等政策手段协调配合，增强了宏观调控的前瞻性、针对性、协同性。在全面减少政府对于微观经济活动和社会生活的过度干预的同时，把政府工作重点转到创造良好发展环境、提供优质公共服务、维护社会公平正义上来。通过政府职能全面转变，构建新型的政府与市场、政府与社会关系，由此释放和激发市场和社会蕴含的巨大活力，为经济和社会的可持续发展注入积极动力。

（二）优化政府组织结构

根据经济社会发展变化和全面履行政府职能需要，统筹考虑各类机构设置，科学配置党政部门及内设机构权力，明确职责，不断理顺行政组织纵向、横向以及部门之间的关系。加强宏观调控部门，减少专业经济部门，适当调整社会服务部门，加强执法监督部门，培养和发展社会中介组织。积极推进大部制改革，探索推进省直接管理县（市）体制改革，健全部门间协调配合机制，建立了以宏观调控部门、市场监管部门、社会管理和公共服务部门为主体的政府机构框架，逐步完善决策权、执行权、监督权既相互制约又相互协调的行政运行机制。机构设置和职责体系趋于合理，完善行政权力结构，规范行政权力运行机制，推动形成了权责统一、分工合理、决策科学、执行顺畅、监督有力的行政管理体制。

（三）建设服务型政府

增强政府公信力和执行力，建设人民满意的服务型政府。全面推进政务公开，坚持"公开为常态、不公开为例外"原则，推进决策、执行、管理、服务、结果公开和重点领域信息公开，让权力在阳光下运行。推广政府和社会资本合作（PPP）模式，构建多元化、社会化的公共服务供给体系。推广政府购买服务，凡属事务性管理服务，原则上都要引入竞争机制，通过合同委托等方式向社会购买构建政府权威、市场契约性交换和社会组织自治的有机复合机制，使公共财政资源得到合理配置。加强电子政务建设，着力推进"互联网+政务服务"，利用电子政务平台实施管理和服务，逐步实现了各类服务事项预约、申报、办理、查询等全流程网上运行，增强了对公众诉求的回应性，提高了行政效率。制定大众创业、万众创新的"双创"政策，推动就业增长，促进新经济的成长。

（四）建设民主法治政府

推进全面依法治国，党的领导、人民当家作主、依法治国有机统一的制度建设全面加强。科学立法、严格执法、公正司法、全民守法深入推进，法治国家、法治政府、法治社会建设相互促进。健全民主制度、丰富民主形式、拓展民主渠道，从各层次各领域扩大公民有序政治参与。推进协商民主广泛、多层次、制度化发展，以经济社会发展重大问题和涉及群众切身利益的实际问题为内容，在全社会开展广泛协商，坚持协商于决策之前和决策实施之中。建设廉洁政府，加强反腐败体制机制创新和制度保障，坚持用制度管人管事管权，将权力关进制度笼子，扎紧制度笼子，反腐败斗争压倒性态势已经形成并巩固发展。国家监察体制改革试点取得实效，行政体制改革、司法体制改革、权力运行制约和监督体系建设有效实施。

（五）创新社会管理体制

打造共建共治共享的社会治理格局。加强社会治理制度建设，完善党委领导、政府负责、社会协同、公众参与、法治保障的社会治理体系，提高社会治理社会化、法治化、智能化、专业化水平。加强预防和化解社会矛盾机制建设，建立畅通有序的诉求表达、心理干预、矛盾调处、权益保障机制。实施政社分开，推进社会组织明确权责、依法自治、发挥作用。适合由社会组织提供的公共服务和解决事项，由社会组织承担。支持和发展志愿服务组织。实现行业协会商会与行政机关真正脱钩，重点培育和优先发展行业协会商会类、科技类、公益慈善类、城乡社区服务类社会组织。鼓励民众广泛参与公共事务和促进社会自治的努力，积累社会资本，促进社会合作。多元治理行为主体之间逐步形成了密切的、平等的网络关系，原先由国家和政府承担的责任，正在越来越多地由各种社会组织、私人部门和公民志愿团体来承担，政府治理和社会调节、居民自治良性互动不断增强。

二、中国公共管理学的发展状况

中国的公共管理学科经过 20 世纪 80 年代以来与行政改革和管理制度建设同步发展的过程，从无到有，经历了重建、引进和大发展的阶段。在 200 多所高校建立了公共管理系、研究所或学院，在全国 500 多所高等学校中建立了公共管理类的本科。现在中国公共管理学人共同面临的重要挑战则是将中国的公共管理学科建设与中国的公共管理实践相结合，相互促进、相得益彰（蓝志勇，2014）。

1982 年 1 月 29 日，夏书章教授在《人民日报》上发表了《把行政学的研究提上日程是时候了》一文。这篇文章对中国公共行政学的恢复和重建起到了极其重要的推动作用。自此文发表后，无论用什么名称（如行政管理、公共管理），公共行政学实际上都在中国迅速地恢复和建立起来（马骏，2012）。1986 年，在政治学一级学科之下设立了行政学二级学科。同年，中国人民大学设立了国内首家行政学专门研究机构，按照行政学或行政管理学的模式建立学科、培养学生、从事研究。中国行政管理学会的成立是学科成长的重要标志。1997 年研究生专业目录调整，在管理学门类之下增加了公共管理学一级学科，该一级学科之下分设了行政管理、社会医学与卫生事业管理、教育经济与管理、社会保障、土地资源管理五个二级学科，将行政管理学从政治学的二级学科调整为公共管理学科的二级学科，这不仅实现了行政管理学从政治学中分化出来，也确认了公共管理学科的身份独立性。1998 年本科生专业学位目录调整，设立行政管理、劳动与社会保障、土地管理、公共事业管理 4 个专业，与研究生专业目录相比，新增加了公共事业管理专业。1998 年，中国人民大学、中山大学、复旦大学三校率先获得行政学博士授予权，这意味着行政学本科、硕士和博士的学科体系开始完善。目前，"985" 大学都有公共管理（包括行政管理）博士授予权。此外，一些非 "985" 高校也获得了这一授权。博士教育的开展从两方面推动了中国公共管理学的发展：一是完善了中国公共管理学的教育体系；二是推动了中国公共管理学研究的繁荣。2001 年国家开始创设公共管理专业硕士学位（MPA）。MPA 教育的开展标志着中国公共管理学的教育体系进一步完善。此外，MPA 教育的推广也极大地提升了公共管理学对政府的影响，提高了公共管理学的社会声誉。进入 21 世纪后，随着科研越来越受重视，同时国内资深的公共管理学者在科研上也变得越来越成熟，加之一大批年轻学者加入研究队伍，中国公共管理学研究开始呈现出一个全新的格局，主要表现在：研究数量上的增长非常明显；本土研究开始越来越受重视；开始产生跨学科影响；研究成果开始发表在国际学术期刊上。中国公共管理学取得了巨大的发展，中国公共管理学已经发展成为一门学科。

当然，学科的发展需要不断的自我反思与批评。无论在教育还是在科研上，中国公共管理学仍然存在一些问题，面临许多挑战。例如，公共管理学科完整的学术体系、话语体系没有建立起来，学科体系内部各学科之间的内在逻辑联系还不够清晰，研究方法不够科学，仍有许多领域有待开拓，理论化层次有待提升。由于在经验研究和规范研究方面的不足，对公共管理实践尤其是政府改革的指导能力仍然有待提高。

司林波等（2017）以《中国行政管理》《公共管理学报》《公共行政评论》《国家行政学院学报》等八种公共管理期刊 2006~2015 年被 CSSCI 数据库收录的 8813 篇文章（剔除了专栏导语、传记资料、研讨会综述及其他非学术类文章）的关键词为数据来源，采用文献计量可视化软件进行关键词网络共现分析，探索近十年国内公共管理研究的热点领域和前沿主题，发现当前公共管理研究中还存在如下问题：研究主题变迁速度过快，研究成果系统性不强；核心作者的学科来源分散，公共管理研究的学科边界不够清晰；研究方法主要以定性分析为主，运用定量方法的实证研究成果偏少。通过梳理分析，他们指出公共管理领域内已经形成了一些较为稳定的研究领域和研究主题，如"政府职能""政府改革与创新"等，未来的研究应该致力于重点主题的深化研究，对各个主题间内在脉络的梳理，形成具有质性特征的公共管理学科研究范畴；通过研究方法的综合与创新，形成严密的公共管理学科研究范式和学科边界（陈振明等，2017）。

三、中国公共管理学发展前瞻

随着全球化、信息化与风险社会的到来，公共部门改革尤其是政府治理变革的浪潮席卷全球，公共管理的理论范式和实践模式都发生了变化，学科发展呈现出种种新的研究途径和知识形态；同时，我国的社会主义现代化建设尤其是国家治理转型急需公共管理的创新研究，因此，必须顺应当代社会科学及管理科学的发展趋势和我国经济社会发展的现实需求，推动我国公共管理学科的进一步发展。处于国家治理转型时代的中国公共管理学科有大量的理论和实践问题需要研究与解决，应立足于我国及当代世界的公共管理实践，着力进行理论构建和学术创新，形成中国学派与中国风格，促进公共管理知识的增长与积累。中国公共管理学科发展的理论构建需要世界眼光，既要突出本土化及其传统，采取中国立场，解决中国问题，发出中国声音；又要有全球视野，面向世界，开放包容，兼收并蓄，消化吸收其中的科学成分以及合理因素，进而形成有中国特色的公共管理学（陈振明等，2017）。1947 年，罗伯特·达尔在《公共行政学评论》上发表了题为《公共行政科学：三个问题》的论文，论文的最后形成这样的结论：没有任何一种公共行政科学是可能的，除非规范性价值的地位被清楚地确立了；公共行政领域中的人性得到了更好的理解，且人的行为更具可预测性；有一批比较研究，从这些研究中，我们可能发现超越国界和特定历史经验的原则和通则。林尚立（2006）认为，从达尔的这个结论出发，中国公共管理学应充分考虑三个发展方向，即确立公共管理学特有的问题意识、确立中国公共管理的规范性价值体系以及形成理论与实践能够相互转化的研究能力。为此，中国的公共管理学不能停留在简单的理论阐发上，应该关注中国公共管理现实中的理论问题、实践问题和技术问题，从而把学科发展中的理论研究与公共管理实践中的理论研究结合起来，有了这样的研究能力，中国公共管理学就能获得蓬勃的发展。

作为一门应用型学科，中国公共管理学在研究问题、方法体系、理论价值等层面存在身份归属的模糊性，面临着缺少关注真实中国问题的学术旨趣、管理主义与工具理性的挤压、理论研究碎片化等知识增长"瓶颈"。关于跨越中国公共管理学的身份认同困境，不能沉浸于从抽象角度讨论不同学科类型的知识传统，而应直面国家治理的真实情境，依托本土化的治国理政实践建构新型知识形态。同时，中国公共管理学的本土叙事要以"全球化与地方性、传统资源与现代情境、基础学科与多元视角、规范思辨与实证研究"四个维度的辩证叙事为方法论基础，真正构建起以问题为导向的包容性知识范式。

第四节 公共管理学科的特点及研究意义

一、公共管理学科的特点

由前文可知，现代公共管理是一个新兴的、发展着的又错综繁复的领域。作为对这样一个领域进行理论概括、研究和提炼的学科，公共管理学正处在逐渐萌生、发展的过程，相对于其他社会科学学科来说还不成熟。但是，我们看到了来自社会实践方面的强大推动力，促使公共管理学成为当前的一门"显学"①，它需要理论工作者和实践工作者联合起来进行有益的探索，并对各国可贵的实践予以认真总结、比较和提炼，逐渐形成较为成熟完善的学科体系。我们在这里提出现代公共管理学科的几个主要特点，作为研究指引线索。

公共管理学科就其性质特征来看，是实践导向的。这也是我们所必须坚持的，否则将失去学科发展的生命力。我们观察不同学科的发展动力大致来自两个方面：一是来自原有理论的演绎，二是来自实践的强大驱动。这两种情况当然不能完全分割，但还是存在着主导倾向的。公共管理学的学科发展更倾向于后者。公共管理研究的出发点、所取得的素材都必须来自实践前沿，研究得出的理论成果也必须回到实践中去检验。

公共管理学科的第一个特点是其涉及面和涉及内容非常广泛。凡是涉及人类公共需求和公共利益的事情均可进入公共管理的领域。实际上，从广义上讲，公共管理涉及的是社会大管理，公共管理学科主要研究社会系统的大管理。我们不应该将公共管理的局部领域人为地分割和局限起来。

公共管理学科的第二个特点是其历史动态性。由于社会发展是动态的，人类的共同需求以及社会的公共利益不可能一成不变，随着影响的相关因素发生变化，公共管理的学科内容会有相应的变化，甚至其中的原理也需要加以修正和重新凝练。从国际公共管理的领域看，近几十年来经历了几次重大的所谓"公共管理方式"的转型过程。从国际的视野看，公共管理学科既有其普遍性和共同性的一面，也有不同国家和民族特殊性的一面。例如，保护环境、防治全球大气温室效应、交通安全、反贫困、公共卫生、基础教育等，世界各国在管理目标和管理方式方面是趋同的，或者说是具有共性的。但是，由于各国经济发展程度的不同、各国社会制度的差异以及各国文化历史背景的不同，我们在很多方面无法追求千篇一律的管理原理和方法，无法完全照搬其他国家的现成做法。

我国的公共管理学科应该紧密结合有着我国自身特点的社会实践，应该与我国政府的大政方针结合起来，服务于我国社会管理的大局。实践之树长青，

---

① 这里所谓的"显学"是指得到社会广泛重视并具有广泛应用领域的学科。也有学者将"公共管理"局限于某些公共服务领域的管理，如"公共卫生管理""教育管理"等。

当代的公共管理领域尤为如此。没有一个政府，也没有一个经济体，可以停滞不前。改进政府公共管理能力是一项不会停止的工作，必须不间断地持续下去，并且应按照人民的需要采取新的业绩标尺来改进工作。不思改进和既得利益者的权力永远是可畏的障碍，改革永无终了这一事实一直是管理的改革在战略和战术中最为重要的教训。

所以，无论是对于公共管理的研究者来说还是对于实践者来说，都是任重而道远的，必须在实践的土壤上挥洒汗水、辛勤耕耘，方能找出切合国情的管理之道，也方能提出契合本土特色的管理理论及其体系。

二、研究公共管理学科的意义

公共管理研究在国际上是一个新的热点。当前，随着我国经济体制和政治体制改革的深化，学习、研究和运用公共管理学有着特殊重要的意义。

首先，加强公共管理学的学习和研究有助于推动政府管理体制的民主化、科学化和法治化的进程。实施公共管理是政府的主要职能，公共管理行为构成政府的主要行为，如果不认真研究公共管理领域的问题，政府行为就不可能走上科学化的轨道。事实上，科学化与民主化、法治化是紧密相连、相互推动的，没有社会公共事务管理的科学化，也就不可能真正实现政府行为的民主化、法治化，从而也就不可能实现政治体制改革的预定目标。

其次，加强公共管理学的学习和研究有助于促进社会整体的协调进步与发展。当今世界，一个国家的发展不能单纯地归结为经济的发展，必须表现为社会的整体进步，其中既包括人的生活水平的普遍提高，又包括人的生活质量的极大改善。20世纪80年代以来，国际社会又提出了可持续发展的理论，要求科学合理地配置各种社会资源，以保持人类社会持续性地发展。这些都属于社会公共事务的范围，需要通过公共管理的实施来为上述目标和要求的实现创造充分的条件。公共管理的科学化程度、公共管理方式的有效性等已经成为衡量一个社会发展程度的重要指标。发达的经济发展水平和良好的公共管理能力共同为社会整体协调发展提供坚实的基础。

再次，学习和研究公共管理是我们建设中国特色社会主义的必然要求。中国特色社会主义是一个有机的整体，既包括在经济上建立社会主义的市场经济体制，在政治上建立符合中国实际的社会主义的政治体制，还包括在社会公共事务管理的制度和方法等方面形成中国特色。社会主义国家的社会制度和生产目的，决定着必须把改善人民的生活质量、创造最佳的适合国情的生活环境和生活方式，作为社会进步与发展的目的和归宿。为此，中国特色社会主义道路也包含逐步形成符合中国特点的公共管理理论、经验和模式等内容。

最后，学习和研究公共管理学有助于提高公共管理人员的管理素质和能力。公共管理在实践中表现出以下几个显著特点：第一，社会公共事务范围广泛，复杂程度高；第二，公共政策实施的结果必然为社会成员带来利益上的不同影响，人们会根据自身利益对公共管理做出不同的评价和反应；第三，公共管理手段的创新需要依赖多学科的知识背景，单一的知识结构难以符合公共管理发展的要求。这些都对公共管理的实践者提出了新的挑战，使其面临着学习和研究公共管理学的迫切任务。通过学习和研究，不仅能为公共管理实践提供直接的指导，而且能有效地改善公共管理人员的知识结构，提高公共管理人员的管理能力，从而提升整个社会公共管理的水平。

由此可见，研究公共管理具有非常重要的现实意义。公共管理的实践者（包括政府公务人员和各方从事社会服务的管理者）需要掌握基本的公共管理理论和方法，才能更好地应对公共管理实践中迫切需要解决的各类社会事务问题。

第二章　公共管理的主要对象界定

所谓"公共管理"是指以政府为主体的公共组织为了社会协调地发展，采取各种方式对涉及社会公众整体生活质量和共同利益的一系列事务和活动加以管理和调节的过程。简言之，公共管理是对社会公共事务的处理。

第一节　社会公共事务的客观性

自人类社会诞生，随着社会分工的出现和细化，就发生了公共事务。据史料记载，早在政府产生以前的原始社会，氏族组织内部就已经产生了社会分工，形成了公共事务，如防务、水资源的管理和分配、调解内部纠纷、文字研究、历法研究、历史研究、算术研究，以及道路、桥梁的建设和维护等。这些事务均属于全体居民的共同利益，因而称为公共事务。

随着政府的产生和氏族消亡，这些公共事务就作为氏族遗产为政府所接管，并成为政府的基本职能。从传说中的大禹治水到秦始皇统一全国文字、度量衡等，都属于公共事务的范畴。

公共事务也就是单个的个人和家庭所不愿做、不能做、做不了，但又是人类经济和社会生活必不可少的，实质上体现了全体民众共同利益的事务。这里所说的公共利益，包括了两层意思：一是指体现民众长远利益的那些事务；二是指体现全局利益因而全体民众都十分关心的那些事务。因此，公共事务与私人事务虽然也存在着一定的排斥性，但更多的是互补性。

公共事务的范围十分广泛，从社会劳动力、人力资源的管理到国防、行政、治安等国家事务和法律事务，从艺术、教育到科学等事务的管理，均属于公共事务的范畴。公共事务随着人类经济和社会的进步而发展。由于公共管理是以各种公共事务为对象的，因此，分析公共事务与公共管理之间的关系，对理解公共管理的内涵有着重要的意义。公共事务是相对于私人事务而言的。人们可以从国家学说的角度，将涉及国家主权、合法性、普遍性等的事务视为公共事务；可以从政府管理的角度，将涉及人们共同利益的事务如交通、邮电、教育、医疗等视为公共事务；还可以从个人在公共活动中的体验，将如公共秩序、安全、社会保障等视为公共事务。但更准确地说，大多数国家普遍将公共物品的提供作为界定公共事务的主要依据。

公共事务以及公共部门的概念，是到近代以来才开始逐步地明确起来的。逐步形成与"私"（Private）相对的关于"公"（Public）的理念，并得到法律的保证。这是随着工业革命以及资本主义的崛起、资产阶级的启蒙运动而深入人心的。尽管当时的公权主要代表的还是资产阶级的利益，但是至少从文字上和书面上看是代表全民的。以往封建王朝的家天下的理念已经得不到公众的认同了。

通过以上分析，我们可以对公共事务做以下界定：所谓公共事务是指那些涉及全体社会成员的共同利益、满足其共同要求、关系其整体生活质量的一系列活动，以及这些活动的最终结果。也就是说，社会性、公益性、非营利性以及规模性是其最主要的特征。公共管理主要是以客观的社会事务作为其管理对象的，如果离开了这一点，公共管理的内涵就会被扭曲。

第二节 公共管理对象的基本分类

作为一种行为过程，公共管理的目的在于维护公众的权益及其利益，即出于公益目的、促进社会的协调发展以及为社会公众提供各方面公共服务。如上所述，公共管理所涉及的公共事务范围十分广泛，并始终处于动态变化的过程之中。政府的公共管理职能又可分解为经济管理的职能、社会管理的职能以及各项公共服务的职能等。这就是说，政府除履行国家的政治职能外，还必须承担起社会公共事务管理的各个方面的责任，这几乎涉及了人类社会活动的全部主要领域。为了便于把握，我们将公共管理的对象大致分为以下几个大类，分别是公众问题、公共项目、公共资产。

一、公众问题

无论是组织、团体，还是个体，在日常的工作和生活中总会遇到各种各样的问题。因此，实现集体或者个人目标、推进事物向前发展的最重要环节是解决问题。不过，作为公共事务的问题，一般来说，仅限于社会普遍共同的问题。举例来说，人们常常谈及的人类生存环境的问题、城市道路交通拥堵的问题、人口老龄化的问题、社会犯罪与社会秩序的问题、稀缺资源合理利用的问题、社会弱势群体保护的问题等，都属于公众领域的共同性问题，也是关系到绝大多数社会成员切身利益和生活质量的问题。

这些事务具有公共性，一方面，它们是社会群体共同面对的问题；另一方面，它们并非能通过个体的努力来加以解决。这些社会公共性的问题有赖于政府这样的公共权威机构制定相应的公共政策、采取相应的措施，方能有效地予以解决。所以，社会共同性问题的确认并予以解决，构成了公共管理的一个主要的方面。

在任何社会和任何时代，都面临着这样或那样需要重视和解决的公众性问题。就现代社会来说，公共卫生与基本医疗、自然环境保护、城市公共交通、社会公共安全、公共基础设施等，是公众每天都需要面对的社会公共问题。从静态的角度看，社会公共问题是多种多样、错综复杂的。从动态的角度看，当某些社会问题得到解决后，又会出现需要解决的新问题。当然，政府公共部门也没有能力去同时解决所有的社会问题，只有当一些社会问题凸显出来，处于公共组织机构职责范围内，或者说在与其公共管理目标相符合的情况下，它们才会成为公共管理的对象。一般来说，现代公共管理所要解决的社会问题是相当广泛的。

既然纳入公共事务管理对象的并非全部社会问题，那么，是否可以制定一些原则，以便有效合理地筛选出那些需要纳入公共管理范畴的社会公共问题呢？我们至少可以提出以下的选择原则：

第一，这些问题具有强烈的社会公众关注度。这里可能包含两个方面的含义：一是它们涉及广泛的社会群体。影响了社会整体健康发展的运行目标和运行进程，因而牵涉到较广范围内所有人的利益。二是它们已经成为公众化的问题，也就是说已经被广大公众关注，因而产生了迫切希望加以解决的共同愿望。例如，重大交通事故频发的问题、食品安全的问题、青少年吸食毒品的问题、拐卖妇女儿童的问题等。

第二，这些问题具有客观现实性。需要政府公共部门予以解决的社会问题应该是现实存在的，而非仅带有猜测性的。或者说，作为公共管理对象的社会问题应当是客观的事实，而非主观臆断的。它是一种有必要在当下及时予以解决的问题。既然它与所有人或大多数人相关，为公众所关注，那就必须抓紧解决，方能维护公共利益和实现公众的意愿。

第三，这些问题具有相对变化的动态性。作为公共管理对象的社会问题并不是固定不变的，它们会随着社会的发展和各种环境条件的改变而发生变化。旧的问题得到解决后，还会出现新的问题；此时此地是需要得到管理的社会问题，彼时彼地也可能不再是公共管理的对象。所以，这就要求公共管理者采取变化的、动态的眼光去分析和界定公共管理所涉及的问题对象。

第四，这些问题具有相对不可控性和不确定性。也就是说，属于公共管理范畴的社会问题，是可控性与不可控性的统一。社会问题一旦被纳入公共管理的对象范围，它必定是人们所知晓和意识到的，对它的重要性、解决的必要性都有一定的理解，这些就是问题的确定性。但它所涉及的环境因素、前提条件等不仅无时不在变化，而且这些因素极其复杂，因此人们对它的把握不可能是绝对正确的，也不可能完全无误地预测到对它加以解决可能带来的结果是什么。这些都反映出社会问题在公共管理的对象范围内仍有某种不可控性和不确定性。

公共管理更多的是要解决社会面临的公众问题，所以，强调公共利益、重在结果管理、突出公平等，实质上都是基于公共组织对外部社会实施管理的价值取向。在政府管理研究中，围绕着提高"行政效率"，不少人常常把注意力放在政府内部管理上。加强政府自身管理当然也是必要的，但是，对于社会问题的管理最终还是体现在外部管理即对社会事务的管理上。无论是政府还是政府以外的其他公共组织，都需要把对外部事务的管理质量作为衡量其绩效的最终标准。

二、公共项目

公共项目也可以称为公共管理的直接客体。如果说对于社会所面对的公众问题的管理具有相对被动意义的话，那么对于公共项目的管理则更多地具有朝着某个社会建设目标努力的主动意义。就公共项目的形态特征来说，我们在这里可以将社会公共项目区分为"软项目""硬项目"。"软项目"是指"精神文明建设""公民普法教育"之类的社会建设项目。"硬项目"是指"城市污水处理工程""防灾建设工程"等基础设施建设项目。对公共项目的管理可以包括以下一些基本步骤：

（1）把特定的公共管理活动划分为必要的行为步骤或阶段，以有效地实现公共管理的目标。

（2）仔细考虑每个步骤之间的关系，尤其是与特定的结果之间的关系。

（3）明确每一步的实施者和责任者，即为完成该项目而组织起来的管理人员应当有清楚的分工与责任。

（4）形成清晰、准确的时间表，包括每一步骤所需要的时间及完成期限。整个项目的完成日期和每一步骤的完成日期都应该是预定的。

（5）经常检查资源分配与预先规划是否相符合。整个项目的预算应当是确定而合理的，不能模糊不清或不切实际。同时，应对每一步骤的资源使用情况和预算执行情况进行动态检查。

公共项目的管理直接关系到人们的生活环境和生活质量，是看得见、可感知的集体共同行为，所以，对于每一步骤都必须予以高度重视。首先，公共管理人员应善于把政策原则、管理目标（理想）转换成具体的公共事项。如果没有项目的明确界定，人们就看不到它与人们生活的直接关系以及公共管理的作用，这就不容易调动人们积极参与公共管理。其次，公共政策的具体落实是公共项目。从这个意义上说，公共项目不仅是公共管理的重要内容，还是最直观、可见的管理行为。

一般来说，所有公共项目都直接关系到人们的生活环境和生活质量，政府公共政策的实现都直接关系到一定时期政府公共政策的实现。加强对公共项目的管理，不仅要注意项目预算、质量、结果等各个具体环节，而且要有严格的实施项目的组织保障，建立相应的责任机制。

三、公共资产

一定社区的人们所共同拥有的财物，称为公共资产，或称公物。它在名义上，是每个人都可以享有的物品，但实际上任何个人都不可能完整地得到它、占有它和使用它。公共资产是由公共财政支出的，其来源是纳税人的税收。使用公共资产是每个公民都有享有的权利，但它不是单个个人所购买的产品，故只能作为公共物品而存在。作为公共管理内容的资源是有特定含义和范围的。一般来说，人们共同拥有的有形财产和无形财产，都属于公共管理资源的范畴。纳入公共管理对象的公共财产和资源主要包括公共设施与物品、公共信息资源、公共人力资源、公共自然资源、公共企业与公司。

（一）公共设施与物品

公共设施与物品是特定社区所有人都有可能享用和受益的物质性存在，而且本身就是产品，如图书馆、学校、医院、城市道路、路灯、桥梁等。如果不是一定社区所有人们都可能享用，而仅仅是部分人可能享用的物品，则不属于公共管理的范围。所以，对大范围和更高级别的公共管理机构来说是公共财产的东西，对小范围和较低级别的公共机构来说必然是公共财产，但对小范围和较低级别的公共机构来说是公共财产的东西，对更高级别的公共机构来说却不一定是公共财产，但它们都是"公物"。

公共物品是一定社区内所有人都可以享用和受益的公共设施、公共物品的总称。它与自然资源的区别在于，公共物品首先必须是一种产品。如果不是一定社区所有成员都可享用，而只为部分人享用的公共物品则不在公共管理的范围。例如，能源、道路、桥梁、交通标志、城市的公园等都属于公共物品，而那些有一定限制条件的公共物品如专用道路等，则不属于公共管理的范围。

（二）公共信息资源

公共信息资源即一定社区的人们共同拥有和可能享用的各种精神产品，包括文化产品、科技成果、经济信息等。人们一般把信息、物资、能源三者共同作为现代人类社会赖以生存和发展的基础。其中，信息居于首位，这足可以看出，信息是一种极为重要的资源。但信息资源也可分为两大类：一是一定社区内人们所共同拥有和可能享用的信息资源；二是只有局部范围内的人可享用的信息。只有前者才是公共管理的对象。公共信息是指一定社区的全体成员共同拥有和可以享用的各种精神产品，如经济信息、科技成果、文化产品等。作为一种资源，信息在现代社会中的作用显得愈加重要。纳入公共管理范围的信息，是指那些为一定社区的成员共同拥有和可以享用的信息，而不是指仅供部分人拥有和享用的信息。

（三）公共人力资源

公共人力资源是由一定社区的劳动力、人才方面所形成的社会资源。在各种社会资源中，人力资源是最活跃和最宝贵的财富。因此，人力资源的利用、开发和发展成为特定的公共管理机构必须重视的方面。对人力资源的管理包括人力资源的形成（培训、激励、更新、引导）、利用和开发等诸多方面。当然，这是指作为公共管理对象的人力资源，不是指公共管理机构对其内部人才的管理、开发、培训和利用，只有社区共有的人力资源管理才属于公共管理的范畴。公共人力资源是指一定社区的劳动力人才所形成的社会资源。作为公共管理的内容之一，人力资源管理并不是指一个单位内部对其人才资源的开发利用，而是指一定社区的共有人才资源的开发和利用。由于人力资源是社会资源中最活跃、最积极的因素，因此任何国家的公共管理都不能不关注这个领域。

（四）公共自然资源

公共自然资源即一定社会赖以存在和发展的各种自然性物质条件，如矿产资源、水资源、土地资源、森林资源等。这些资源显然不属于个人所有，是一定社区的共同财产，对它们的合理利用与开发、保护与再造是公共管理的重要内容。这些资源虽然属于一定地区的人们的共有财产（一般不属于个人所有），但是，合理地对其开发利用，对社会的整体发展影响极大。所以，公共自然资源就理应成为公共管理中值得重点研究的领域，我国在这方面的实践和管理制度创新还在进行中。[①]

（五）公共企业与公司

所谓"公共企业"主要是指由国家投资兴办并服务于公众的国有企业。公共企业属于公众共同所有。它是由纳税人的税收建立起来的，是通过公共投资所建立起来的，公共企业或者公共公司建立的主要目的是为公众提供各项基本的公共服务，如城市公交、城市轨道、煤气公司、自来水公司等。因此，对其进行良好管理是公共管理机构应尽的责任。当然，不同性质的公共管理机构所管理的公共企业范围不尽相同。公共管理机构管理公共企业的基本职责之一就是要让其保值和增值，产生公共收益，这也是公共投资的目的。中国作为一个社会主义国家，相对于其他国家来说，具有较为庞大的国有企业和公共企业财产资源。[②]

第三节 公共部门管理与企业管理之对照

在分析公共部门管理的对象和任务时之所以把企业管理与公共部门管理作比较，主要是为了进一步了解两者的联系与区别。从大的方面来说企业管理与

---

① 2017年1月11日，中共中央办公厅、国务院办公厅印发了《关于创新政府配置资源方式的指导意见》，其中有关"创新自然资源配置方式"的部分作了这样表述："法律明确规定由全民所有的土地、矿藏、水流、森林、山岭、草原、荒地、海域、无居民海岛、滩涂等自然资源，建立明晰的产权制度、健全管理体制，对无线电频率等非传统自然资源，推进市场化配置进程，完善资源有偿使用制度。"

② 中共中央办公厅、国务院办公厅印发的《关于创新政府配置资源方式的指导意见》对此作了以下表述："对用于实施公共管理和提供公共服务目的的非经营性国有资产，坚持公平配置原则，积极引入竞争机制提高配置效率，提高基本公共服务的可及性、公平性。"

公共部门管理都属于管理的范畴，就管理本身而言，它是人类一种普遍的社会组织活动。随着社会经济的进步，人类对管理活动的认识深化，管理的内涵更加丰富，管理的外延不断扩大，管理的方式也更加复杂。虽然不同领域的管理有着不同的具体内容和形式，但管理的构成要素则基本是相同的，即任何一项管理活动都离不开管理主体、管理对象、管理目的、管理职能与方法以及管理环境等基本要素。从这个意义上说，都属于人类管理活动的企业管理和公共部门管理两者密切联系。

然而，公共部门管理与企业管理毕竟是两种不同的行为领域，它们的差别也是显而易见的。作为一个独特的管理领域，公共部门管理以及公共管理机构的行为已经越来越呈现出特定的范围和特殊的规律。尽管近年来在传统公共行政改革中，引入了一些现代企业管理的理念和管理方法，但公共部门管理与企业管理毕竟是两个不同的领域，两者的差异和区别仍然是明显的。

第一，公共部门管理与企业管理的目标有重大差异。正如前面所指出的那样，公共部门管理追求的根本目标是要提高社会成员的生活质量，为社会成员提供非营利性的产品或服务。即使在某些方面，公共部门管理机构在提供公共物品和服务中也会收取一定的费用，但这并未改变其非营利的性质。公共部门管理活动的这种性质决定了作为公共管理主体的政府及其他公共管理机构，其管理活动的过程必须在国家立法机关的授权和国家的法律、法规的严格管控下进行。公共管理的权限、组织形式、活动方式、基本职责和法律责任等，也必须通过严格的法律条文明确予以规定。企业管理则不同，通过生产和销售产品或服务，追求利润的最大化是任何企业追求的目标也是企业管理的根本目的。企业管理的这种营利性质与公共部门管理的非营利性质是完全不同的。在企业管理中，法律无疑也是十分重要的。但是，法律对企业管理活动的约束主要体现在它的外部制约性方面。企业的经营活动必须符合法律是其营利的附属物，而不是它的原动力。

第二，公共部门管理与企业管理赖以生存的经济来源也有根本区别。由于公共管理是一种非营利性的社会活动，又是政府的重要职能之一，因此管理所消耗的资源是公共的，所需要的经费预算主要来自国家的财政收入，属于公共财政的范畴。这就决定了，行使公共管理权力的公职人员不能随意地去支配这些费用，要使其管理活动尽量公开化，并接受纳税人的监督。在企业管理中，企业赖以生存的物质基础是企业在市场竞争中所获得的利润，企业所需要的各种资源均来自投资的回报。因此，企业的经费预算、企业的消耗等都属于企业自身的行为，不受社会的制约，这与公共管理活动也是完全不同的。

公共部门管理与企业管理在以上两方面的差别，决定了两者的运作机制、管理方式以及管理人员的选拔等都不尽相同。这在一定程度上也反映了这两种管理方式的内在要求。

从历史角度看，公共管理与企业管理方法之间有着长期相互汲取的过程。20 世纪以来，许多大型企业的管理就广泛采纳了与政府公共部门的架构和机制相似的管理模式；近年来，政府公共部门也广泛地引入了如"绩效管理""绩效评估""目标管理""激励机制"等以前在企业管理中发展起来的管理方法。

在分析了公共管理的基本内涵及其与公共事务、公共权利以及企业管理的关系之后，我们可以对公共管理的研究对象进行简要概括。按照管理学的基本原理，任何管理活动都必须具备管理主体、管理对象、管理目标、管理职能和方法以及管理环境五个基本要素。作为人类管理活动的一个独特领域，公共管理主要研究的是对公共事务进行管理的规律和过程。在公共管理活动中，管理的主体是居于社会权力中心的政府以及其他非营利和非政府公共机构；管理的对象是涉及内容极为广泛的各种公共事务；管理的目标是维护社会成员的共同利益，提高社会公众的生活质量，促进社会整体协调发展；管理的职能是运用公共权利，采取各种手段，对涉及全体社会成员的共同利益、生活质量等一系列活动，进行有效调节和控制。

第三章　公共管理的人性基础和假设

　　受主流经济学的影响，公共管理学研究对人类行为的认知一定程度上也采取了假设演绎的方法，即假定管理过程中相关的人类行为，无论是政策制定者还是执行者，无论是委托人还是代理人，无论是管理者还是被管理者，其动机、偏好或行为选择都具有"经济人"的两个特征：一是自私性或自利性，即人类个体行为的出发点和目的都是自身利益的创造或维护；二是最优化或最大化，即在追求个人利益的过程中，每个人的理性选择都会在既定条件下力所能及地采取成本最小、收益最大的行动方案。包括公共组织和公共管理在内的所有社会现象，最终都衍生于具有"经济人"特征的人类个体的生存需要，来源于作为社会系统最小构成单元的"经济人"个体为满足生存需要的行为选择。

第一节　人类行为的内生动力：动机、需要、欲望与追求

　　所有人类的个体行为都不可避免地受到两类因素的影响：一是个体生存所依存的环境，包括作用于人类机体和心灵的各种各样的自然和社会现象；二是个体行动赖以依附的生物机体及附着于其上的生理心理结构和机能。在人类和

动物行为的本质区别中，起关键作用的影响因素不是遗传获得的生物机体或生理机能，而是依附于生物机体和生理机能之上为社会环境及文化所塑造的心理结构与心理机能。独特的心理结构和机能不仅使人拥有发达的意识和理性，而且衍生出丰富多彩的行为模式。一些行为是有目的、有意识的，表现出更多的理性或计划特点；一些行为则看似无目的、无意识，表现出更多的非理性特点。一些行为是自私或利己的，追求个人收益或声誉的最大化；一些行为则是忘我无私或利他的，表现出更多关爱他人或社会性偏好的特点。一些行为是阳奉阴违，以弄虚作假或隐藏行动的形式掩盖着不可告人的目的；一些行为则表里如一，以忠实可靠的坦诚形式向他人传递遵守承诺的信号。心理因素对行为模式具有的这种广泛而深刻的影响，迫使管理学家和管理实践家不得不对影响行为的许多心理现象或因素给予高度关注。如果说组织行为的调控是一切管理的核心，为了有效调控组织成员的行为以更好地实现组织管理的目标，将心理因素作为一种认知和干预变量是至关重要的。影响人类行为的心理因素是多元的，动机、需要、欲望、理性、情绪或偏好，每一种因素都对组织成员的行为有直接或间接的影响，进而影响着管理制度和管理过程的效果或效率。科学认知并合理利用这些心理因素的特点及其对行为的影响，是一切组织有效管理不可或缺的重要任务，公共组织管理也不例外。

一、动机

在解释人类行为发生机理的研究中，动机具有重要的基础地位。动机是人类个体行为动力系统的组成部分，是个体行为产生的直接内部驱动力，这种驱动力表现为一个人因某种需要未得到满足而引起的紧张状态，为降低或消除这种紧张状态，个体会选择并实施使需要得到满足的某种行动，据此使紧张状态得以缓解或消除。心理学家将动机对行为的这种驱动作用概括为激发和维持；驱使个体发起一个指向特定目标的具体活动体现了动机的激发作用；驱使个体抵抗或避免偏离特定目标的行为的发生体现了动机的维持作用。动机对行为的发生和维持虽然重要，但动机并非行为本身或行为结果，而是行为存在的原因或动力。我们可以用动机说明个体为什么要选择并实施某种行为，但难以用动机有效说明某种行为本身是什么、应当如何或实际是怎样进行的，也难以用动机清晰解读行为或活动产生的实际结果。在个体行为的系统分析中，动机只是推动人们从事某种行为的念头或倾向，体现着个人需要在某种目标对象诱导下对活动的激励作用，把人的活动引向满足特定需要的某个具体目标。由于动机是人类个体活动的内在原因，不易被他人直接观察，认知者只能根据人的行为反应和导致行为反应的刺激情境去推测。动机不能直接被他人观察认知，却能通过行为主体在活动中的努力程度、任务选择、坚持性和语言表示等被间接地加以认知或推断，由此形成不同的动机理论，如本能论、驱力论、诱因论或认知论。本能论强调人和动物的连续和同一性，把生物进化观引入心理分析，将人的动机还原为动物本能。本能是天生的倾向性，人天生对某些客体具有敏感性，并在主观上伴随有特定情绪；引起本能行为的外界情境的性质会因学习机制而发生改变，某些行为反应模式因此可以调整，但本能的核心情绪却稳定不变。本能论认为人类的行为整体上是在进化过程中形成的，有其固定的行为模式并通过遗传被继承。驱力论认为个体由于生理需要会产生一种紧张状态，激发或驱动个体产生某种行动以满足需要并消除紧张状态，恢复机体平衡状态。诱因论将动机理解为受外部刺激所产生的一种心理反应。诱因指能满足个体需要的刺激物，具有激发或诱使个体朝向目标行动的作用，是个体行为产生的一种动力之源，促使个体设定并追求特定目标。诱因虽然由外在目标所激发，但只有当它转化成个体内在的需要时，才可以推动个体行为的产生。诱因的存在和作用表明，不能用单纯的本能或内驱力解释人的所有行为，外部刺激或诱因在唤起和推动行为方面也起重要作用，应该用刺激和有机体生理心理状态间的相互作用说明人的行为动机。认知论认为动机理论不仅要解释人是如何被推动产生行动的，而且要解释为什么选择这样的而不是那样的活动及模式。这涉及人对事物因果关系的认知，因此人们不仅根据自己的需要，而且根据他们对因果关系的了解确立目标并采取达到目标的手段。

　　动机虽然是行为的直接动力，其产生却依赖于行为者的内在需要和外部条件。心理学将行动者自身的需要视为动机产生的内在条件，将行动者之外的诱因看作动机产生的外在条件。成为行为动力须先转化为行为动机，这种转化建立在需要被体验或意识到的基础之上，但仅仅体验或意识到需要还不能导致动机的产生。需要是一种缺乏状态，这种状态在无诱因出现时只是一种潜在动机，表现为朦胧的愿望或要求，只有当满足需要的目标对象即诱因出现时，需要才会被激活而成为驱使个体趋向目标的内驱力，这时的需要才可能转化为人的动机。动机的形成因此至少需要具备两个必要条件：内在条件和外在条件。

第一，内在条件，即需要和内驱力。需要是有机体内部的不平衡状态，表现为有机体对内外环境的稳定性要求。内驱力是在有机体需要基础上产生的一种内部刺激，是需求状态存在的结果。体内失衡产生匮乏状态或欠缺形成人的需要，被意识到的需要产生人的行动愿望或内驱力，形成驱动行为产生的内在动力。

第二，外在条件，即外部诱因。诱因是能够满足某种需要的外部条件或刺激物，对诱因的感知会激起有行动愿望的人的定向行为。动机的强度或者力量不光取决于需要的性质，也取决于诱因力量的大小。心理学将需要划分为生理需要和社会需要两大类别。个体生命周期内的生理需要与生俱来且稳定不变，如一个人对食物、水、空气或性体验的需求，是生物遗传基因或先天决定的维持人的生命不可或缺的自然需要；社会需要是人出生后基于经验或学习产生的习得性需要，如一个人对社交、友谊、自尊、地位、声誉或权力的渴望，这些需要形成于我们生活中的环境、文化、教育和我们日常具体的实践活动与经验当中。人类行为的复杂性主要源起于社会或习得性需要。社会或习得性需要是人们在对文化或环境做出反应的过程中学习产生的需要。例如，对于一个新入职场的职员来说，他往往首先需要寻找房子解决住的问题，这是个体的自然需要决定的。而至于找什么样的住房，取决于他后天习得的社会需要的性质和特点，习惯节约生活方式的人可能会找价格相对低廉的房子，习惯追求品质的人则可能找相对高档的社区来居住。居住地选择应同时满足和映射了个体的自然需要和社会需要。不管是自然需要还是社会需要，都会因个人特质和个体情境的不同而在不同的人之间存在差异或变化。一个人的具体需要虽然在一定时间和条件下是可以得到满足甚至出现效用递减，犹如持续的面包消费和旅游体验，但一个人变化着的总体需要很难得到彻底满足。当过去或某一具体条件下的特殊需要被满足时，新的需要会衍生出来。与此同时，一个人在同一生存时期可能同时有多种不同层次的需要，如对餐饮的需要和对节食的需要，对一种需要的满足并不意味着其他需要的满足。尽管一种行为也可能同时满足几种需要，参加宴会可满足生理性的觅食需要和社会性的交往需要，但需要也存在程度、强度、等级或优势与非优势、原生与派生的区分。犹如购买一件衣服可满足保暖、身份、地位、漂亮等多方面的需要，但可能主要是身份地位的诉求促成了一个人的购买行为。由于个体的不同需要可能从同样的目标中得到满足，同一需要也可能会从不同的目标中得到满足，仅仅依据个体的行为很难准确推断出其背后的动机。

二、需要

需要的本质是个体生存条件的某种匮乏或欠缺，这种匮乏或欠缺意味着个人作为生存机体在特定条件下出现需求与供给方面的失衡，由此产生一种行为选择或发起的冲动，希望以此实现需求与供给的再平衡。这种冲动可界定为欲望。欲望是为消解需要欠缺产生的一种心理反应，因而总是指向一定的对象，指向满足这种欲望的某种事物或对象。当欲望所指向的对象激起人的活动时，反映这种对象的形象或观念会转换成催生活动的动机。凡是引起人去从事某种活动、指引活动去满足一定需要的欲望、愿望或意念，就是这种活动的动机。在需要向动机的转化中，欲望充当了传导或介质作用。欲望与特定目标对象的关联，使需要转化为一种行为动机，成为行为发起的直接动力。需要对动机、欲望和行为的作用虽然重要，却并不意味着每一种需要都会转化为相应的行为动机并引起特定的行动。需要在许多情况下会处于潜伏状态，不被意识或理性觉察，因而不可能产生相应的欲望和行为动机，就像一个不知道自己缺乏维生素或行为礼仪的人是不会自觉地产生服用维生素或礼貌待人的行为冲动和行为选择的。潜在的需要只有被激活或唤醒才可转化为有意识的行为动机和现实行动。许多因素都会引起需要的激活或唤醒，个人身体内部的刺激感应、情绪变化和认知加工，外部环境的物理作用或信息刺激等，都能造成特定需要的激活或唤醒而被感知。血糖水平的下降或胃部收缩会激起个体的饥饿意识；荷尔蒙的分泌会唤起性需要；体温下降导致的颤抖会使个体意识到温暖的需要；对恋人的喜欢会引发对结婚和建立家庭的需要；认识到知识的价值会激发求学的需要；城市空气污染和交通拥挤会引发移居乡下的需要。需要和欲望相关却并不是欲望，人也许会意识到自己的欲望，但未必意识到所有需要。

需要是一种生存状态或条件的欠缺，具有一定的客观性。欲望则是为满足体验或意识到的需要而向往并追求某种生存状态富有激情的主观意愿或冲动。和需要相匹配，欲望的种类也是多样的，可分为生理性欲望和社会性欲望，前者如饥饿状态下对觅食的意愿或倾向，后者如为满足社会化过程衍生的对优越感和自豪感的需要而产生的追求身份地位或声誉的意愿或倾向。衣着功能从避寒到自豪感的变化，房屋功能从遮风避雨到身份象征的转化，都体现着社会性欲望的存在与作用。社会性欲望的存在表明，欲望的产生可超越先天遗传决定的生理需要而源于后天的社会活动。欲望通常也难以直接被观察或认知，只能通过它所引起的外部现象或行为加以间接衡量，这种衡量可以用个体为实现他的愿望愿意付出的价格作为替代变量来实现。人的欲望总体上是无止境的和多样化的，但每一个欲望都是有限度的，欲望饱和规律与边际效用递减规律的存在说明了这一观点。

三、欲望与追求

欲望和需要一样存在弹性问题。一般而言，生理需要或欲望缺乏弹性，社会需要或欲望富有弹性。基于心理学的基本观点，动机、需要、欲望和行为的关系逻辑大体是行为产生的直接动力是动机，需要是动机形成的基础前提，欲望是需要转化为动机的中间变量，对需要的体验或感觉产生欲望，欲望在目标对象引发下形成动机，动机导致行为产生。

动机、需要、欲望对个体行为生成的影响表明，人类活动的发生都有其内在的原因、动力或人性基础，认知这种基础对理解和管理人的行为既具有重要的本体论意义，又具有重要的方法论价值。在注重实验观察的心理学研究盛行之前，传统人文社会科学对人类行为动力、原因或人性基础的研究多和行为哲学及其道德伦理的理论分析相关联，这种研究常采取思辨的概念分析或推论方法，以期对人的本质做出符合逻辑的普遍性判断。经济学也重视对人类行为动力、原因或人性基础的判断，但采取了假设演绎的认知方法，如以新古典学派及其后裔为代表的经济学研究关于人性及人类行为的理性假定。虽然哲学史上长期存在着关于人性的不同观点和理解，但现代经济学的兴起和发展使"经济人"假设以多种不同的形式，或明或暗地移植到其他社会科学研究中，包括公共管理在内的广义管理学也不可避免地受到影响。这种影响在一些方面是积极的，因为"经济人"假设关于人类行为动机或偏好的假定反映了部分事实。在许多情况下或时期，人类的行为动机和行为选择的确不仅是自私或利己的，而且在力所能及的条件下追求成本最小化和收益最大化。"经济人"假设描述了这种事实，为特定维度下有效理解、预测或治理人类的组织行为提供了重要的本体论和认识论前提，基于"经济人"假设所建构的经济学理论也因此成为人们分析、解释和解决经济与社会问题重要的知识工具。绝大多数经济学家似乎也清楚并承认，"经济人"假设并不能刻画现实世界人类行为动机或偏好的全貌，基于"经济人"假设架构的经济学理论也不能解释人类行为及其衍生品的全部内容，而只能解释人是自私自利的且追求成本最小收益最大情况下所衍生的有限世界。当亚当·斯密在《道德情操论》中承认人类富有关爱他人的同情之心，当约翰·斯图亚特·穆勒公开将经济学的合理性从整个世界缩小至"经济人"假设范围时，我们已经看到"经济人"假设的真正意义及其具有的权宜之计或基于研究便利的方法论特点。令人惋惜的是，"经济人"假设虽具有权宜之计或方法论特点，其合理性仅限于对人类本性和行为的局部解释，但在其广泛的认知和实践应用中，人们很难划清其适用的合理边界，这导致了"经济人"假设的滥用，并因此给社会科学研究带来消极影响或损害。"经济人"假设不仅将自利最大化视为人之本性，而且将物质利益如对金钱财富的追求视为人类行为选择的主要目的，将金钱财富的更多拥有视为幸福生活的主要源泉和表征。但实际情况并非如此，幸福与金钱收入或财富的不同步增长可说明这一点。围绕不同地区或国家的经验研究已经表明，一个国家或地区的经济发展虽然有可能使大多数居民的收入持续增加，人民的物质生活水平因此得到明显改善，但他们的幸福感却未必会像期盼的那样与收入或财富积累得到同步增长。产生这种不同步现象的原因也许是多样的，不同的累积规律，物质品消费的效用递减，从物质品到地位品偏好的变化，需要、期望或欲望的扩大或精细化等，都构成其中的影响因子。地位品需求的凸显和幸福悖论的存在是值得重视的两种原因。

一方面，地位品的价值主要不取决于物质因素的效用而取决于人与人之间的相互关系及其比较中的社会排序。财富增加会引致对地位品需求的变化，而经济发展又会在一定程度扩大地位品需求与供给的矛盾。另一方面，使人幸福的许多影响因素反过来也可能给人们的生活带来某种麻烦或不愉快：一种收益所得在人际攀比中可能引致新的烦恼；已经降临的某种欢乐可能被接踵而来的新期望抵消；多样性选择的自由有可能转化成令人痛苦的犹豫不决或徘徊；基于时间节约预期的悠闲可能带来的是新的工作压力和繁忙。例如，汽车的拥有虽扩大了人的旅行半径，却激发了更远更多的外出欲望；手机的使用提高了人的通信效率，却剥夺了使用者清静独处的宝贵时间。当这些看似美好却可能带来烦恼的现象成为现实时，幸福感的增加就可能与金钱或财富的增长不同步。事实上，幸福感可以在财富总量不变的情况下得到增加，缩小人与人之间财富占有的差距或收入分配的不平等，是增加社会幸福感的一种方法。对"幸福论"的研究揭示了这样一类现象的存在，即幸福感不只是经济发展和收入增长的函数，存在着影响幸福的其他因素，它们会抵消或稀释经济发展和收入增加带给人们的快乐。即便在经济发展范围内，收入增长对幸福的影响也非一成不变或仅仅是积极的，在一定条件下，收入增长不仅有可能降低人们的幸福感，还可能给人们带来新的痛苦。正是这类现象的大量存在和作用，使许多民众在分享一国或地区经济发展、收入增加或财富积累带来的福利时，却未能同步提升他们的幸福感。收入增加或财富增长与幸福感变化的这种不同步不仅具有普遍性，而且表现出多样化的因果联系和生成机理，幸福经济学的兴起和发展就包含着对这种联系与机理的综合探究及理论概括。对于幸福与收入及财富增长的关系，经济学家的基本判断是人的幸福会随着收入和财富的增加而增加，但增加的幅度会因收入愿望的弱化而递减；过去的支付、社会比较和抱负期望，影响愿望的形成及生活满意度。幸福与财富的不同步增长及其地位对人类行为的影响表明，现实社会中的人类偏好和行为并非时时处处都具有"经济人"的特征。

毋庸置疑，当我们仅仅将收益和幸福聚焦于经济物品如金钱或物质财富时，"经济人"假设的局限是显然的。一些学者试图通过修正福利概念的内涵来为"经济人"假设进行辩护，即从扩大了的福利概念来理解"经济人"的自利选择和斤斤计较，据此使"经济人"假设获得普遍的适用性和合理性。修正后的福利概念可以将对物质产品偏好的满足扩展到对声誉、公平、正义乃至与社会性偏好相关的关爱他人、慈善捐赠、助人为乐、见义勇为等利他主义的实现。福利概念在许多现代研究文献使用中体现的程度不同的开放性、包容性、相对性或主观性展示了这种语义方面的扩展。例如，哲学家关于福利概念的解读至少存在几种不同的情况：第一，福利是人类的一种精神或心灵状态，它要满足经验的需求，是经验的质量。第二，福利是人类偏好满意或需求实现的状态，常用主观福利（Subjective Well-Being）概念来表示，主观福利是一种感觉的函数。第三，福利独立于人的快乐经验，是一种与快乐感觉不同的存在，如理性行为、善良、有知识、有孩子、对真善美的意识等。在那些将福利等同于主观福利的哲学家眼里，对福利的解读存在认知观点、情感观点及其混合观点。哲学的认知观点将主观福利看作一种认知状态，是一个人对自己的生活做出了积极的评价；哲学的情感观点将主观福利看作一种情感或情绪状态，如被理解为快乐的出现和痛苦的缺乏；哲学的混合观点将主观福利既看作认知的也看作情感的。多数认同主观福利概念的学者将主观福利视为幸福。幸福是有情感的一种福利，是令人愉快的情感支配的福利状态。福利度量涉及情感和认知。情感因素表达了快乐和幸福，认知因素表达了满意。有人认为主观福利包含积极的情感、否定性情感的缺乏和满意三个不可缺少的因素。有人用积极的评价表达主观福利。在影响福利的因素中，身份具有特殊意义，和经济收入对幸福的积极影响达到一定程度后会逐渐降低不同，身份地位带给人的积极影响会保持原有程度。持不同观点的人认为，收入对人的影响不存在适应性问题，追求收入的幸福感可以是永远新奇的，但因人的收入期望会随收入的增加而发生变动，同等额度的收入随着期望的增加会降低获得者的幸福感。地位的获得似乎不同，身份地位的提升是福利积极的影响因素，这种提升带来的正面效用不会随时间的流逝而降低或消失。这与收入增加的积极影响持续到一定时间会衰减有所不同。

此外，个人的福利不仅取决于个人收入或地位变化，也取决于和其他人的相互比较。嫉妒就是与他人比较中影响主观福利的一种消极因素。幸福也是一种主观福利，是伴随着满足、满意或愉悦等积极心理体验的精神或情感状态，主观福利的讨论因此有助于深化对幸福问题的研究。和对福利的追求一样，人类对幸福的追求也是行为选择的一种动力和目标。不同的是，福利追求中的金钱或财富目标和幸福目标相比，前者具有更多的手段或工具性质，后者在绝大多数人看来则只是目的。幸福与财富相比具有的目的性使其在理论上显得更加重要，以至于一些人将追求幸福看作人类不能让与的基本权利。毫无疑问，在追求幸福的过程中，金钱或财富发挥着举足轻重的介质作用。由于金钱和财富在通常条件下可给人带来快乐，因此受到人们的广泛追捧，对金钱和财富的追求和占有也成为大多数人的一种偏好，即使这种偏好时常给人们带来某种损害或消极效应，对金钱和财富的追求依然是社会生存竞争中大多数人的优先选择。心理学家用时间不一致偏好解释人们对金钱财富常见的不计后果的追求。

类似药物上瘾者或吸毒行为表现出的短视，人类有时也会为了短期利益而损害自己的长远利益，或为了眼前的好处将手段当成目的，并因此葬送了自己未来的幸福，使自己在跨期决策中"死于诱惑"。在跨期消费决策中，短期奖励对人的诱惑和行为的影响，就像正在节食的人吃巧克力时可能已经意识到将来会后悔的情形一样。追求金钱或财富的人也可能意识到自己的行为未必对将来都有好处，但仍被短期快乐诱惑着选择了追求金钱或财富的行为，这种追求超越了对幸福最大化追求的长期愿望。

时间不一致偏好常与竞争机制相关联。在时间不一致偏好中，一种特殊种类被喜欢的偏好的小收益，可超过产生同种类偏好未来的大收益。一个物理上的现在的小的快乐，大于未来的更大的物理快乐；一个现在的社会声誉的小增加，比未来更大社会声誉的增加更受人欢迎。这些现象意味着，人类的偏好及基于偏好的行为选择未必处处都符合自我利益最大化的原则。对收入和金钱的欲望与追求虽然有其生物或心理学根据，但像对食物、性和睡眠的需求一样，过度供给不但不会增加主观福利，还可能带来负面效应。金钱和财富的生存需求一旦得到满足，人们追求它们的目的就可能转化为符号或象征性价值。但拥有金钱财富并不意味着就拥有了幸福，除非它们以特定的方式被利用。在人们拥有充足而舒适的物质生活条件如饮食、服装、居住地及生产和交通工具等供给之外，拥有更多的金钱财富供自己享用可能只会带给我们少量的幸福，将钱花在他人身上有时会比花在自己身上更能使人幸福。幸福作为少有甚至唯一为人们自身缘故而需求的对象，不仅仅由外部驱动或源于短时的快乐，当一个人处于愉快、专注、关系、意义、成就体验或心境时这个人通常也是幸福的，如享受可口的美食或温暖的洗浴；专注或沉浸于一项喜欢而具有挑战性的活动；介入令人舒心的社会交往或关系之中；意识到自己行为追求的意义；拥有实现可触及目标的成就。经济物品方面如金钱或财富的收入增长也会给人带来幸福，收入因此经常被当作度量个人幸福和福利增加的一个尺度。但幸福的增加与收入的增长很少是同步的：一方面，金钱或财富即收入的不断增长通常会带来人们收入愿望的逐渐减少或降低；另一方面，收入增加通常会伴随着人们消费行为的活跃和消费水平的提升，这两种现象都会导致面对同等数量的财富收益所拥有的幸福感的降低，它们都伴生或产生着抵消幸福增长的效应。更多的经济收入在短期内对于一个人的幸福感增加也许是更好的，但长期内是否更好则取决于多种因素。一个人的健康、年龄、身份地位、社会交往和性行为，他过去的支付行为、与他人的社会比较、主观期望或抱负等，都是影响幸福感的非收入因素。其中每一种影响因素的作用又可能受制于其他因素的影响。例如，一个人的抱负或期望水平不仅取决于这个人过去的产出结果，更高的过去收入会引发更高的期望和更低水平报告的幸福感；也取决于与这个人可比较的组织或群体中他人的产出结果，他人收入的改进会降低这个人的幸福感；还依赖于这个人自身预期的产出结果，较高的预期收入会削弱幸福感。在所有影响幸福感的因素中，过去的产出、社会比较、预期或期望三个因素受到研究者们的特别关注。围绕此类因素与幸福感的关系，研究者们发现：若收入是个不变的常量，则期望的增长对报告的幸福感在统计意义上是否定的。预期收入和比较收入虽然都会否定性地影响满意感，但人际比较中的主体通常不会和所有其他人相比，而是和与其相似或同类的人进行比较，这种比较有其特定的参考点。一个人的期望与自己过去的产出业绩有直接关系，高过去产出业绩引发当前高的期望。一个人的期望也与比较组中他人的产出业绩有关系。由于人总是希望自己表现得比别人好，其他人的产出越高，这个人的期望就越大；在其他情况不变的条件下，他人的进步会降低一个人的幸福感或满意度。一个人的期望水平越高，其满意度就越低。如果甲和乙都收到报酬 Y，甲期望的少于 Y，乙期望的高于 Y，则甲会报告一个较高的幸福感或满意度，而乙则会报告一个较低的幸福感或满意度，主体报告的满意水平或幸福感在此取决于该主体的期望水平和所得报酬的实际结果。当一个人进行社会比较时，如果他只知道其他人收入的平均水平，他会习惯性地与其他所有人相比；但在可能的条件下，他喜欢和与自己相似的人比较。一个人对自己在某一时间点的幸福的主观评估，正相关于他的成就而负相关于他的期望水平。

此外，与他人比较而言的相对收入会影响一个人的幸福感或福利水平。当一个人的收入增加时，如果比较组中他人的收入也等比例增加，这个人额外收入的增加可能不会增加他的主观福利或幸福感。在给定收入的情况下，高期望或高预期对主观福利有负面影响。如果某种收入带来的服务增加了必要的收入预期，额外的收入也不会增加幸福感或主观福利。一个社会中较富有的人也许是更幸福的，但当每个人都变得较为富有，平均的主观福利或幸福感会保持不变。和穷人相比，富人增加的收入对幸福感有较小的影响。

在影响人类福利或幸福感的非经济收入因素中，地位品具有特别重要的意义。人类在生存发展中衍生出对身份地位的需要，这种与声誉有关的需要是人类众多社会活动得以出现的激励力量和内在原因，因而受到学者们的广泛关注。例如，亚当·斯密认识到人类对尊敬和赞美的需要有时比对市场物品和服务消费的满足更能影响人的行为；凡勃伦（Veblen，1899）用"炫耀性消费"概念描述消费决策如何受到人们向他人展示身份的驱动；郝希（Hirsch，1976）引入地位品概念表达一组包括服务、工作、社会关系在内的物品，认为家庭收入增加，会引起用于这类物品支出的增加。

地位品如住房、服饰或汽车代表了一种身份和能力，这类物品通常容易观察且耐用，那些不能或不宜被观察的物品如健康保险很难成为地位品。基于社会竞争、社会分工和专业化等基本原理，地位等级、声誉差异或地位品的存在不仅在社会生活中不可避免，而且会带来积极效用。例如，奢侈品作为地位品的广泛消费不仅有可能带来新发明的刺激，还可能导致奢侈品价格下降，并因此变成可供更多人消费的大众商品，就像洗衣机、空调、小汽车和家庭影院经历的那样。一个时代的奢侈品有可能是另一个时代的日用品。地位品的价值和功能使其成为社会治理常见的工具或手段，通过地位品的创造和分配，一个社会建立起一种行为激励或控制机制。例如，社会奖励就是一种地位品，是一种涉及获奖人员身份和能力的显示机制。一个社会的民众或政府通过多种奖励机制将某种特殊的身份、头衔、荣誉、待遇授予或赠与某些有特殊行为品质的社会成员，以凸显他们拥有引以为傲的特殊地位，据此激励更多的人拥有或表现出类似的品质，这些行为品质一般都有益于社会的良性运转，或有利于公共价值的创造、维护和分配，勇敢、仁慈、同情、诚实、幽默、忠诚、守信等，都属于这类行为品质。与这些行为品质关联的道德伦理一定程度上也是一种受到尊敬和追捧的地位品，激励了众多人修身养性的德性培育和追逐行为。高等教育在一定维度也具有地位品的性质，对于很多求学者来说，支付金钱和时间上大学的收益不仅在于获得高深的知识和技术，还在于获得社会认同的身份或地位。作为社会治理的一种机制，对地位的追求可被用来矫正市场和政府失灵的某些局限。例如，身份追求和身份奖励可以鼓励和培育社会成员的道德行为，利于为社会或社区塑造好公民，益于抑制、惩罚或缓解市场失败产生的外部性，甚至替代政府实施的最优税收系统和补贴。对地位品的追求不仅需要支付多种资源和时间成本，而且在一些领域会产生负面的社会效应，如造成稀缺资源的浪费，产生人与人之间不必要的竞争，诱导不合理的炫耀性消费。地位品追逐中的悖论现象解读了这种负面效应得以存在的一些理由。

体育场中的每一个体旁观者可以通过从座位站起来改变其观看球赛的视野位置，但每一个观众都这样做时，大家的观看境况就会更差。这种和囚徒困境类似的情形意味着地位品的追求并非一概都具有生产性。一些地位品的追逐会引起不当攀比而属于非生产性的浪费行为，这种行为使每个社会成员都将部分资源投入某种声誉或地位品的追逐过程，当每个人都这样做时，不仅需要消耗社会已有的稀缺资源，其带来的收益效果还可能为零。地位品追求在此带来了资源的不合理浪费。为说明这种浪费的真实性，区分两种稀缺品是必要的：受物理条件限制的稀缺品，如自然风景；受社会条件限制的稀缺品，如领导岗位。社会限制的稀缺品和一般常说的可通过生产活动予以增加的稀缺性经济物品不同，它的供给是固定的。建筑者可以建设更多的摩天大楼，但只有一座摩天大楼是最高的。在此情况下，自由竞争可以改变最高摩天大楼的排序归属，但不会增加最高摩天大楼的个数，追逐行为不可避免地会导致社会资源在攀比中的浪费。奢侈品消费的负外部性也是地位品追逐负面效应的一个经典类型。因此，地位品的追逐是浪费性的，地位品创造负的外部性和不经济，应通过税收或提高地位品的消费价格予以限制。甚至，收入不平等和地位品也是有关系的，收入不平等意味着富人花更多的钱用于奢侈品和其他地位品的消费，这种消费会影响比他们社会地位低的阶层，引起这一阶层人们的模仿行为。模仿的最终结果是消费模式及其蕴含的社会地位趋于均衡，每个人都回到原来的位置，而追逐过程已经发生并产生成本支出或浪费。这种类似军备竞赛的地位品追逐从结果上看对大家都不好，因而总体上是一种浪费而不是收获。

第二节　情感、理性与人的行为

动机、欲望和需要对行为的影响表明，情感在人类行为和管理过程中发挥着重要作用，被多门学科关注。心理学就十分看重情感在行为决策中的直接存在、作用或角色，重视情感活动的神经基础以及认知和情感的相互作用。为揭示人类的行为动力和规律，经济理论的发展也不断加强对情感的研究。经济学家虽然给予情感一定的关注，但关注的议题、焦点和心理学有所不同，如更加偏好将注意力集中于后悔、失望等那些在决策中未实际出现但将来可能出现的否定性预期情感。在组织管理实践中，大多数管理者都会重视对情感的体察和利用，情感也因此成为管理学难以忽略的研究对象。作为行为主体对内外部刺激的一种心理反应，影响行为的情感形态是多样的，有些情感对特定利益的实现和保护多是积极、有利或肯定性的，如人所具有的激动、快乐、自信、骄傲、宽容、欣慰、欣赏、满意、发奋、崇拜及成就或幸福感；有些情感对特定利益的实现和保护多是消极、不利或否定性的，如人所具有的生气、害怕、担忧、焦虑、恐惧、苦闷、嫉妒、愤怒、憎恨、痛苦、悲伤、失望、后悔及孤独或自卑感；还有一些情感难于简单划归为肯定性或否定性、消极的或积极的情感，多显示出可塑性或中间性而介于两类情感之间，如不满、向往、渴望、饥饿、冲动等方面的情感状态或体验。所有这些情感都会影响人的行为，在一定条件下抓住人们的注意力，促使人产生特定的行动。情感在一定条件下会影响甚至决定人们在不同商品或行为之间的权衡取舍。情感可以在短时间内发生变化并改变人的想法和欲望，因为情感由变化着的体内状态和外部刺激影响。在人类漫长的演进史中，由于历史传统和主流文化长期将人类理解为以理性为标志的生命存在，将合理的人类行为或美德解读为符合社会规范的理性行为，这种行为的突出特点虽然是对动物性的有效超越和对非理性情感的有效控制，情感常因此被视为人类规范行动或合理行为的破坏力量，但情感也为人类行为的发生和延续提供了必要的动力和价值基础。在许多情况下，情感因素对于人们的日常生活是比高层次认知更基础的因素，情感的缺失、扭曲或情感障碍不仅会削弱人们的生活质量、生存机会或再生产能力，而且会导致行为的异常。犹如没有饥饿就没有觅食和劳动行为；没有性爱就没有家庭的繁衍和后代。人们常将高层次的理性思维、语言或认知看作人类独一无二的能力，但事实上我们的许多行为主要是在情感支配下产生的，而且常常是成功或令人满意的。正像缺乏理性的动物界的许多行为对于动物的生存在结果上是经济或有效率的，因为它们受到自然法则的选择和矫正，人类受情感支配的行为选择也因此不一定就是坏的、缺乏道德或不经济的。依据进化论和演化经济学的观点，现实世界存在这样的可能性，即在一定范围或层次，基于积极情感而不是逻辑推理或消极情感行事的结果有可能是经济的、有效率和有效果的好的行为，没有情感特别是没有积极情感的行为选择就像没有爱情的婚姻一样，未必会得到好的结果。虽然情感因素在人类行为中扮演着重要角色，人类对他们行为的反省却低估了情感而夸大了高层次认知因素的功能。高层次认知或理性实际上也常做错事或干坏事，甚至带给人类的坏处有时更大。它们虽然有强大的能动或积极作用，可以将人和动物区别开来，但也会带来更大的负面效应，使人远离自然演化塑造的生态平衡。大量研究显示，人们常喜欢将自己的行为解释成有意识、有理性的结果，即使实际不是这样，这反映了人类社会的一种虚伪和偏见。新的研究和观点不仅日益增多地批评传统观点将情感仅仅视为对行为影响不可预测、飘忽不定的消极因素，认为这种观点歪曲了事实，而且在多样化的研究中不断揭示出情感对行为的积极影响和价值。例如，情感因素对行为的影响并非是随机或偶然的，而具有高度的系统性。相反，通常被视为行为稳定性来源的认知的有意性反而有可能是不可预测、影响行为稳定或连续性的一个主要根源。有人甚至指出，意识对于人类行为并不是一个必然需要的调节因素，因为人的行为能够像动物一样在无意识状态下以复杂、合规律、可预测的模式发生，人类的意识常无视或践踏这些自然选择塑造的隐性行为规则和模型。这也是以突出理性见长且引以为荣的多数经济学家很少将情感因素包含在他们构造的人类行为模型中的一个重要原因。

一、情感

在管理过程中，情感因素可以模型化为一个状态依存偏好，促使人们以胡萝卜加大棒的综合方式陷入一种确定的行为。胡萝卜提高了人们与行为关联的快乐，这种快乐与内在情感因素相关。例如，当一个人处于饥饿状态时，食物吃起来是美味可口或香甜的，饥饿促使一个人去觅食；当一个人处于寒冷状态时，任何使身体温暖的东西都可能使人感到愉快，寒冷驱使一个人产生取暖行为。情感因素对人的行为的重要影响之所以没有引起经济学家的足够重视，可能与下述两种现象有因果联系：第一，情感因素确实经常驱使人们产生与他们的利益相反的行为选择，如情绪急躁中的语言暴力，愤怒或怨恨中的报复冲动，嫉妒带来的关系恶化。处在这种情境中的人经常也知道他们基于情感的行为对自己不好。第二，由于情感因素经常以无意识的方式影响着人的行为，以隐性方式或不与高水平认知理性关联的方式发挥作用，这使得人们倾向于低估甚至无视情感因素对他们目前和未来行为的影响。情感因素在强烈的状态下，常使人产生一种精神上的分裂：一方面是情感驱动着人们产生一种特定行为的冲动，另一方面是理性认为的基于事实和逻辑推理的另一种所谓的最好行动；当这两种行动不一致时，人便经历着精神上的两难选择或冲突。在此经历中，一个人既感觉到应该做或不应该做某事，同时又伴随着相反的行为选择驱动。在高强度的情感影响中，情感因素有可能驱使人们产生某种理性意识指导"失控"的行动，如偷拿了别人的东西，偷看了他人的日记。情感因素对行为当然有负面影响，人们的行为常会受他们的饥饿、性欲望、疼痛、不舒适感的影响而偏离正确的轨道。由于许多情感的存在是不可避免的，只能疏导而不可消除，人类为此创造出许多制度以满足和释放情感带来的需要或压力。例如，宴会用餐制度可理解为文明的满足饥饿感的方式；婚姻可理解为文明的性欲满足方式；拳击可理解为暴力冲动的文明释放。

情感因素提出了管理者最大化管理效用的决策问题。忽视情感因素的管理决策不会是最优的。对社会和个人而言，情感因素也许是短暂的，但它产生的行为却可能具有长期而重要的后果。情感因素有可能影响或引发人们采取极端行为，重要决策也可引发强有力的情感产生，许多生命中重大的决策是在激烈的情感体验甚至冲突中做出的。人们的讨价还价行为通常强烈地受当事人情感的影响，如生气、害怕、厌烦或不公平感等负面情绪会使人们产生有损于自身利益的行为决定。情感因素在跨期选择中扮演一个关键角色。过去的悲伤在以后类似的情境中会影响人的行为选择；今天对他人恩惠的感激可能使受惠者一辈子记住施惠者的善行，激励着自己明天的利他举动或报答行为。情感在风险和不确定性决策中也扮演重要角色。正是基于不同的情感态度，风险厌恶者、风险偏好者或风险中性者面对同一的决策事项和行为会做出不同的选择。我们在此关心的是情感对管理决策的影响。情感有预期情感和直接情感之分。预期情感是事先考虑到的行为可能存在的一种结果。例如，一个潜在的投资者甲决定是否购买一只股票，他是能够想象到如果他买了这只股票，当股票价格上涨时他会感到兴奋，当股票价格跌落时他会感到沮丧；如果他决定不购买这只股票，当股票价格上涨时他会感到后悔，当股票价格下跌时他会感到庆幸。这种对未来情感的事前认知会对当下的行为决策产生影响。预期情感不是关于未来情感的认知反应，而是对未来情感的一种认知。预期情感的一个特点是他们经历的是当决策现实地做出后或者说决策结果实现时人们将经历的感情，而不是在选择的那个瞬间的情感。在决策选择的那一刻或瞬间，预期情感仅仅表达的是"认知"未来的情感，而且是关于未来情感的一种认识。直接情感相反，它是在决策选择时体验的情感，可分为整体情感和偶发情感两类。整体情感是不可或缺的情感，产生于关于决策后果的思考。和预期情感不同的是，整体情感发生在选择瞬间，是在选择时体验到的情感，如考虑是否去购买股票时甲可能因想到未来股价可能下跌而当下体验到恐惧。偶发情感是随机因素影响产生的情感，决策选择时也常会出现，但产生于和手头任务无必然联系的客观的性格或情境资源，如甲方与自己经纪人通话时，因客厅电视画面播放恐怖炸弹袭击造成的血腥场面而引起的不安情绪。不可或缺或整体的直接情感会为决策者提供关于他们自身品位的信息，如厌恶风险，因害怕血腥场景引发的尖叫；帮助甲方知晓，如果他购买股票将会有什么感受，提升或降低购买的主观价值或效用。偶发的直接情感也会影响决策的进程、方向或偏好。在传统经济学分析中，直接情感虽然未必被否定，但未纳入影响决策的分析框架，它们通常被认为是副产品或消极的，没有被当作决定因素。直接情感虽然在传统经济学中只是理性决策的副产品而不是决定因素，但市场的实际情况是，直接和预期情感都在影响人们的决策，而不单纯是决策后引起的结果。商家的广告宣传就利用了这种情感，像"仅此一天"销售就是商家试图利用消费者对后悔的预期情感推销产品，刺激消费者的购买行为。市场中的商人或营销者还试图资本化直接情感。食品企业在购物中心释放出诱人的美味刺激购物者食欲，以影响消费者进食的购买决策。事实表明，效用不仅取决于一个产品的消费，还取决于与产品关联的情感，这种物理之外的情感因素会深刻影响人的行为决策或偏好。

二、理性

和动机、需要、欲望或情感相比，理性更能刻画人类行为的本质特征，因而被广泛视为人区别于动物的重要标志，也因此成为多门学科探讨的对象。在传统学术文献中，理性概念的频繁使用和专门研究主要是和哲学相关的。哲学对理性（Reason）概念的使用可追溯到古希腊时期。希腊哲学中虽然未出现"理性"概念，却存在表示客体规律的"罗各斯"（Logos）一词。至少在亚里士多德所处的时代，罗各斯已经具有理性能力的含义，被用来表达人与其他动物的区别。但罗各斯在古希腊人那里主要指不是人类作为行为主体或自我意识的存在属性，而是对象世界或客体本身的属性。

犹如柏拉图的理念，哲学视域中的理性概念在此表现为一种以罗各斯为表征形式的客观理性或客体理性。人类作为生命与行为主体具有的理性即主观理性或主体理性，不过是分享客观理性或客体理性的一种结果，是客观理性或客体理性的一种表征。由于对象世界或客体被认为是独立于主体的，客观理性的存在因此也具有独立性。从笛卡尔开始，随着主体性地位在人类认知和实践活动中的逐渐凸显，客体独立性的观点不断受到冲击和挑战，哲学理性的主要观点开始由客观理性转向主观理性，主体性而不是客体性成为理性的主要来源及其存在和表征，理性也因此成为描述和评价人类作为行为主体其活动与活动结果性状或特征的语词概念，并用新的语词概念"理性"来表达。这种以行为主体为核心的主观或主体理性观虽然在时间推移中遭受考验并变化着其表现形式，今天仍在哲学领域占主导地位。考察近代以来的哲学史文献可发现，对理性概念的这种主体性转向和使用至少存在三种不同的情境：其一是本体论意义上的使用。在此使用情境中，理性作为人所具有的区别于感觉、情绪或意志的主体机能，常用来指谓人洞察事物或现象必然联系和本质的思维能力。与此相关的哲学研究或争论主要围绕这样的问题展开：理性能干什么或不能干什么；理性是否只是人类独有的属性，还是也为其他的动物所拥有；机器是否会思考且具有理性；在什么活动过程中理性存在或不可缺少。其二是认识论意义上的使用。在此使用情境中，理性作为观念、知识形成的方式及其结果，指以概念、判断和推理等形式存在的思维活动及由此产生的高于感性与知性认识的观念属性。依据一定的规则和范畴进行归纳和演绎推理，或在主体思维机能的统摄下操作符号概念、知觉表象及外部实物以求得问题之解的实质，也就是理性机能在认识过程中的展开与显现。其三是行为或实践意义上的使用。在此使用情境中，理性作为人类行动操作的观念及行动操作的属性，指的是实践观念和实践过程对于自然与社会存在的合规律性、合法性、合道德性及其对行为主体的合目的性。首先，行动或实践过程是在行为主体已有的观念、理论、计划或方案指导下进行的，是基于已有行动或实践观念、计划、方案的展开和物化过程；其次，这种观念、方案或计划是基于对象世界及其社会关系存在与运行的规律和伦理道德规范，通过行为主体审慎思考选择、形成或建立起来并予以认同的。

理性概念自近代以来也频繁出现在经济学研究文献中。与哲学主要围绕行为主体构建的主体理性或主观理性观不同，经济学对理性概念的解读偏好于人的行为选择及其结果，并将行为结果的性状与评价视为判定一种行为是否是理性的主要标准和显示。这与哲学理性看重主体的认知机能特别是推理过程或逻辑思维并以此作为认同标准的做法明显不同。为表达这种从主体认知和思维能力向行为实践和行动结果的转向，经济学家跟随韦伯的研究，用"合理性"（Rationality）一词来代替哲学传统上的理性概念。如果说笛卡尔推动了理性研究从客观理性向主观理性的转变，则韦伯的研究促进了理性概念从思维者、认识者的主观理性向行为理性或实践理性的转向。从韦伯开始，理性概念越来越多地与以过程和结果为核心的人类行为的合理性问题关联起来，并用"Rationality"一词来表达，韦伯也因此被一些人视为最先把 Rationality 作为一个理论术语使用的学者。此后，Rationality 一词日趋频繁地出现在哲学、经济学、社会学、管理学、法学等学科文献中，成为现代学术文献用来表达理性概念的流行术语，取代了传统哲学研究中以 Reason 为形式的理性用语。

从 Reason 到 Rationality 的转变不仅是简单的术语变化，而且是理性研究范式的转化，标志着理性研究从主体理性、机能理性或认知理性向行为理性、实践理性或结果理性的重心转移。在这种转移中，经济学对理性的研究走在了各种学科的前列。经济学为什么会对理性概念产生兴趣，这来源于两个相互关联的动因：一是在自我价值选择基础上对规范性行为的要求，人们期望了解怎样的行为或行动方案对于自身利益的维持或获得是有利的。第二是在约束条件下对于特定目标达成的要求，人们期望知道怎样的行动或行动方案才能在既定约束条件下以最小的投入实现特定主体的预期目标。基于第一个动因的理性被认为具有独立存在的性质，它要求人的行为必须采取某种界定并最大化自身利益的形式。在此，主体行为的出发点不是任一目标而是个人效用，它表明有关的个人私利；基于第二个动因的理性被认为具有工具的性质，它要求人的行为应当在目标给定情况下对各种方案或手段进行理智选择。在此，主体行为的出发点不必然是行为者个人效用的最大化，而是任一效用目标的实现，这一目标可能建立在与行为者个人利益一致的基础上，也可能与个人利益存在某种程度的冲突。一个人可以有计划地做那些与他的目标函数相反的事，并由此产生一个手段意义上的合理选择。如果说独立存在的理性要求的是满足人对私人利益最大化的追求，则手段方面的理性要求的是个人追求独立界定的某种目标，这种目标可以是个人私利，也可以是与个人私利不同的其他利益。但当一个人把自己的个人利益当作目标时，他所要实现的独立目标恰好就是自己个人利益的最大化。独立存在的理性和工具理性在自我利益最大化意义上达到统一。在此意义上，说一种行为或行为结果是理性的，也就是说这一行为或行为结果与自身利益和独立界定的目标实现具有一致性，达到了自我利益的最大化。毋庸置疑，经济学理论对于理性概念的使用主要是在合规律性与合目的性意义上展开的。在这种使用中，一个理性行为之所以能够被看作合理的或者理性的，或者因为它被认为合乎行为者追求自身利益最大化的本性即合目的性；或者因为它被认为在某种特定目标达成的可选方案中是最优的即合规律性。不过，关于合目的性与合规律性的具体内容或合理性的具体内涵，如什么样的行为选择对于个人利益最大化或给定目标的实现是最优的，经济生活中的行为主体是否按照经济理性所假设的行为模式进行行动，经济学家有不一样的理论观点或者解读。

西蒙之前，经济学中居支配地位的是古典理性观假设的完美理性，具有这种理性的"经济人"通常会假定在决策时拥有与问题解决有关的全部备选方案，决策者不仅知道每个方案如果实施后可能会产生的结果，而且知道每个结果对特定主体的效用或报酬，并据此对不同的方案排序，因而在经济问题解决中总是考虑、追求并选择唯一确定的最优解。在生产中，"经济人"追求生产成本最低和产量最高；在销售中，"经济人"追求交易成本最低且利润最大；在资源分配中，"经济人"追求资源配置和利用的帕累托效率；在消费中，"经济人"追求价格最低、效用最大。为了实现经济活动的最优目标，"经济人"在决策中使用边际分析方法，根据递减或递增中数量的变化寻找最优解。理性选择理论中的理性概念就具有完美理性观的这种特征。在理性选择理论中，理性作为关于人的行为选择模型的一种假定，被界定为最大化个人好处的一种能力和偏好。为了最大化实现个人利益，一个人在其行为选择中会使用成本收益方法。理性在此既表现为一种对于个人利益的价值诉求，也表现为一种使个人利益最大化的实现工具，意味着基于成本收益的比较，追求个人利益最大化的能力和过程。理性选择理论对理性的这种理解不仅区别于哲学对理性概念的使用传统，还不同于大多数人的社会意识。对大多数人而言，理性意味着一个人清醒而理智地做有利于自己的事情且知道自己在干什么。与此相比，理性选择理论的理性意味着一个人在权衡利害关系的基础上采取了利益最大化的行为，即所有人的行为都是在进行成本收益比较分析的基础上产生的追求利益最大化的行为。这种行为可能是合法的、道德的或符合公共利益要求的，如日常生活中的生产、劳动、消费、娱乐、健身、助人为乐或慈善捐赠行为；也可能是违法的、违背伦理道德或公共利益要求的行为，如偷窃、偷懒、欺骗、考试作弊、贪污腐化、吸毒或抢劫杀人。在许多学科特别是主流意识形态的常规理性观念或道德理性观中，这些违法、缺德或违背公共利益的行为不仅不是理性的，还是非理性或反理性的，应该予以谴责或受到惩罚。但在理性选择理论中，人类社会中正常人的一切行为，都反映了个人试图最大化他们利益和最小化他们成本的个人选择。人们通过比较不同行为过程的成本和收益来决定他们应该选择什么样的实际行动。包括企业和其他组织在内的一切社会现象都可看作个人理性选择的结果，是众多个人在理性选择基础上的衍生品。理性选择理论的核心观点是一个人的行为选择或决策是理性的，通常需要满足一些条件，如一个稳定的个人偏好；若干符合给定偏好的行动选项；有关这些备选行动的预期结果；各种行动选项实施后的成本收益预期比较与排序。所有的行动从根本上基于人的理性，在决定干什么或选择什么样的行动之前，人们会计算成本和收益以决定最终的行动方案。这种被称为理性选择理论的观点，受到了许多人的批判。众多学者承认理性的重要和功能，但认为在理性之外还存在影响或决定人类行为选择的其他因素，如传统文化、习惯、道德、风俗、情绪或其他影响行为的非理性变量。理性选择理论否定了其他因素的影响，据此将人类行为单一地限于理性层次或算计范围，忽略了对人类其他行为和行为影响因素的研究和认知，并在此基础上把复杂的社会现象还原或解读为个人行为选择的结果。

古典理性观和理性选择理论持有的这种理性概念具有明显的应然特点和应用缺陷，即它更多刻画或表达的是人类行为应努力实现或达成的一种理想状态而非实际的现实状态，这种理想状态的实现或达成仅仅是基于认知方面的一些期盼性假定，这些假定能为丰富而优雅的理论提供基础，但未必与实际的经济行为相符合。对于最优解的获得，要求经济人具备关于其所处环境各有关方面完备、丰富或透彻的知识，具备一个有条理的、稳定的偏好体系，并拥有很强的计算能力，依据这种能力，经济人能够清楚计算出，在他的备选方案中，哪个方案可以达到其偏好尺度上的最高点。在多数情况下，现实生活中的经济主体并不具备实现最优的这些条件或能力。这决定了古典理性观在揭示经济规律及其指导经济活动方面因过度抽象或远离现实而存在缺陷。缺陷之一是对经济生活中不确定性的忽略。不确定性是人类经济行为过程中不可避免的常见现象，只要决策可能的结果不止一种，不确定性就会伴随我们的行为，使决策者不能对前景有充分的估计。古典理性观假定决策者有能力给每个可能的结果赋予明确的报酬值，或至少是一个明确的报酬范围。缺陷之二是对经济生活中非线性关系的人为忽略。现实生活中许多变量之间的关系是非线性的，其函数关系相当复杂，古典理性观从单一的角度，把各种经济变量之间的关系统归或简化为唯一的线性关系，掩盖或抹杀了变量之间相互作用的复杂机理。缺陷之三是对决策者主观条件的夸大。由于生产、搜寻备选方案不仅是一个花费时间、精力甚至金钱等代价很高的过程，这一过程在现实世界很难达到完善程度，最优方案的选择通常只是一种期望、假设或努力的方向。受多种条件限制，在决策者面前不可能呈现某一问题解决的全部可供选择的方案，决策者也无法知道一切可选方案实施后可能引致的实际结果，最优方案的选择因此是无法实现的。传统理性观则假定人会拥有行为决策必要的全部信息，以此为据产生某一问题解决的全部备选方案，从中经过分析比较或计算，最后做出最优选择。缺陷之四是对决策过程的忽视。古典理性观一般用理性概念表达经决策过程挑选出来的行动方案的属性，而不是表示决策过程的属性，一项行动是理性的，也就是说对于特定的目标及行动的真实处境来说，该行动被正确地设计成谋求最大化成功的行动，用于指引这一行动的方案是合乎理性的。即使追求最优化的方案是可以达成的，个人在其行动中也并不一定追求自身利益的最大化。古典理性观的这些缺陷使其不仅不能作为经济理论特别是厂商理论的微观基础，而且与人类理性的现实相去甚远。

古典理性观的这些局限受到西蒙的严厉批评。在西蒙看来，一个理性行为模型的描述通常要涉及下列因素的部分或全部：一组备择行为即抉择或决策的备选方案；生物考虑或感知到的备择行为子集；未来的可能状态或抉择结果；一个用来表示生物给抉择的各种可能结果赋予多大价值或效用的报酬函数；关于一旦选定了一个具体方案，将实际出现哪种抉择结果的信息，以及关于一旦选定一个具体方案，一个特殊结果将会发生的概率的信息。

显而易见，这种理性中存在着许多不切实际的假定：假定决策时存在着与解决问题相关的全部为人知晓的备择方案，决策者不仅知道每一个方案实施的可能后果，知道每一个结果对特定主体的效用，而且能够依据效用大小对备选方案依次排序，这意味着决策者必须要拥有与此相关的完全信息和非常高而准确的计算能力且实际应用这种技能。事实上，这种完全信息和计算能力在人类的日常决策中并不是必然处处存在和显现的。首先，决策问题解决方案的集中可能并不存在最优解，不同方案的效用有时是不能或是难以比较的。其次，决策人因受到时间、环境和能力等条件的约束，不能保证对客观存在的备择方案都有所搜寻并觉察，因此即使存在最优解，也不能排除被漏掉的可能，或保证决策人一定会产生追求最优解的行动。最后，现实生活中的决策也并不要求人们必须拥有完全信息或者穷尽各种可能以求得最优解，决策者们一般仅寻求问题解决的近似解或者满意解就可以维持其生存，满足其行为需求，犹如棋手通常不会寻求最佳走法而只寻找好的走法去获胜。西蒙为此指出：决策方案的筛选过程中，第一个碰到的满意方案可能就是实际选择的方案，而当该方案被发现并评价后，搜寻过程可能就会终止。一个棋手在比赛过程中如果发现了某个能将死对方的走法，一般来说，他来不及考虑是否还有将死对手的其他走法便采用了已经想到的走法。决策中人们所实际达成或者显示的，通常都是追求满意解。在非常大的问题空间，方案的搜索具有高度的选择性。经验或启发式规则通常都会把搜索引导到获得答案的区域，使搜索只浏览了全部问题空间的一部分便找到了解决问题的有效答案，搜索过程就此终止，即使这种答案不一定是最优的。

决定人类行为决策不追求最优而只求满意的根本依据是人类理性的有限或局限，西蒙为此主张用"有限理性"概念来代替古典理性观的"完美理性"，来刻画人类生活中的理性现实，并围绕这种概念形成一套与古典理性观不同的有限理性论。有限理性论是指那种决策者在认识方面的局限性也被考虑在内的合理选择观。这种局限既存在于知识的获得和拥有方面，也存在于认识主体的能力和活动过程方面。有限理性论重点关注从行为科学维度研究人类个体的决策活动，关心实际的决策过程怎样影响最终得出的决策，是一种与古典理性观不同的决策和选择理论。一方面，它假设决策人希望达到某项目标，并为此竭尽心智地进行分析、计算与选择；另一方面，又认为基于实际能力的局限，分析、计算和选择的结果仅仅只能达到满意程度。有限理性论的基本观点可以概述如下：理性是一种行为方式，是在给定条件和约束的限度内适于达到给定目标的行为方式。由于主观客观条件特别是活动者信息处理能力的约束或限制，现实生活中的理性总是有限的。决定这种有限的主要因素有环境变迁所造成的威胁及每一个备选方案所导致的后果的不确定性；搜索成本及不完全信息所导致的对所有备选方案知晓的困难或无能；求解问题的复杂性及活动者分析、计算与选择等能力方面的有限；决策者的欲望水平等。

理性的有限决定了一般的问题求解不能且无须实现最优。实际生活中的问题解决往往是在对问题的情境大量简化后寻求满意解，以满意抉择代替最优决策，以可观察和测量出其实现程度的有形的子目标取代抽象的全面目标。所谓寻求满意是指人们在寻求问题解决方案的这一过程开始之前已经形成了某一欲望水平，当这种欲望水平的备选方案在搜寻中被发现时，搜寻过程即终止，该方案因符合满意要求而被选定。由于欲望水平在不同时间或者不同人那里是可变的，会随着体验的变化而升降，在好方案多的情况下，欲望提高；在恶劣的环境下，欲望下降，对于相同问题的解决方案因此是可变的。变化通常是在有限理性决策的不同满意度范围内展开，而不是在完全理性的支配下实现最优方案。

同古典理性观相比，有限理性论对人类理性的解释是比较贴近实际的，它不仅较好地描绘了人类理性及其活动的现实特点，同时也为人类社会的组织特别是企业的存在提供了一个理解视角。正如现代世界上进行生产和政务活动而建立的种种精致组织，只能被理解为对付个人本领局限性的机器；它们对付的是个人在复杂性和不确定性面前的理解力和计算力的限度。尽管在许多经济理论如理性选择理论和理性预期学说的构造中，仍承袭着古典理性观的一些特点，有限理性的普遍特征如选择性搜索、寻求满意等，已成为现代决策理论和管理理论的一块基石。如果说西蒙对古典理性观的批评具有明显的交叉学科性质，得益于西蒙本身特殊的多学科知识背景，则印度经济学家阿马蒂亚·森的观点反映了经济学内部对古典理性观的不满。阿马蒂亚·森总结了三种经济学中广泛运用的理性定义，即基于选择的内在一致性、自利最大化和一般最大化，在此基础上对主流经济学理性观的缺陷进行了分析和批判。

第一，选择的内在一致性。在主流经济学观点中，行动者是在约束条件下根据自己的偏好选择行动的。偏好通常被假定是给定且稳定不变的，行动者的行为选择如果是理性的，意味着在偏好不变的情况下，行动者做出的各种选择应保持内容的一致性，即同一行为主体在各种选择之间的偏好排序不相互矛盾。阿马蒂亚·森认为现实世界不存在纯粹的内在一致性。命题 A 和命题非 A 虽然看似矛盾或不一致，但从 {x，y} 中选择 x 与从 {x，y，z} 中选择 y 未必就是矛盾或不一致。在具体环境下，主张 A 和非 A 的二元选择可以是一种审慎的理性行为。例如，一个人做出前后不一致的行为选择或陈述也许是希望被人视为精神不正常而减轻责任或罪行。一个人在 x 和 y 之间选择 x，而在 z 加入了选择菜单时又决定选择 y 而非 x 看似费解或不理性，但若更多地了解此人如此去做的目的，因不一致造成的费解便可能消除。假设此人在参加宴会时面临两种选择：吃掉餐桌果盘里的一个苹果或者不吃。如果果盘里只剩一个苹果，此人为了保持体面不会去吃；但若果盘里还有两个苹果，这个人会吃掉其中的一个而不违背体面要求。另一个苹果的存在使得吃掉其中任何一个都是体面而可选择的。吃掉苹果和放弃吃苹果两种不同的选择破坏了理性要求的内在一致性条件，但它们的存在都是合理的。

第二，自利最大化。自利最大化将理性行为理解为选择那些能够促进个人私利最大化的行动方案。这种理性观在当代经济学中占主导地位。由于自利最大化将个人行为与所有和自利不相容的价值或伦理内容分离开来而简化了经济行为模型的建构，因而对经济行为的分析产生重要的影响。在自利最大化理性模型中，个人可以根据自己的利益及其认知估价做出自己的行为选择，其他人之所以被包括在他的考虑或计算中，不是因为对于他人的偏好或关爱，而是因为他人的行为和状态会影响到这个人的福利或利益。阿马蒂亚·森认为这种自利最大化的理性观不仅是武断的，还在经济学中造成严重的描述性和预测性问题。它不仅不能有效解释为什么人们在相互依赖的行动中经常共同努力，为什么我们时常会观察到不在街道上扔垃圾或同情关心他人的富有公共精神的行为，也能解释为什么在缺乏监督条件下有些人仍自觉地根据规则行事，而不是为了自身利益的最大化破坏规则。如果说人们的行为选择在一定条件下有可能达到自利最大化，那么这种状况未必就是理性选择的结果，而可能是行为进化中演化的结果。事实上，个人也并不是每时每刻都是自利最大化的追求者，他有遵守社会规范或实施利他主义行为的时候。阿马蒂亚·森认为理性存在对他人的关怀不仅仅是自我为中心的福利，强调绝不可幼稚地将这种关怀看作是非理性的。拥有更多的目标不仅仅是促进自己的福利，承认最大化实现个人目标之外的其他价值，都可能是一种理性行为。那种将自利追求视为理性不可避免的必要条件颠覆了我们作为自由推理的人的"自我"，高估了人的自我利益而低估了人的自我推理。它否认了人类和其他动物相区别的推理和合理审查能力。

第三，一般最大化。一般最大化针对特定的目标或目的，比自利最大化有更广泛的应用范围，在一般最大化框架内人们可以有不同类型的目标和价值。一个大公无私、力图最大化社会福利或公平正义的人，也符合这种最大化的行为要求。即便如此，一般最大化作为理性和理性选择的一种形式也存在局限。其一，在标准的理性选择文献中，一般最大化通常有极其狭窄的定义，往往要求选择排序的完备性而有利于选择，并要求选择偏好基于理想的最优结果而不考虑实际的过程和综合效果。这导致一些被视为最大化所必要的特征实则并非是最大化行为所必需的。其二，一般最大化涉及这样的事实，即最大化的实践必须依赖于个人拥有的知识和信息。虽然将选择建立在一个人所实际拥有的知识与信息上是明智的，但理性也要求人们做相当程度的努力去扩展个人的知识和信息。由于理性选择不仅要求追求一个既定的目标或价值的集合，而且要求审查这些目标和价值本身，这使得最大化行为充其量不过是理性选择的必要条件而不是充分条件。根据有待最大化的内容，最大化行为有时会愚蠢无比，缺乏或背离理性的要求。既然理性不可能只是一种追求某些既定的未经审查的目标的工具性条件，只是选择实现目标的最佳手段，它涉及对目标的评估、审查或批判，基于特定目标的一般最大化理性观就不足以成为理性的充分概括，它忽略了对目标应有的合理审查。一般最大化要求因此只是部分地把握了理性的含义。一般最大化也不等于最优选择。最大化只要求一种方案之所以被选择是因为它并不比任何其他选择差，而不意味着一个选择必须是最优的。之所以如此，是因为在偏好排序不完备条件下，最优选择并不存在，根据最优选择采取行动的做法也因此难以施行。就像阿马蒂亚·森笔下布里丹的驴子面对两堆草无法决定哪堆更好而最终饿死一样，不是因为它只能去死，在它面前存在着比饿死更好的机会，在饥饿死亡来临前，选择任何一堆干草对它都可能是符合最大化要求的行为选择，但因为驴子"错信"了古典理性观的最大化教条，无法在两堆草中进行排序找到那个最优选项，不得不在难以开口中活活饿死。

三、人的行为

对理性的批评性研究和审视在当代经济学中仍在延续。一种值得重视的研究和审视是围绕"建构理性""生态理性"观点的讨论。建构理性适用于个人和组织，包含了有意识的推理分析的使用和行为认知选择的优化；建构理性观强调一切有用的人类制度都来自有意识的推理过程。生态理性表达了实践中的行为规范和个人作为文化和生物遗产的一部分所自然形成的秩序，这种秩序是人类相互作用而非有意设计产生的，生态理性有经验、进化或历史基础。人类行为有时被一些长期积累形成的意会性知识指导，且结果可能是理性的或优化的，但这种理性或优化的结果未必源自传统理性观强调的推理计算，因为人类并不是任何时候都在精打细算的机器。

建构主义认为人类是有意识、有理性地推理创造行动规则和设计社会制度的，这种规则或制度会带来更好的产出。建构主义的局限在于不能刻画人类活动的全部现实：第一，没有人能够在高强度注意和清楚明白地计划每一个活动细节或步骤下持续生存。"如果我们停止做任何我们不知道理由的事情，或停止做我们不能够说明的事情，我们也许将死亡"，就像阿马蒂亚·森笔下愚蠢的布里丹驴子，面对眼前可立即享用的草料因未找到最佳食用方法而活活地在焦虑思考中将自己饿死。第二，人类许多大脑活动的进行是在人们有意识地注意之外发生的。也许大部分个人心理活动和技能是我们有意识的注意力不能理解的，它们可能依赖于我们意识或注意之外的心理过程，人们同样也不会注意到许多社会经济现象。生态理性观认为，一个理性的社会秩序是一个生态系统，这个系统的运行秩序并非全部或主要来源于人为的心灵设计，而主要源自文化和生态进化中各种社会与自然因素的相互作用，是由文化和生物进化过程中多种因素相互作用产生的。生态理性可定义为一个涉及个人的行为、市场、制度或其他社会系统的集体是理性的，当它对它们的环境是适应的时候。理性在此意味着对环境的适应，这种适应不由人们居先而自主的计算、设计或选择过程决定，而是多种因素相互作用的结果，是一种事后不得不面对的事实。

对哲学和经济学不同理性观的简单梳理和分析表明，迄今为止关于理性的定义或解读虽然仍存在分歧和争议，一些观点的提出和价值还是获得了许多人的认同，如有限理性论和建构理性与生态理性之分。关于公共管理行为的分析也可以以承认建构理性和生态理性区分的价值以及特定范围内理性的有限和完美为前提。就现实世界的具体活动而言，无论是从必要性还是从可能性角度看，用于规划、指导、统摄人类行为的理性都是有限的。如果说经济理论对这种有限性的确认仍不够充分，则在哲学认识论范围，这种有限性几乎已成为哲学家的共识。从哲学层面审视，理性的有限突出表现在人类思维、认识的有限性。哲学范围的理性主要体现为人类作为行为主体的认识或思维机能。由于认识客体或思维对象的复杂性、认识中介或手段的有限性、认识或思维主体的建构性，人类理性所能发挥的功能对于我们变幻多端、无穷无尽的理想或目标来说，总存在难以令人满意的差距或方面。然而，不同于西蒙的有限理性论，人类理性在一定条件下也具有完美的一面，这就是对于完美目标的向往和追求以及人类认识与思维体现的客观性或至上性。不管客观世界是否为我们面临的问题提供了唯一的最优解，人们依旧在他们理解和可行的范围内表现出对最优解的兴趣和追求，以至于完美理性观即便不具有本体论意义上的现实性，也具有方法论意义上的价值，这是今天古典理性观仍广泛渗透于经济学诸多理论的一个可行的解释。虽然组织成员在其活动中经常使用满意规则而不是复杂而精确的最优计算，但许多看似并非最优的行为选择却可能是约束条件下的最优结果。在此意义上可以说，最大化模型支持者的观点是成立的。在约束条件下对最大化收益或最优解追求的观点在最大化模型支持者看来至少有两个依据：一是认为人类确实在追求最优化并且很重视这样的作为；二是认为自然选择将导致追求最优的人的境况更好，而不追求最优化者迟早会被自然选择机制淘汰。这种强加的最优化在企业里表现得最为突出。非利润最大化的厂商在经营中可能或很容易遭到破产，而利润最大化的厂商更可能在生产经营中获得长久的生存。显然，企业通常是在约束意义上追求利润最大化的。有限理性论将最优解的存在及其人类理性对最优解的追求仅仅看作古典理性观对理性现实偏离的表现，正好表明其问题理解上的一种僵化，即将无限、最优和有限、次优分离开来并看作根本有别的两类现象。这导致完美理性或最优选择只能被视为与现实无关的一种观念。事实上，无限和有限、次优和最优的区分通常具有相对意义，无限或最优是通过有限或次优表现出来并不断被接近的。这意味着理性在我们的理解中，理性也应体现有限与无限的统一。

综合哲学、经济学等多门学科理性观的不同观点，可以形成关于理性的猜测性认识和判断。

第一，理性是一种本体论意义上的存在。作为本体论意义上的存在，理性在已有的文献使用中至少有两种不同的含义。一种含义表达的是人所特有的思维能力或机能，包括以感知运动机能结构操作外部物理对象、在实物操作中获得问题之解的直觉思维能力；以具体预演机能结构操作知觉表象、在表象操作中获得问题之解的形象思维能力；以形式预演机能结构操作抽象的符号概念、在符号概念操作中获得问题之解的抽象思维能力。具备这种思维能力，人类不仅可以洞察事物的本质，探测复杂多变的可能世界，而且可以创造宗教、技术、艺术等人工世界或文化现象。另一种含义表达的是某种事物存在的性状特征或质量，这种性状或质量符合人们关于特定存在的认知信念和规范，并因此具有合理性。

第二，理性也是人类的一种行为选择或人类活动的一种属性，这种选择或活动符合某种公认的规律、要求或规范，与人的某种信念或相信的理由相一致，可称为行为理性或活动理性。一是认知活动的属性或认知理性，即认知目标的确立通过了思维审查且合乎主体的价值需要；认知过程的展开顺应或遵循了人类思维公认的认知规律；认知结论的获得是合目的性与合规律性双重选择或操作的结果。在哲学理论中，认知理性是一种基于事实、理由及分析和推理规则而非情感或感觉的认识过程及其结果。二是实践活动的属性，即实践目标的确立符合实践主体及其相关者的利益格局并具有可行性；实践过程的展开遵循了思维设定的某种原则或计划，并在思维的统摄指导下进行；实践结果既符合预期，又符合一定时期居主导地位的社会行为规制。三是决策过程的属性，即决策活动不仅符合逻辑规则和理由，而且对目标的达成或问题解决是最优或满意的。

第三，理性有追求最优处境或主体利益最大化的欲求、愿望或倾向，客观世界中可能存在也可能不存在达到这种处境或满足这种愿望的最优解。无论问题的解决是否具有最优解，现实活动中理性所选择的通常只是可能解集中的满意解。一是对最优解的追求是以主体对相关信息的搜索、加工进而在观念领域中对不同方案进行模拟建构、比较选择，但是人所掌握的问题之解或在量上或在质上与客观存在的问题之解有可能是不对称的。即便求得了人化世界的最优解，也并不能保证求得了客观世界的最优解。二是由于时间、环境、主体能力等各种条件的限制，决策者在其拥有的解集中并不必然具有准确赋值、比较和最后择优的能力，即使具有这种能力，在很多情况或条件下也不一定能够充分实现这个目标。三是理性在某些情况下具有获得客观最优解的可能，但决策者通常并不能清晰而准确地知晓，因为这种最优解的获得具有猜测试错的性质。我们只能说某一主体可能获得了客观世界的最优解，却不能绝对肯定他已经拥有了这种最优解。最优解犹如云雾缭绕群山中的最高峰，决策者可能已经站立其顶，云雾的遮蔽却使其难以知晓。日常生活中人们所谓的已经明确了的最优解，多数实际上不过是客观世界的满意解，人们习惯于用最优解概念指实际上只是满意解的事实。

第四，如果将理性追求的最优、无限看作通过次优、有限的接近和实现过程，或将最优的边界划定在人类已经掌握、知晓的问题解集中，则最优概念的使用亦具有合理性，令人满意的行为在此也可能就是最优的行为，只不过最优解概念的含义在此已不再是整个可能世界中的客观最优解，而是人力所能及的约束范围内的主观最优解。这意味着，在不同主体或同一主体的不同时期，随着约束条件的变化，对同一问题的最优解可能会有所不同。当有人声称其搜索到的问题解决方案为所有可能方案中的最优方案时，他可能在说大话或进行大胆的猜测。对于人类的生活实践而言，这种猜测尽管是有风险的，一定维度上却也具有意义。

第五，理性选择是有成本的，并且遵循一定的原则。在问题求解过程中，如果对各种方案搜索比较的成本大于问题解决产生的预期收益，则决策者便不会进行这种工作。搜索比较中的成本收益等同点是理性选择通常展开的极限。理性选择的原则是一定时期主体与环境相互作用的产物，因而会随主客观条件的变化而变化，最优或满意的标尺也因此是可变的。不同时代或不同时期的不同主体或同一主体的不同时期可能会赋予同一问题的最优或满意解以不同含义。特定时期对特定人而言的最优或满意解，在另一时期或另一主体那里可能只是满意或劣质解。从上述对理性问题的讨论可以看出，在现实约束条件下理性选择的最优方案，在可能世界中有可能是次优或不优的；在独立存在意义上对己有利的理性行为，对社会或他人来说可能是无利或有害的；在手段意义上对目标实现有益的理性行为，对行为者个人来说可能是无益或有害的。也存在独立和手段意义上理性统一的事实，在此情况下，对目标实现有益的行为同时也是利己行为。这说明，在特定维度组合中，一个现实的经济行为既可以是理性的，同时又可以是有害的。一个被人们视为理性的经济行为，不必然是处处有益或经济的。环境污染、竭泽而渔、不正当竞争、恶意垄断、信息产权的盗用、不当立约和违约、寻租、决策目标的偏离、偷懒和欺骗、合谋、短期行为、贪污腐化等机会主义的广泛存在表明，理性不经济行为的存在是可能的。

第六，理性的具体存在或表征形式是多样的，由此衍生出不同的理性概念，如目的理性和工具理性；有限理性和完美理性；理论理性和实践理性。比较知名的观点有：交往理性概念，即认为理性是人类在交往实践中发生的理想状态或秩序而非先验的存在；批判理性概念，将理性看作批判和怀疑的能力；工具理性和实质理性的概念之分，即工具理性是一种强调合适性和有效性而不管目的恰当与否的理性，实质理性是一种强调目的、意识和价值的理性；理论理性和实践理性之分，理论理性有一个形式或正规的构成，这种形式归为逻辑一致性，也有一个材料构成，这种材料归为经验支持，依赖于我们天生的信号检测和解释机制，实践理性是一个人过可能的最好生活的一种策略，最大可能地达成一个人最重要的目标和自己的偏好。

第七，理性的认定具有相对性。如果一个人接受了一种价值观和行为模型，在此价值观和行为模型中人们追求如何使自己的获益最优，则理性在此等同于自私自利的行为；如果一个人接受了另一种价值观和行为模型，在此价值观和模型中人们追求团体利益的最大化，自私自利的行为则可能被认为是非理性的。脱离开一定的价值观和行为模型断言一种行为是否理性存在困难或没有意义。

第八，像有限理性论的提出是对完美理性观的一种修正和进步，但并不否定完美理性观在特定条件下的价值和意义一样，生态理性观的提出是对建构理性观的一种修正和进步，也不能否定建构理性观的价值和意义。尽管如此，从实践操作和应用问题解决的角度看，有限理性观和生态理性观更接近人类行为选择的现实，因而应成为公共问题解决和公共管理研究优先重视的理论基础。

第三节　偏好及其对行为的影响

像动机、需要、欲望、情感、理性一样，偏好在人类生活和社会实践中也扮演着重要角色，是有效认知、激励或控制行为应当关注的现象。随着人际交往频率的增加和范围的扩大，偏好日趋凸显出其存在价值，从传统认知和决策的"黑箱"状态或幕后角色，一步步走进学者的视野，成为研究聚焦的一个话题。

人们似乎突然发现，我们生活中的许多概念或现象，从守旧、古板、虚伪、奸诈、胆怯或傲慢，到泼辣、果敢、诚实、守信、谦让或自信；从自私自利、鼠目寸光或背信弃义，到勤勤恳恳、乐于助人或见义勇为，诸如此类的术语或称谓，直接或间接都表达着人的某种偏好，或本身就是偏好存在的具体表征。由于未来的消费因不确定性会打折扣，经济学假定人对当前消费的喜欢胜过对未来相同的消费，由此存在所谓的时间偏好；完全熟悉和重复的东西时常枯燥乏味甚至不产生积极效用，由此存在人对多样性或新奇的偏好。偏好的广泛存在和重要功能使人们不得不关心或探究它与日常行为的关系。

合作双方或多方为达成有效契约而调查对方的为人、嗜好，以确定谁是可靠的合作伙伴；家庭主妇为招待亲朋好友而打听客人的口味，以期做出可口饭菜讨来宾欢心；商家为生产出消费者喜欢的产品，利用市场交换窥视并诱导消费者的爱好；政治家为博得选票和公民支持，借舆情了解公众诉求以炮制投其所好的政见。偏好与生活实践日益凸显的这种联系不仅吸引并强化了行为科学研究者的兴趣，也使其成为哲学、经济学、心理学等多门学科的研究对象或议题，并因此使偏好研究呈现出多学科交叉融合的态势。偏好现象虽然广泛存在于社会生活并为多个学科研究所关注，但不同的人和学科对偏好的概念解读或研究重点有所不同。

一、偏好的含义

（一）喜爱之物

喜爱之物指人们在情感上喜欢而倾向追逐、索取、拥有和欣赏的对象或客体。这种对象或客体既包括人所喜爱的物质品和自然现象，又包括人所喜欢的活动、服务或其他社会现象，它们的一个共同点是具有令当事人愉悦、向往、欣赏并意欲占有、享受或消费的功能价值和属性，如一种水果、菜肴、项链、服装、房屋、跑车、绘画、风景，或可成为喜爱对象的某个具体组织、国家、人群、表演、运动或职业。偏好在此表达的不是偏好主体内在世界的一种实体、机能或性状，而是对象世界中为主体倾心或喜欢的独立存在的自在之物或现象。当我们说华为手机、苹果电脑、格力空调、秦兵马俑、九寨沟或 NBA 职业联赛是某个人的喜爱对象时，我们是在这种对象意义上理解并使用偏好概念的。

（二）喜爱的行动

喜爱的行动指人们在情感上喜欢而倾向于身体力行从事或参与的行为和活动。这种行为和活动的主体不是他人而是自己，即一个人自己喜欢从事或参与的那些令其快乐、自豪、向往并愿意支付代价的行动过程，如游泳、爬山、跑步、滑雪、溜冰、攀岩、旅行、读书、演讲、绘画、弹琴、写作、辩论、研究或沉思。偏好在此表达的既不是主体内部的一种心理现象，也不是对象世界独立存在的物理现象，而是主客体相互作用建构的偏好者当事人有意识、有目的的自主性活动。

（三）优先的选择

优先的选择指面对客体或行动集合中可能的多项选择，当事人希望优先做出并在条件许可情况下经常达成的习惯性选择行为或举动。例如，喜欢苹果胜过梨子，喜欢短裤胜过裙子，喜欢电影胜过戏剧，喜欢游泳胜过爬山。偏好在此指的既不是主体内在的心理存在或属性，也不是外在独立自存的物理客体或主客体相互作用与关联建构的一般行为或活动过程，而是选项赋值及效用排序体现的习惯性择优过程或价值选择。当我们说一个人的偏好是喜欢苹果胜过梨子、喜欢电影胜过戏剧、喜欢游泳胜过爬山时，我们是在这种习惯性择优过程或价值选择意义上使用偏好概念的。就指称和含义而言，上述三种偏好的解读或定义尽管各不相同，却都与行为主体密切关联。第一种观点强调对象与主体的契合关系，这种契合将偏好的客体理解为对象集合中能满足主体诉求的那个部分。第二种观点强调行为与主体的契合关系，这种契合将偏好的客体理解为行动集合中顺应主体意愿的那一部分。第三种观点强调对象择序与主体的契合关系，这种契合将偏好的客体既不限于单纯的对象世界，又不限于单纯的行为过程，而限定为主体面对客体对象时基于自身性状和约束条件的一种排序与选择。在此意义上可发现，偏好离不开一种关系，即对象、行为及排序与主体需要的效用关系，正是这种效用关系成为偏好产生及其存在的重要基础，也是学术研究偏好解读的一个根据。例如，偏好作为心理或精神实体的解读背后就蕴藏着效用根据。在心灵实体意义上，偏好类似于人的欲求或欲望，居先存在于特定行为生成之前，驱动人去在某种特定而自主性活动意义上理解并使用偏好概念。

　　就指称和含义而言，上述三种偏好的解读或定义尽管各不相同，却都与行为主体密切关联。第一种观点强调对象与主体的契合关系，这种契合将偏好的客体理解为对象集合中能满足主体诉求的那个部分。第二种观点强调行为与主体的契合关系，这种契合将偏好的客体理解为行动集合中顺应主体意愿的那一部分。第三种观点强调对象择序与主体的契合关系，这种契合将偏好的客体既不限于单纯的对象世界，也不限于单纯的行为过程，而限定为主体面对客体对象时基于自身性状和约束条件的一种排序与选择。在此意义上可发现，偏好离不开一种关系，即对象、行为及排序与主体需要的效用关系，正是这种效用关系成为偏好产生及其存在的重要基础，也是学术研究偏好解读的一个根据。譬如，偏好作为心理或精神实体的解读背后就蕴藏着效用根据。在心灵实体意义上，偏好类似于人的欲求或欲望，居先存在于特定行为生成之前，驱动人去做某种特定而非其他的事情，如吃梨而非苹果，游泳而非爬山，休闲而非工作。

这种偏好转化为一种行动被外界观察到时，经济学家称其为显示性偏好。偏好的本质在此表现为，吃梨比吃苹果、游泳比爬山、休闲比工作对人会产生更大的效用，因而成为人的优先选择。即便像新古典经济学家基于认知目的将偏好事实上等同于选择行为，也需要借助效用概念解释这种等同关系。因为所有人的行动在新古典经济学家看来都是利己的，只要人是理性的，他们就会以利己的方式行事。而利己行为判定的最终标准，就是对效用最大化的达成和追求。偏好问题因涉及复杂的主客体关系和效用价值而令人纠结。这种纠结不仅存在于经济学领域，也存在于哲学、心理学等不同学科对偏好性质或特点的差别性研究和解读中。哲学研究重视偏好的结构逻辑与解析，认为偏好的存在不仅有其主体和客体，而且依赖一定的价值比较和判断。

二、偏好的影响

偏好解读的观点差异给人们的认知和实践带来一些不易解决的难题或困境。当心理学家认为偏好应当是一种先于行为存在且不可直观的心灵实体，并致力于揭示这种实体存在的秘密或机理时，主流经济学家则将偏好看作可观察的选择行为。如果我们接受心理学家的观点，将偏好看作独立且居先于行动的一种现象，我们会得出或认同行动与偏好未必一致的推论，不会因为一个持刀者刺伤他人的举动，就判定持刀者有杀人动机或偏好。这可能使拥有真实杀人动机的持刀者得不到快速确认和惩罚，因为杀人者的行为动机或偏好具有隐蔽性，利用信息不对称屏障，他能够以机会主义的欺骗形式，将刺杀动作谎称为醉酒后的过失行为，博得法官的同情和减刑。但如果我们接受主流经济学家的观点，将偏好看作行动中展示给人们的那种样子，我们会得出或认同行动与偏好一致的推论，以持刀者刺伤他人的举动认定其有杀人动机。当持刀者真的具有杀人意念，经济学家的观点可帮助我们快速确认并惩处凶手，若持刀者刺伤他人只是一种意外或过失，便可能因判断失误而对持刀人做出过度惩罚。经济学家的观点有可能使我们冤枉好人。

　　许多学者对行为与偏好不一致现象进行解释。譬如，选择背景或菜单会影响行为选择的一致性；理性选择标准的理性条件并不服从内部一致性规则。为了理解一个人的行为是否与偏好不一致，必须寻找行为者选择行动的动机，这需要考察选择发生的社会或问题背景。受外部选项所在位置或关系的影响，一个人也许在选择时不按照内心最想要的选项排序去做。这存在如下情形：第一，位置或次序选择造成不一致。在一些排序中，位置是重要原则。例如，不愿意挑选最大的面包片，不愿意最先或最后一个挑选，不愿意是最后一个离开的人。第二，菜单供给差异带来不一致。选择者通过菜单知道自己可行的选项范围，如果菜单上提供给客人的饮品只有茶水，就可能选择喝茶，但若同时还提供橙汁，则可能放弃喝茶。第三，环境变化造成不一致。同一个苹果，在特定背景中包含的社会关系或价值属性有所不同。前半小时会客厅中装有两个苹果和两个橙子的篮子中的一个苹果，和后半小时这个篮子中消耗掉一个苹果后剩下的同一个苹果是不同的，后半小时这个苹果的自然形态或质量和前半小时相比虽然未发生任何变化，却具有了更大的稀缺性或唯一性。选择食用这个唯一的苹果比选择食用两个苹果中的这个苹果，多少会体现出选择者缺乏修养的鲁莽、失礼或贪婪。意识到这一点，喜欢苹果的人有可能在果篮中只剩下一个苹果时选择了橙子。

　　诸如此类的情形表明，人的行为选择是受背景条件约束的，通常情况下都是情境依赖的。在上述水果选择的例子中，苹果的自然形态或概念所指完全相同，但其含义却发生了变化。在前半小时由两个苹果和两个橙子构成的选择集中，苹果的含义是果篮中的"一个苹果"；在后半小时由一个苹果和两个橙子构成的选择集中，苹果的含义则成为果篮中的"唯一苹果"。含义的变化会导致选择的变化，使当事人在偏好不变的情况下，在前半小时选择最喜欢的苹果，在后半小时却选择了并非最喜欢的橙子。选择与偏好的这种不一致表明，要重视选择的内在机制而不仅仅是将偏好等同于选择行动。由此，为了理解并保持不同选择中的偏好一致性，必须理解选择的外部特点，包括相关的选项描述和做出选项的原则。当人们这样去做时，即使出现不一致的行为反例，内部一致性原则也可能得到维护。例如，引入社会价格概念解释行为选择与偏好的关系，一定维度下看似一致性原则被证伪的经验观察，事实上却是另一维度下一致性原则的确证。一个人为什么在装有两个苹果和两个橙子的篮子中选择苹果，而在装有一个苹果和两个橙子的篮子中选择橙子，可从选择行为的价格或成本角度予以解释。在只有一个苹果和两个橙子的篮子中选择苹果具有较高的选择成本。在社会情境中，比起篮子中有两个苹果和两个橙子的情形，当篮子中的苹果只有一个而橙子还有两个时，虽然苹果的自然质量或效用未发生改变，但选择食用这个苹果的社会价格相对攀升，而食用橙子的社会价格不变或相对下降。选择者转向社会价格较低的食用橙子的行为是一种理性的选择。基于价格解释人们行为选择的变化，在两种不同的选择境况下，无论是前半小时在篮子中选择苹果，还是后半小时在篮子中选择橙子，最终体现的都是个人利益最大化，只是这里的个人利益不再是简单的物质消费带来的效用，而扩展到人的声誉、地位或精神收益。一些学者用供给对消费行为价格的影响解释这里的选择行为。当苹果供给数量多时，消费苹果的社会价格下降，应选择苹果；当苹果供给数少时，消费苹果的社会价格升高，应选择橙子。橙子和苹果食用或消费的社会价格在此取决于它们的供给状况。在解释人的行为选择时，可以假定他们的偏好是不变或一致的，但这种一致或不变不会仅仅限于对苹果或橙子自然品味的食用好恶，而可能转化为对低成本特别是低社会价格的一种偏好。如果我们不相信这种社会价格意义上的偏好一致性，我们就不能解释为什么当篮子中有两个苹果和两个橙子时我们选择苹果，当篮子里有一个苹果和两个橙子时，我们又选择了橙子。对行为的解释因此应引入社会环境或文化方面的影响，将社会价格、社会魅力、伦理投资、社会声誉、社会资本等因素纳入个人选择的效用函数。当这样做时我们会发现，不管如何选择，选择者都在最大化他的整体收益或总效用，其行为契合了理性选择理论的一般解释。

虽然新古典经济学用行动替代偏好的方法遇到挑战，但是将偏好看作异于行动的心灵实体的心理学见解并不能完全替代经济学理论，因为心灵实体作为隐藏在内心世界的主体性存在，难以为他人观察和确认，除当事人亲口坦言，对偏好所有的描述和解释，通常只能建立在行为观察基础上去推测。即便是当事人的亲口坦言，也难以排除基于随意性和主观性的错误，没有一种方式能保障当事人对自己内心的独白是准确无误的。一个人的偏好也许关联着某种私人信息或隐私，为避免泄露内心的秘密，当事人经常缺乏公开自己所有偏好的意愿和激励。高度的信息不对称使当事人也有条件或机会隐瞒自己的真实偏好。对于那些愿意袒露心迹的人，认知能力的局限也可能导致他们对心灵实体的描述是错误或歪曲的。当事人在某些境况可能并不清楚或知晓自己的真正偏好究竟是什么，特别是当偏好发生变化或偏好对象的比较信息处于变更背景下。当事人也可能将欲望、需要和偏好混为一谈，或出于博弈策略的需要有意传递错误信息。对研究者而言，偏好探究常采取报告实验或个人问卷的方法。由于这种方法获得的信息不是基于行为显示的偏好，而是基于某种不可证实或尚未证实的背景假设，这会激励被调查者在为问卷或实验提供答案时的机会主义行为，他们可能出于私人利益的考虑，或策略性地选择对其有利的答案，或提供研究者想听到的答案。考虑到偏好可以被环境影响和塑造，会因环境的变化而变化，当事人对自身偏好的某种茫然或无知有时便具有必然性。作为对这一现象的说明，可考虑市场经济中消费者主权与生产者主权的争论。消费者主权观点认为消费者对市场中的产品交换及其价格有决定性影响，市场因此对个人偏好有积极反应。生产者主权观点则认为，厂商特别是现代公司利用多种销售技巧或广告宣传能决定它们产品的需求，并因此在生产什么以及价格制定中占主导地位。支持生产者主权观点可能存在两个假定：消费者的偏好可以改变并被信息刺激塑造；厂商对消费品性质和价值的认知比消费者拥有信息优势。如果信息在偏好形成或维持中发挥重要作用，当一个人的偏好被变化着的外部信息影响，与外部信息刺激的规模、水平和模式相适应，这个人的偏好便可能会因高度的社会化而难以自明。社会化强加给人的许多东西并不被个人熟知，却随着人对环境的适应衍生为一种需求和偏好。医生与患者之间的健康照料关系或"代理效应"可以说明这一点。医患关系具有事实上的委托代理性质，患者充当着委托人角色，医生则扮演着代理人角色。对疾病及医疗技术知识与信息的缺乏，使患者在委托代理关系中居弱势地位，医生则利用其在医疗知识和信息方面的优势，不仅获得了对患者的控制机会，也获得了据此机会谋取私利的方式（Lewis and Cullis，1988）。医生可以以患者代理人的身份故意宣传或虚夸对某种医疗服务的需求强度，或通过劝说影响患者对这种医疗服务形成信任和偏好，然后再以供给者身份向患者提供这种医疗服务。这种兼具代理人和供给者的双重身份，为医生以损害委托人方式谋取私利打开了方便之门。医患关系中的病人通常并不完全清楚自己在医疗选项中的偏好。将医疗过程中的就医行为看作病人基于个人偏好基础上的理性选择是不公平的，在信息不对称等因素作用下，病人对医生和医疗项目的选择未必像主流经济学假设的那样符合其真实的偏好。

主流经济学理论中的偏好之所以事实上等同于行为，是因为它假定心灵实体意义上的偏好缺乏主体间性，难以有效认知和把握，人们只能通过行为观察去推测。假定偏好存在于任何选择的可观察行为，而可观察行为总是与主体偏好相一致，则透过选择行为就可准确推知人的偏好是什么。偏好存在并显示于行动，认知行动就是认知偏好。经济学理论使人们相信，当偏好不可观察时，通过可观察的显示性选择行为能够对偏好的性状或特征进行推论，偏好在经济学中因此具有了构造性质。可观察的显示性选择行为是否一定和偏好真的一致或同一？即使两者在内容上具有同一性，选择一定是可观察的吗？当选择行为与偏好不一致，我们如何保证基于行动对偏好的推论是可靠的？当选择行为也是不可观察的，我们是否又要回到用偏好去说明行动，再从行动出发解释偏好，从而陷入"鸡生蛋还是蛋生鸡"的迷思和困局中？

围绕人类行为的多种研究或发现支持了这种疑虑的合理性，对经济学和社会选择理论的传统观点提出挑战。当主流经济学和社会选择理论仍坚持人的选择行为完全基于与此行为一致而不可缺少的个人偏好观点时，众多的研究和发现正从不同侧面对此观点带来冲击。例如，一种颇具挑战性的研究及结论这样认为：偏好对行为的存在和解释不仅不是充分的而且不是必要的，存在着无偏好基础或基于欲望满足之上的人类行为。人类的一些行动也许没有相同的心理代表，即没有事先的心理意念或偏好，像拂去眼前飞舞的一个苍蝇，绕道或转向以避开路面上的坑洼和过往行人，谈论书中一个可笑的行为或一个表演时的大笑等反射性动作（Dowding，2002）。在这些行为案例中，没有一个轻打苍蝇、转动车轮或脚步等心理状态，但这种即时行动在很多情况下对人类的生存似乎是必要和适当的，它们最终也许显示了人类保护自己利益的诉求，却未必都以偏好的形式发挥作用。

在此观点或视角下，偏好并不总构成选择行动的驱动力或传递行为方面的信息。人们为什么会产生某种行为，既可能与个体欲望基础上的偏好相关，也可能与其他影响因素有关，如与人们的希望、害怕、计划、信念、判断等因素相关。现实生活中很少有人对其行为发生的解释是"我喜欢所以我选择"，或"我想要所以我行动"。当一个人真的这样表达时，反而可能被大众视为不正常。

经济学家之所以将偏好等同于选择行动，是因为假定选择行动可以被观察到，人们可以通过选择行动相互传递自己的偏好，偏好和选择因此在事实上被经济学看作同样的东西。如果说偏好是否是行为产生的必要条件仍可商榷，下述挑战则已对传统经济学的观点产生致命威胁或打击，动摇着将偏好等同于显示性偏好，进而等同于可观察行为的认知信念。第一，即使偏好对行为的发生是必要的，却未必能证明它与行为必然具有一致性。第二，即使在特定范围内偏好与行为是一致的，也未必能通过行为被观察。在上文讲述中我们已经看到了个人行动与个体偏好的不一致。这种不一致也许因乞丐策略性的欺骗行为被一些人视为极端的反常或个例。事实是，这种不一致就存在于每个人都可企及的日常生活情境中，是我们生存活动的一部分。只要我们愿意观察与分析，我们就不难发现这样的现象或事实：受现实条件的约束，我们的选择并不总是自己内心偏好的真实再现。我们有时会选择自己不喜欢的东西，或可能喜欢自己未实际选择的东西。考虑一个司空见惯的情景：一位喜欢猪肉胜过羊肉的家庭主妇的采购行为。如果猪肉与羊肉的价格和营养相同，主妇应购买猪肉，但人们观察到她事实上却选择了羊肉而非猪肉。即便羊肉的价格高于猪肉，主妇仍可能采购羊肉。这种行为与偏好的差异并不意味着这位主妇的行为是非理性或不正常的，因而应当被矫正，而意味着在行为选择的背后，存在着与食肉不同的其他因素或偏好，影响并支配了主妇的购买行为。例如，购买羊肉是因为儿女或配偶喜欢，或羊肉比猪肉更利于家庭成员的健康。显然，有很多的理由激励主妇选择羊肉而非猪肉，这些理由超越了心理实体意义上基于生理需求或欲望之上的偏好，弥补甚或超过了放弃猪肉带来的利益损失，使主妇在采购过程中保持着愉悦的心态。选择与偏好的这种不一致说明，从"选择羊肉而非猪肉"推论出主妇"喜欢羊肉胜过猪肉"是错误的。主妇"喜欢猪肉胜过羊肉"的真实偏好不能从"选择羊肉而非猪肉"行为中合理推论出来。将偏好视为与行动同一而从行为选择中推演出来的现象，要么是一种缺乏科学根据和逻辑严谨性的肤浅观点，要么是经济学基于认知方便而有意建构的理论假设或虚拟现象。

基于偏好对需要的依存关系及其在行为动机形成中的作用，将偏好定义或解读为需要和行为动机间的一种居间现象是合理的，即偏好是对需要满足的特定回应，它引导人们在满足需要的多种方式中做出选择，指向特定的行为目标，形成动机并产生行动。这种定义或诠释倾向于将偏好理解为基于主体需要和客体效用的一种价值判断及其对选择行动的择优排序，并关注如下现象或存在：偏好有其基于情感、欲望、需求及认知能力的偏好主体，表现为某种人的口味、习惯、憎恶或嗜好，具有特定的主体性；偏好有其指向的对象或客体，是人对某类对象的情感倾向或好恶，具有一定的客体性；偏好刻画着主客体间的某种关系，这种关系以客体对主体的效用为核心，以价值判断及其选择排序为表征，常外化为某种他人可观察的显示性行动。偏好在此表达的是一种价值判断而不是事实判断。喜欢甲胜过喜欢乙是一种偏好或价值判断；认为甲比乙更有价值是一种对事实的认知判断。偏好建立在可选择性存在的基础上，是在两个以上具有同一功能属性或替代关系的价值对象间的一种选择倾向。单独一个对象的选择无所谓偏好，不可选择的对象消费如食物和水的消耗也无所谓偏好。如果每一个生命个体都必须靠觅食得以生存，则我们很难笼统地说觅食是某个生命个体的偏好，但可以说在家里而非餐馆觅食是张某的偏好，喜欢吃素而非荤菜是李某的偏好。如果将偏好看作多选项效用比较中的一种择优排序，这种排序存在三种可能的情形，由此构成不同的偏好关系。其一是偏好或弱偏好关系，即 X 和 Y 至少一样好，用符号 X≥Y 表示。其二是严格偏好或强偏好关系，即当事人喜欢 X 胜过 Y，用符号 X>Y 表示。其三是无差异偏好关系，即当事人对 X 和 Y 的喜好无差别，用符号 X = Y 表示。

三、偏好的性质特征

虽然对偏好的解读仍存在分歧和争论，综合多种不同的研究及观点，可对偏好的性质或特征做出概括。

第一，偏好表达的是关系结构中的现象，直接或间接涉及人对两个及以上选项间的情感排序。这些选项不管多么相异，都存在某种同一性，如可相互替代的两种消费品，是在具有同一性的选项类别下的一种选择。单一实体或缺乏同一性的选项很难进行比较排序或产生偏好，犹如很难在鼻子和眼睛的功能意义上说更喜欢鼻子或眼睛。偏好的对象选择是具有一定同一性的类产品或类存在，但选择过程可能附加了特殊性。经济学中的效用函数常用来代表一个偏好结构。当一个偏好既具有传递性又是完备的，它被认为是标准的理性偏好关系，那些据此照做的人被认为是理性人。偏好不仅存在类别划分，也存在等级之分，如一阶偏好是你想要或喜欢的东西，如一个人想要牛排；二阶偏好是偏好的偏好，如一个人想减肥，所以不想要牛排而想要青菜。

第二，偏好具有主观性和相对性。不同个体和群体的偏好既有同一性又存在差异。偏好的相对性在于喜欢什么不会总固定在某个具体的客体或对象，而可能在比较中发生变化，参照物不同，偏好的对象可能不同。与幸福感和地位关联的参照依赖偏好概念的存在可说明偏好的相对性：人的偏好依赖于和相关参照水平或参照点进行的相互比较（Munro and Sugden，2003）。

强偏好确定喜欢的对象，具体指向一个对象，如喜欢吃面条；弱偏好喜欢什么是相对的，在多个对象比较排序中确定喜欢的对象，随着比较的对象及其数目的不同，偏好排序和确定喜欢的对象有所不同。

第三，偏好具有可变性。经济学出于研究方便常假定偏好不变或具有稳定性，并总结出偏好的一致性和传递性公理。不变或给定的现象是合理的，但在条件变化或长期分析中，偏好则具有可变性或可塑性。偏好是给定的观点与将其视为外生变量是一致的。当分析时区拉长，外生偏好似乎是必然的，因为人的一切都是在物竞天择下建构的。偏好在传统经济学中虽然是给定不变的，大多数经济学家肯定个人有界定好的稳定偏好，经济模型通常也建立在偏好不变的假设上，但这不意味着经济学家相信现实中的偏好都是不变、给定或稳定的。偏好不变观点在经济学中的流行和存在首先在于这种假设对于研究人的行为和决策有一定的方法论价值，其次在于改变偏好的模型迄今为止还没有提到主流经济学研究的核心议程。假定偏好不变，研究者和实践者们便容易分析确定一种政策的改变是否改进了公民的福利。如果个体喜欢更多而不是更少的收入，在他人收入不受影响的情况下，增加个人收入便会产生一个帕累托改进，这是指在没有任何人的境况会因为变化变得更糟的前提下，使得至少有一个人的情况和境遇变得更好，产生帕累托改进的政策可以被认为是需要的。偏好不变的方法论价值使得其在标准的经济理论中很大程度上成为"黑箱"，简单地被视为一种给定的外生常数。由于经济学家习惯于用既定的偏好预测或显示个体福利和评价工作，变化的偏好对他们来说成为一种烦恼。好在社会生活和实践中的行为决策并不会固守经济学家的教条，在许多实际的经营决策中，如涉及广告投入的价值和效果、预测商品价格竞争对消费者购买行为的影响时，企业家们心目中持有的认知信念也许多半是偏好的可塑性或可变性（Lewise and Cullis，1990）。

第四，偏好是多样且存在层次结构之分的。现实生活中一个人所具有的偏好是多元的，多种并存的偏好之间不仅存在类别和程度的差异，还存在程度不同的竞争、矛盾冲突甚至挤出效应。一些偏好更多地由生物遗传因素决定，如饮食方面的口味或喜好，一定条件下具有独立于价格、收入、社会地位或荣誉等社会性因素的特点；一些偏好更多地由后天经验及社会环境因素决定，如对权力、金钱或身份的追求。在各种不同的偏好中，一些偏好是原生的，如对美食和休闲的偏好，原生偏好对行为选择的影响更具决定性；一些偏好是派生的，如对餐饮工具、婚礼形式或娱乐项目的偏好，派生偏好对行为选择的影响多具有介质性。不管什么偏好，在经济学家看来都服从于一种基于人类理性的总的偏好，即追求自我利益中的收益最大化和成本最小化。这种由"经济人"假设规定的偏好可以统一或化解不同偏好之间的矛盾和冲突。

第五，偏好的形成有不同的方式并受多种因素影响。个体偏好的生成也许存在理性或智力成分，但这种理性可能是生态的、进化的或自发形成的，未必表现为有意识地即时推理。信念对偏好的形成有重要影响，是人们在不完全信息条件下对某种将来可能发生或存在的现象是否真的会发生或存在的认知自信。偏好是在信念基础上对若干博弈或赌注的排序。偏好的生成遵循进化法则。犹如恐惧和疼痛是一种生物保护机制，偏好也是人类进化或建构出来的一种自我保护或有用机制，在一定程度上，是自然而不是个体选择了什么对人是好的因而被人偏爱，进化的环境塑造偏好。效用是长期或短期的适应，适应产生效用给人带来好处并形成偏好。

经验在偏好形成中也起重要作用，偏好总体上是遗传与经验相互结合的产物。对人好的东西或效用本质上是相互作用达成的适应状态。适应的东西或状况通常是令人产生舒适感或有积极效用的存在。偏好形成过程不仅是对个人的需要、欲望或福利的计算，而且对他人的在意、关爱、同情或社会责任与承诺等都可能程度不同地发挥作用。

第六，偏好的显示与认知存在困难。偏好的显示具有认知属性，强调可观察性质，一般通过行为选择来实现。但并非所有偏好都能以可观察的形式被显示出来。存在偏好显示中的主客观障碍。例如，偏好自身作为心灵实体的复杂性和隐蔽性难以被他人准确认知或观察；偏好的复杂性使得当事人本身未必清楚自己的真实偏好确切是什么；当事人未必愿意显示自己的偏好，有时会隐藏真实偏好而显示出某种假象。偏好之所以存在显示和认知困难，原因之一在于被经济学家寄予厚望的偏好显示的基本方式，即行为选择并不能保证与内心的行为偏好保持一致。偏好是一种内隐的心灵实体或倾向，行为则更多地受制于社会环境特别是社会关系，是嵌入社会关系网络并据此获得自身规定性的现象。行为与外部社会环境的这种关系，使其很难保障与内在的心理偏好保持一致，通过对行为的认知推测偏好的性状因此存在着困难或障碍。尽管如此，通过行为认知偏好仍然是一种较好的方法，此外，通过诉说、访谈或问卷调查了解一个人的偏好也是常见的方法。由于偏好主体一般不愿意透露自己的真实偏好，特别是在公共物品消费中存在不说实话的动机，通过访谈或问卷调查方法得到的认知结论和通过行为观察对偏好进行推论一样是或然的。如何创造一种偏好显示的诱导机制，激励人们如实地显示自己的偏好是许多研究者关心的议题。市场经济诱导人们通过购买物品和服务有效地显示了他们的偏好，是一种私人领域偏好显示的成功机制。公共需求偏好难以利用市场信息显示出来而形成免费搭车，因此，政府估算社会对公共物品的需求时，难以像私人物品那样利用市场信息，而要使用非市场的信息来源。

第四节　社会偏好与利他行为

一、社会偏好与利他行为概述

在人类具有的各种偏好中，有一类与经济学自利最大化不同的偏好越来越引起研究者们的关注，这种偏好一反"经济人"假设的传统教条，体现了人类社会常见的个人和个人组成的群体对自身之外的他人、公众、社会或公共利益的关心和爱护。在世界许多地方我们会看到，一些人会将他们在无人目睹的大街小巷中捡到的钱包返还给主人；一些人会在信息偏在条件下向税收主管部门如实报告自己的现金收入；一些人会自觉地清理他们在无人看管的沙滩上产生的垃圾；一些人会拒绝不公平条款下对己有利的交易；一些人会追求即使存在自我毁灭如牺牲的成本也要努力实施的救援行动（Frank，1998）。学术界用"社会偏好"（Social Preference）一词对这种行为予以刻画，并以利他主义为核心对社会偏好的不同形态进行探究。社会偏好在此表达着这样一种现象或倾向：除了自己的福利特别是物质利益，人们有时也在乎他人或社会的利益，如他人的福利及各种利益在社会成员之间的公平分配。学者们找到了许多依据表明社会偏好存在的真实性，根据环境细节的不同，揭示出社会偏好存在的许多类型，从社会交往中表现出的关爱他人、助人为乐、奖赏行善、见义勇为、互惠合作、利他惩罚，到组织生活中的组织承诺、组织公民行为、检举揭发或公共服务动机。社会偏好虽然很早以前就以利他主义的形式受到哲学和道德学家的重视，但成为经济学家关注的重要议题则发生在20世纪。例如，阿马蒂亚·森（1977）提出过两种含有公共维度的偏好形式：一种偏好形式涉及反映他人利益的同情；另一种偏好形式涉及维护他人利益的效忠或承诺。琼斯（Jones，1995）发现了支持利他主义的假设投票框架。当给回应者提供可选择的几种政策，问回应者喜欢哪些政策，哪些政策符合他们自身的利益，哪些政策符合社会的公共利益，认同公共利益的回答者竟是喜欢与个人利益关联政策回答者的两倍，这种关联随受教育程度和收入增加而提高。

一些学者甚至通过实验方法对社会偏好的存在进行实证研究和检验，如通过最后通牒博弈、独裁者博弈、公共物品博弈、第三方惩罚博弈所做的研究。还有一些学者通过实验研究寻找社会偏好在人类大脑神经系统中的存在根据。

社会达尔文主义者曾认为，包括人类在内的生物间的生存竞争是残酷的，不会同情弱者或不自私的人，只有那些最无情地追求自我利益的生物机体或个人才可能获得生存机会，他或他们种类中那些缺乏竞争力的弱势群体和成员，将会在残酷的生存竞争中遭到失败而被淘汰。一些研究者也公开宣称，经济学的第一原理是，每个人都被自我利益的追求和斤斤计较驱动。社会偏好的存在与认知发现是对这些观点的反对和批判。围绕社会偏好存在及其合理性的研究不仅说明人并不都是或不总是自私自利的，时而也或多或少存在着像母爱、同情特别是人际之间非亲缘关系的互惠合作或利他主义等亲社会倾向及行为，而且这种非自私的亲社会倾向和行为并不必然导致自身竞争和生存能力的下降或消亡，反而有可能带来人际之间的协同进步或共同繁荣。

社会偏好研究的深入不仅是对利他行为存在的一种支持和佐证，也是对利他主义研究的一种深化和拓展。利他主义是一种给其他个体带来益处的同时降低了利他者福利水平的行为（Hamilton，1964），很早就作为思想家们的研究议题出现在哲学和社会科学文献中。迄今为止，社会科学文献围绕利他主义或利他行为的概念界定和解读虽存在多种不同的见解，将他人需要置于自身利益之上的含义却得到广泛认同。这种认同多体现在对利他行为的各种观察、定义或诠释中。一些人基于行为效果的考量将利他主义解读为行动者为他人带来好处的举动，如个人或组织为他人着想或博取利益而自己承担成本的行为；或通过牺牲自己的时间、金钱、劳动等私人财产或资源提高他人福利的行动（Ben-Ner and Kramer，2011）。按照行为效果解读利他主义，只要发生或出现将他人需要置于自身利益之上的关爱他人的实际行动，不管这种行动的动机是什么，就意味着利他行为的出现或存在。一些学者在此基础上进一步引入动机概念，把利他主义界定为一种不期望获得报答而出于个人自愿地帮助他人的行为（Leeds，1963；Krebs，1970），认为只有出于利他意愿而非谋求回报的助人行为才可称为利他行为，真正的利他主义者只考虑他人如何从自己的行为中获得积极的结果，而不考虑这种行为是否会对自己的利益产生好的效果。如果一个行动者帮助他人的动机是意图从自己的善举中获得私人收益，或该行为是对他人行为的一种回报，则这种行为不具有利他主义的性质。

利他主义行为虽然对人类社会的有序运行有积极影响，是促使人类合作、社会和谐与治理的重要力量，如可以减少人际之间的矛盾或冲突，使自私的行为有所抑制或收敛，创造或维护合作行为与集体行动；但利他行为是有代价的，在维护或增加他人利益的同时会使利他者的利益受损，利他者在实施给予他人好处的行为中承担了该行为产生的成本，包括时间、资源和劳动投入及其机会成本。这种和主流经济学将人解读为趋利避害的"经济人"假设不同的现象不仅很早就引起人们的关注，而且演化为现代生物学、经济学、伦理学、哲学、心理学和管理学等多门学科关心的话题，衍生出关于利他研究内容丰富的诸多文献。一类文献涉及利他现象存在的观察、发现、揭示和证明：世界上真的有损己利人的行为，还是我们误把利己行为视作利他行为，或忽略了利他表象背后的利己动机。另一类是利他存在的原因或可能性分析：如果利他主义或行为的存在是真实的，它应有其存在的根据和理由，用于解释为什么人类会产生损己利人的行为举动，这种根据和理由是什么。

围绕第一类问题的研究成果是丰富的，突出体现在生物学和行为经济学的经验观察和实验发现。为论证并说明利他行为的存在，学者们应用了多种方法，如通过个体在不同情境下自我报告的利他举动或通过记录实验参与者的利他行为反应来证实。生物学在动物行为分析中也揭示了大量动物利他现象的存在，如蚂蚁、蜜蜂、裸鼹鼠等群居动物的利他行为，这种行为突出表现在动物个体间的合作、集体行动或组织行为中。虽然仍存在不同的观点和争议，基于不断增加的利他现象的新发现，面对大量存在的慈善捐赠、义务献血、见义勇为、打抱不平等社会行为以及不公平厌恶、关爱他人、公共服务动机、组织公民行为、组织承诺、付费或利他惩罚等社会偏好的研究发现，关于利他行为的存在似乎已得到多数学者的肯定或默认。社会中经常出现的匿名慈善行为，彼此陌生的参与者表现出的利他与合作态度，父母养育子女中的辛劳和奉献，朋友交往中的互相鼓励和支持，陌生人之间的互利交换和帮助，舍小家为大家的爱国行为，战场上冲锋陷阵的英雄举动或视死如归的献身精神，社区生活中的邻里相助、志愿服务等，都支持了利他行为或偏好的存在。这种支持和存在表明，生活于社会群体中的人类并不像主流经济学假想的那样，时时处处会表现出以个人利益最大化为目标的趋利避害、斤斤计较或自私自利的"经济人"特征，也经常表现出对他人的一种在意、尊重、同情、关爱或对他人利益的一种保护、照顾、创造和给予。多种实验研究支持了利他主义行为和社会偏好的存在。例如，在公共物品博弈实验中，实验者给每名参与实验的人一定额度的金钱作为初始资金，要求每个参与者同时自己决定把这笔钱中的多少金额投资到某种公共物品的生产。当一轮投资完毕后，实验者会将所有人员投入的总金额乘以一个系数后平均分配给每名参与者，不管参与者为公共物品生产投入了多少资金。每个人得到的最后资金为个体原有的初始资金减去向公共物品生产投入的资金，再加上从公共物品投资中获得的收益回报。根据"经济人"假设的观点，追求个人利益最大化的理性参与者没有积极性为公共品的生产进行投资，因为对单独一个实验参与者最有利的策略是一分钱不投。假设有4位实验参与者，每个人获得的初始资金均为100美元。如果所有参与者将自己拥有的100美元全部投入公共物品的生产，他们的资金回报就会翻倍。这时，对于每个参与者来说，全部投入资金后每人获得的净收益为100美元，每个人拥有的总资金将由100美元变为200美元。但若某个自私的实验参与者在其他人全部投入100美元时自己不进行一分钱投资，他拥有的总资金反而将由100美元变为250美元。在"经济人"假设条件下，这种收益预期使得每位实验参与者都可能停止对公共物品进行投资。但实验结果发现，在一次性博弈中，大部分参与者都投入了相当一部分资金，将初始资金的四成到六成投入公共物品生产中。即使在重复博弈中，参与者对公共品的投资金额也不为零（Camerer and Fehr, 2003）。

这种牺牲自己成全大家的行为证明了参与者并不是斤斤计较的自我利益最大化追求者。为了他人的利益而放弃自己的利益，表明参与者具有利他主义的社会偏好或倾向。正因为利他主义行为不纯粹是一种遥不可及的理想，而是可直接或间接被观察到的事实，因而成为古今中外性善论流行的根据之一。多种性善论观点的出现从一个侧面也表达或映射了利他主义的存在，如对他人富有同情、怜悯或仁爱之心，因而会产生助人为乐、牺牲自己的利他举动。在社会偏好或利他主义的存在证明中，基于实验研究对不公平厌恶的揭示具有典型性。研究者们以不同于传统思辨推理的实验方法发现，人们不仅关心自身的物质利益或者收入，也在意自己和他人在收益上的差异，面对不公平情形时会表现出不满或不舒适情绪。这种被行为经济学家称为"不公平厌恶"的现象，不仅在公共物品博弈，在最后通牒博弈、独裁者博弈、第三方惩罚博弈等实验中也多次得到验证。在最后通牒博弈中，研究者让两个作为实验对象的人分一笔钱，如100美元，随机决定由其中的一个人进行分配，这个提出分配方案的人称为建议者。另一个人可以接受也可以拒绝建议者的分配方案，这个人称为回应者。如果回应者接受建议者的分配方案，建议者的分配方案得到落实；如果回应者拒绝接受建议者的分配方案，则两个人都得不到任何钱。按照"经济人"假设或传统理性选择的观点推断，建议者即使只给回应者留下很少的钱如1美元，回应者也会欣然接受。因为增加1美元毕竟会给自己带来新的收益，而拒绝接受则得不到一分钱。但实验结果发现个体的行为选择与理论预测并不相同。依据费尔和施密特（Fehr and Schmidt, 1999）的总结，几乎所有建议者给回应者提供的金钱份额都大于20%，只有3%的建议者提供的部分少于20%；大约60%~80%的建议者提供的份额为40%~50%；大部分提供过低份额的分配方案都被回应者拒绝，被拒绝的概率随着其所提供的比例的上升而下降（乔洪武和沈昊驹，2011）。

回应者拒绝提议并不是因为实验中货币激励过少而被人忽略，而是由于对公平的重视和追求。即使对最后通牒博弈实验做某些改变，经济主体在进行决策时仍然会考虑公平因素。取消上述最后通牒博弈中回应者对建议者所提分配方案的否决权会形成所谓的独裁者博弈，该博弈中的建议者成为独裁者，回应者成为完全被动的接受者。按"经济人"假设，独裁者不会分配任何份额的金钱给接受者。但实验结果依旧发现，许多独裁者仍然会给回应者支付一定份额的金钱。这表明，独裁者或提议者在决策时也会考虑公平因素。如果在上述独裁者博弈中加入一个具有独立利益的第三方，他可以对自己认为违背公平规范的一方进行惩罚，则形成所谓的第三方惩罚博弈。在此博弈中，第三方被赋予 50 个代币的初始禀赋，他可以在观察到提议者对接受者的分配金额后自主决定对提议者是否进行惩罚和惩罚点数。第三方的每 1 个惩罚点数会使提议者减少 3 个单位的代币，但不会使自己的代币增加。根据传统的理性"经济人"假定，第三方应当不会产生任何惩罚行为，因为这种惩罚的结果是损人不利己的。但实验结果发现，几乎 2/3 的第三方会对违反公平规则的人进行惩罚。如果提议者能发放 50%或者超过 50%的份额给接受者，第三方便不会实施惩罚；如果分配的数额少于 50%，惩罚的程度就会与分配额度的缩小成反比（乔洪武和沈昊驹，2011）。尽管部分经济学家和生物学家极力否认利他主义的真实存在，将诸多的利他行为解读为利己行为的变种，不断推陈出新的实验研究还是发现了人类行为的一种特殊形式，该形式涉及不相关个体间的相互作用，即人和人之间既没有亲缘关系，又不是熟人、朋友或一个团体，因而很难或不能用自利范畴来解释。这种行为就是第三方惩罚行为，是一种被称为强互惠的付费惩罚或利他惩罚行为。第三方惩罚是一种惩罚违反合作规范行为的倾向，惩罚收益由他人分享，惩罚成本由惩罚者承担。其存在超越了亲缘关系和互惠关系，证明了亲社会行为和亲社会性的真实存在。

　　第三方惩罚或利他惩罚多发生在人口规模较大的复杂社会。比起小规模简单社会，更大规模的人口和复杂的社会之所以涉及更多的利他惩罚，是因为这种社会更容易产生阻碍合作的欺骗或背叛行为。随着社会规模越来越大，匿名者和陌生人越来越多，欺骗变得更加容易和诱人而难以控制，这为第三方惩罚或利他惩罚提供了激励，惩罚背叛者能最小化欺骗而提升合作。利他惩罚在此是一种惠及所有人的公共品。在许多小规模简单社会，第三方惩罚对于惩罚欺骗、促进合作通常是有效的。第三方惩罚是利他的，惩罚者没有从中获益且为此承担了惩罚成本而损害了自己的利益。第三方惩罚现象的存在进一步说明，即使与自己利益无关甚至还需要付出一定的私人成本或代价，人们有时也会为维护公平或他人的利益挺身而出，第三方惩罚因此被视为社会偏好或利他行为存在的典型形态和有力证据。正是第三方惩罚的存在，为人类个体之间的合作达成及其维持提供了一种重要机制。第三方惩罚或利他惩罚会促成无关人员合作。这里的合作指的不是他人与惩罚者的合作，而泛指人际之间依照社会规范和习惯应有的合作关系，第三方惩罚或利他惩罚是对这种不合作行为的一种惩戒，是对不合作者有威慑作用的路见不平、拔刀相助的义举。在一定条件下，每一个社会成员都可能具有这种惩罚意识、惩罚偏好或惩罚行为，虽然未必如绿林好汉般行侠仗义，但是也会通过其他身体力行的方式予以实施。例如，对不合作者给予心理诅咒；传播不合作者的负面新闻；对不合作者进行匿名批评；暗中破坏不合作者的事业或减少本该给予其的帮助。第三方惩罚或利他惩罚挑战了关于人类行为模式的传统观点。由于利他惩罚是有成本的，纯粹自私的人不会产生这种惩罚行为，不会自愿付费为公共品或他人利益的提供做出贡献。第三方惩罚或利他惩罚行为的发现说明，至少在部分人的人性中，非自私的社会偏好的存在是可能的。如果社会偏好或利他行为的存在是可能或客观的，则我们必须回答这种看似违反生物进化论和主流经济学原则的行为存在的理由是什么。按照标准的进化理论，物竞天择最终会导致社会偏好或利他主义者消亡，但社会偏好或利他主义者事实上不但没有消亡反而广泛存在。主流经济学的基本假定也这样认为，人只有是自私的才可能在生存竞争中不被淘汰而获得成功。以利他主义为核心的社会偏好行为的存在违背了这种信条，却没有因此使利他主义者都遭到淘汰。为解释利他主义或社会偏好存在的理由，生物学家、经济学家等进行了许多富有成效的研究，产生了多种理论或模型，用于对社会偏好或利他行为何以可能进行解释。这种理论或模型总体上可以归为两类。其中一类将观察到的利他主义或社会偏好行为解释为利己主义的另类表达或特殊形式,其表象是利他的,但本质却是利己的,利他主义或社会偏好行为在此成了博取个人利益的一种策略或工具。例如,关爱他人是一种可经常观察到的利他行为或社会偏好。为表达与新古典经济学自利最大化偏好的不同,行为经济学家投入大量精力发展关爱他人的偏好模型。面对越来越多的关爱他人的行为被发现,许多学者特别是信奉"经济人"假设教条的经济学家不仅没有对利己主义的传统信条进行反思和修正,反而试图用利己主义来解释观察到的利他行为,力图将利他行为最终还原为一种本质上的利己偏好,如将互惠利他主义解读为一种对利他主义观点的批判或否定,认为利他行为表面看来是为了他人利益而牺牲个人的行为,实质上是一种更为长远的利他主义或私心等。

这些观点的共同之处在于,呈现于我们感觉范围内的社会偏好或利他行为并不是一种本质现象,而是一种有意或无意的工具行为或假象,因为人的本性从来就是自私的。在人性自私的基础上,任何看上去貌似利他的社会偏好行为倾向或举动,要么是一种假象或伪装,要么是一种利己主义的变种。诸如此类的观点都显示出:人类具有一种自然形成的普遍自私,其所有行为都是利己的,符合行动者的最佳利益。每个人都是出于自己的利益行动和生活的,这是人性的一个普遍特点。无论个人表面上做了多么看似无私利他的行为,归根结底都是为了自己的利益,要么为了使自己获得心理上的满足感,要么为了能够逃避自己良心的谴责。

在对社会偏好的否定性解读中,有两种具有迷惑性的观点值得注意。

一种观点是效用论解释,即将社会偏好或利他行为的存在看作是人追求自身效用的一种结果。这种观点的代表人物是贝克(Becker,1976),他用个人效用解释利他行为的存在,认为利他者之所以帮助其他人,是因为其他人的效用函数是嵌入利他者的效用函数中的。利他者通过帮助他人获得快乐,不是因为他人得到帮助,而是因为他人的快乐已经是利他者效用的一部分。利他行为者从捐赠行为中获得了直接的效用,从捐赠中感受到了一种"暖光效应"(Andreoni,1990)。效用论解释用个人效用或本质上的自私解释人的各种社会偏好及行为,将社会偏好看作是个人偏好的一种形式,其基础建立在个体效用之上,社会偏好因此被一些学者视为不具有独立性的一种偏好。将社会偏好作为一种对社会有利的偏好而与对自己有利的偏好对立或并列起来，是部分经济学家强迫普通人的行为去适合他们模型的一个例证，因为不存在所谓的社会偏好，被称作社会偏好的偏好实际上是行为个体偏好的一种表达（Wilson，2010）。

另一种观点是价值论解释。即将社会偏好及其行为的存在视为对行为者有用的交换价值。用交换价值解释社会偏好的学者本质上也认为社会偏好具有个人效用的性质，为此将物品或商品的价值分为使用价值和交换价值。为什么人们以很高的价格购买对个人生存无任何实际价值或用途的钻石，而只为身体所需的生活要素如水支付一点价钱？答案是：假定有两种意义的价值，即使用价值和交换价值，具有最大使用价值的东西常有很少或没有交换价值；那些有着最大交换价值的东西，却很少或没有使用价值（Smith，1776）。交换价值概念在此可作为社会偏好解读的一种维度，用于说明社会偏好如利他主义仍然是追求个人利益或效用最大化的特殊形式，只是这里的利益或效用表现为或包含着交换价值。在一定条件下，交换价值可转化为使用价值，犹如用黄金、钻戒交换食品、住房一样。如果说使用价值满足的主要是人的生物需求或物理需求，则交换价值满足的主要是人的社会需求或精神需求。

和上述基于人的自利本性否定社会偏好或利他主义的真实存在而将其理解为一种工具或假象不同，另一种观点认为人本性上虽然是自私或自利的，但自私或自利的人可以表现出真实的社会偏好或利他举动，也可以产生有利于社会或他人的效果。自利的人可能产生利他的行为举动或结果，在此意义上，利他主义是一种惠及他人或社会的行为举动或结果，是自我利益追求的一种后果，而并非有意的所为与结果。经济活动中的利己和利他行为经常是统一的，这使得人的经济行为虽然是从利己出发，但产生的结果却可能是利他的，人们有可能基于这种利他结果进行推论，赋予引起结果的行为或行为主体以社会偏好和利他性质。亚当·斯密正是在此意义上认为"经济人"本身就是"道德人"，是在道德支撑下完成了追求自身经济利益和促进社会整体利益的双重目标。在人性自利的经济动机前提下，自然法则即"看不见的手"在起作用，使得每个人在追求自利的同时，也会实现社会的共同利益。毫无疑问，自利是主流经济学长期信奉的一个信条或公理，它帮助经济学研究者解释和预测很多事实，构建严格的行为模型。但除了自利动机及其行为，一些经济学家开始越来越多地发现社会偏好的存在形式和功能，重视用社会偏好概念解释相关的经济现象和行为。

二、社会偏好与利他行为的延伸理论

经济学家发现，在一定条件下，自利的人可以表现出程度不同的利他行为或社会偏好，即便这种行为或偏好的生成和根源是自利或自私的，利他者选择行动时的表现却可能是真诚利他或无私的。例如，在最后通牒博弈中，当低的出价有可能被拒绝时，即使一个自利的提议者，也可能会给予接受者慷慨的出价。提议者慷慨出价的动机也许是自私的，即对被拒绝的担心使提议者选择了更利于他人或接受者的出价。但慷慨出价的原因也可能并非是对被拒绝的担心，而可能是不公平厌恶的一种体现，具有不公平厌恶倾向的提议者，即使没有被拒绝的约束，如在独裁者博弈所看到的那样，他也会给接受者一个较好的出价，因为他具有以不公平厌恶为表征的利他倾向或社会偏好。第三方惩罚博弈进一步证明，即便是慷慨出价损害提议者自己的私人利益，提议者仍可能选择这样去做。实验参与者做出对他们来说收益较低的行为选择，这与主流经济学自利最大化的偏好观点存在冲突。面对这种观点冲突，一些经济学家不得不做出这样的妥协，即假定在人类行为系统中至少存在两种意义的偏好：对自己有利或为了自己的偏好；对社会有利或为了社会的偏好。在对第二种意义的社会偏好的解释上，学术界发展出了多种理论，如亲缘选择理论、互惠理论、付费信号理论、伦理投资和声誉理论、群体选择和自然选择、自我激励机制理论、移情理论、文化论解释、基因-文化协同进化机制等，用于解读社会偏好或利他主义存在的根据。

（一）亲缘选择理论

利他主义行为的存在对早期进化论学者的认知是一种挑战，因为一个以损害个人利益为代价的利他行为，很难用自然选择来解释。直到汉密尔顿（Hamilton，1964）提出亲缘选择概念，进化论者才有了一个讨论利他主义的

满意的理论框架。按照汉密尔顿的理论，一个个体通过为那些带有自己基因的人做出牺牲，能提升自己基因的未来。利他主义行为因此可部分地通过亲缘关系或亲缘选择理论加以解释，即具有血缘关系的人际之间如家庭成员间因基因联系可产生关爱他人的利他行为。亲缘选择理论解释了为什么有些生物有帮助亲属的心理机制。解释基于这样一种观点，即基因可以通过身体为携带类似基因的其他个体带来好处，从而使自身的基因在后代中繁茂。

该理论认为，一个生物有机体的利他行为主要针对和它具有血缘关系的亲属。根据这个理论，个体基因的成功不仅是以自身的生存和繁殖来衡量，还通过其他具有相同基因的个体来衡量。基因利益或相同的基因关系，使亲属之间表现出大量的利他行为。对亲属的利他行为或关爱最终有助于施助者的基因。由于基因不仅作用于自身的繁殖机会，而且作用于携带相同基因的兄弟姐妹的繁殖机会，兄弟姐妹之间的帮助实际上是一个人对自身的帮助。亲缘选择理论虽然能够解释具有血缘关系的人们之间的利他行为，却不能解释非亲缘个体之间利他行为的存在，如为什么会对原初并不相识的穷困潦倒者进行慈善捐助；为什么存在机会的父母在别人不在意时仍努力使他们的孩子适应不欺骗的文化。在很长的历史时期，关于什么使得人类具有独特性的答案主要集中在语言、理性、文化或认知方面。进化论科学家在研究中给出了一个新的观念或答案，即人类之所以比其他物种特殊，在于其有在非亲缘关系间为追求共同目标而进行合作的能力，这种能力是多种社会组织得以建构、延续或存在的基础，从市场、工场、工厂、企业、农场、公司、企业集团，到行会、工会、俱乐部、国家、政府、军队、议会等，都依赖于这种合作能力的存在和延续。合作能力的体现和实现又依赖于合作者之间能彼此做出某种牺牲，以利他的行为表现出善意和吸引力。

（二）互惠理论

为解释亲缘选择理论不能解释的陌生人之间的利他现象，揭示非亲属个体关系之外存在的诸多关爱他人的行为，学者们发展出一种称为互惠利他主义的理论。在利他主义解释中，生物学家将动物利他行为何以存在的原因归为自然选择和追求基因利益的结果，其产生和存在具有显著的遗传性。人类社会不仅存在基于亲缘关系或遗传的利他行为，也存在与基因无关个体之间的利他行为，这种利他行为的存在虽代表了动物界的一种反常，却真实而广泛地存在于人类社会的个体之间。对亲缘关系缺乏情况下利他主义的产生原因，学术界有多种解释，互惠理论是其中的一个典范。一些学者用基于善良的互惠行动对非亲缘个体间的利他举动进行解析。假定一个人的利他或社会偏好为人的善良所驱动，如果处于交往关系中的一个人相信对方对于他的行为由利他的善良驱动，他也喜欢以利他的善良行为予以回应。基于互惠理论对利他行为何以可能的解释至少可区分出直接互惠、间接互惠、网络互惠三个维度。直接互惠意味着，一个人之所以对另一个人体现出关爱或实施利他行为，是因为希望从被关爱者或受惠者那里得到某种回报或帮助。间接互惠意味着，一个人之所以对另一个人体现出关爱或实施利他行为，不是想从被关爱者或受惠者那里得到回报或帮助，而是想借助自己利他行为建立的声誉从第三者或其他人那里得到好处。网络互惠意味着，一个人之所以对他人体现出关爱或实施利他行动，是因为想对良好的人际关系发展贡献一份力量，并希望从社会关系网络的良好发展中受益。特里夫斯（Trivers，1971）用互惠利他主义概括这种基于互惠关系而产生的非亲缘关系间的利他行为。

互惠利他主义指一种有机体从另一种有机体获得某种好处时以牺牲自己为代价，向另一种有机体提供利益的行为。根据互惠利他主义理论，只要生物有机体之间有互惠的可能，利他行为就可以发生在毫无血缘关系的个体之间。在互惠利他主义理论中，人们仁慈地对待他人的行为出于在未来被认可和被一些互惠善良的行为所回报的期望。

互惠理论并不能解释所有的社会偏好或利他行为，如为什么美国跨州高速公路上的旅行者在明知自己和汽车旅馆的服务员不会再见面情况下，仍自愿或主动留下小费给服务员；为什么世界各地有许多人拒绝欺骗他们的商务合作伙伴，即便他们这样做事不会被发现。

（三）付费信号理论

间接互惠的实现依赖于声誉机制的作用。声誉的形成或建立与信息的有效传递紧密相关。以信号传递为目的的付费行为因此在社会中广泛存在，如奢侈品消费、慈善捐赠、英雄行为和宗教活动中常见的诸多举动。付费信号提供关于付费行动者个人特征、资源和行为模式方面的信息，利于行动者在社会或团体中建立良好的个人声誉，并由此给行动者带来其他好处。付费信号理论对利他主义者如何为了博取声誉而表现出关爱他人的行为进行解释，将利他行为看作最终有利于利他者的宣传工具，如增加利他者获得资源的机会，提高利他者被选为配偶或盟友的可能性。

个体的利他行为通常会表现出对自己有利但难以察觉的一些特征。该理论背后的假设是，拥有更好特质的个体具有更低的边际信号成本，利他行为的成本因而更低；那些拥有更好特质的人因此更有可能发出付费信号。实验研究一再证明，相比完全匿名的情况，人们在自己的行为被观察时常表现得更合作和更无私，个人在公共场合比在私人场合更加慷慨，以便向外界发出有利于自己的信号（Karlan and McConnell, 2004）。例如，实验参与者之间面对面的接触可以提高囚徒困境等相关博弈的合作水平（Kurzban, 2001）；参与者认识到其声誉会传播给其他参与者时表现得更无私（Barclay, 2004）。大量证据表明，人类对监控暗示非常敏感，以增强利他行为的形式对这些暗示做出积极反应。另外有研究表明，当人们的注意力集中在公众中的自己即公众自我时，亲社会和守法行为会得到加强（Froming et al., 1998）。

（四）伦理投资和声誉理论

一些学者用声誉理论或伦理投资概念对非亲缘个体间的社会偏好行为进行解释，将符合社会意识形态褒奖及合伦理道德规范的社会偏好或利他行为理解为当事人有意识、有目的的策略选择或投资行为。在个人的行为选择中，伦理投资暗指一个人淡化物质利益方面的博取或投入，重视非金钱之外的声望地位及其伴随的投资机会，通过伦理投资展示其关爱他人的偏好和行为。具有伦理投资意愿的人会积极表现出形式不同的社会偏好或利他行为，希望这种偏好和行为最大限度地被他人知晓并认同，最终转化为一种惠及自身利益的声誉或地位，伦理投资的存在或增长基于偏好可塑造及可改变的观念。由于利他行为会给他人和社会带来益处，自然会受到社会的欢迎和褒奖，利他者会因此得到包括声誉、地位在内的积极回报。在此的关键问题不在于社会是否会对利他主义者给予善意的回报，而在于如何发现或确认一个人的利他行为，特别是那些隐姓埋名的真正意义上利他的人的行为。如果社会没有一个好的利他行为的甄别机制，就不能有效地对利他者施以善意的回报，如何激励或解释利他行为的发生便失去合理根据。声誉机制的存在或有效建构因此显示出其重要性。声誉不仅是社会偏好或利他行为存在的重要解释变量之一，也是伦理投资有效实施的一种机制。在已有的经济学和博弈理论中，重复相互作用和声誉收益被用来解释许多利他行为的产生。比如梅里亚姆葬礼仪式体现的利他行为之所以长期存在并流传，其依托的重要基础之一就是声誉机制（Smith and Bird，2000）。在梅里亚姆的葬礼仪式中，狩猎海龟成本高昂且不会被物质利益上的互惠抵消，在此情况下，部分男性仍然无偿地狩猎海龟供人们在宴会上免费食用，目的之一在于建立他们在乡亲们中间的个人声誉，这种声誉能反映他们的品格和能力，据此给他们带来包括相亲在内的其他好处或机会。

诸多设计巧妙的实验研究也都发现，声誉在激励人的利他行为方面起重要作用。比如以自愿捐钱的方式维持公共场所自助咖啡的供应，当在墙上贴有一张画有眼睛的海报时，捐钱的人数会显著增多。再比如，独裁者博弈实验中，当电脑屏幕上出现"眼睛"的画面时，独裁者会主动捐赠出自己可掌控的部分资金。种种现象表明，人类的利他主义或社会偏好行为的出现很大一部分是由对声誉的考虑或追求驱动的。

（五）群体选择和自然选择

群体选择理论被用来解释那些牺牲生命来捍卫自己群体利益的行为。利他主义因涉及人际之间合作和凝聚力而有利于群体生存。社会进化被认为会选择有利于群体或团体凝聚力的行为规范（Frank，1988）。由于利他动机和行为对于一个群体或团体的发展进化是有利的，比自私自利或机会主义更能为团体提供可取的问题解决方案，因而有利于利他主义者所在群体或团体的生存竞争，这使得利他行为不仅在利他主义者所在的群体或团体受到鼓励和激励，而且随着该群体或团体的有效生存和进化被保留下来。自私自利行为盛行的群体或团队会因竞争力的缺乏被淘汰，与之伴随的自利行为者也会因此在批评声中与其所在的群体一起灭亡。显然，个人为什么要产生利他主义行为而不是利己主义行为在此源自团队或群体而不是个人生存竞争的需要，个体之所以这样做也不是自己深思熟虑后认为利他行为有利于所在群体或团体的生存和发展选择的结果，而是群体竞争过程中基于自然选择的产物，即有利于团体的利他行为被遗传下来。个体层面上的利他行为在此超越了"经济人"假设的个体选择而表现为种族群体演化的结果，是自然演化塑造并选择了个人的利他主义行为。这种演化通过生物遗传的方式被保留下来，并被一定的团体文化强化。我们之所以变得具有道德情感，是因为在我们祖先生活的环境中，那些由具备合作倾向和维护伦理规范倾向的个体所组成的群体，比起其他群体更加容易生存并扩展，这使得亲社会动机能够得到扩散。

基于群体选择和自然选择对个人利他行为的这种解读，将个人利他和群体竞争及基因利益巧妙结合起来，提供了利他主义可能解读的另类视角。这一切似乎意味着，表象世界看起来是自我牺牲的个体利他行为，实际上可能隐藏着群体或种族层面的利己行为，目的在于延续利他者自己的基因，这种过程是通过群体或团体而非个体进化完成的，进化的实现是一个自然选择的过程。群体选择理论对利他行为何以存在的这种解释，使我们更容易理解蚂蚁和蜜蜂群体中辛勤劳动并奉献生命的工蚁和工蜂的行为，它们作为个体的献身精神源自群体生存和进化的需要。生活于群体中的人类的个体利他行为与此有相似的自然选择与演化规律。

（六）自我激励机制理论

自我激励机制理论用于解释缺乏亲缘关系、互不相识、偶尔相遇或不再相见的陌生人之间为何会出现关爱他人的利他行为如利他惩罚。利他惩罚的存在不仅有其生物学基础，如有利于群体或种族的进化，也存在其神经学基础。神经经济学有一个基本认识：人在不同情境下的决策由大脑中的不同部位控制。当接受测试者决定是否对不公正行为进行处罚时，他们大脑中有一个重要的奖惩系统区域被激活，通过惩罚行为他们感到了满足。另外，当一个人感觉痛苦时，大脑中活跃的区域和他观察其他人的痛苦时是一样的，这可能是人们同情共感产生的一个原因。由此可知，既然利他惩罚不可能从外界使利他行为者个体获得直接激励，行为者通过这种行为本身获得满足感就是唯一可能的激励。

也就是说，利他惩罚行为在个体层面是依靠与愿望满足相关的自激励机制来实现的。这种典型的依靠愿望诱导的激励机制说明，人们可以从利他行为本身获得满足。

例如，对背叛者的负面情绪被视为利他惩罚背后的动力或机制之一，利他惩罚行为的实施可缓解这种情绪。在此境况下，利他惩罚或成为一种受情绪影响的理性选择，或成为一种被情绪支配的冲动行为。利他惩罚和冲动选择的相关性被生理心理实验观察所证实，如该行为的产生增加了实施者的羟色胺的消耗。这个发现暗示，利他惩罚反映了人的自我控制的缺乏而不是体现，认为冲突选择和利他惩罚分享共同的神经机制。

无论是理性选择还是冲动选择，都源自行为者自身的内在机制，是一种内在激励导致的结果。

（七）移情理论

有人将利他主义与移情关联起来对利他行为何以可能进行解答。移情理论认为，帮助他人或陌生人时总会给我们带来一些好处，即使这种好处没有被我们意识到，却构成我们产生利他行为的重要基础。例如，利他行为有可能使自我感觉良好，或让别人更加在意或尊重我们。利他行为也许像伦理投资一样是一种策略，当我们为他人做好事时，内心深处希望他人有一天能在我们面临困难需要别人相助时回报我们。利他行为甚至可以成为展示我们资源或才华的一种方式，向外界炫耀我们的品行、才干或富有，据此增加我们的个人威望、声誉或吸引力。这些解释在某些情况下是适用的，以至于人们有理由怀疑纯粹的利他主义是否真的存在。移情论者认为纯粹的利他主义是存在的，但根植于人的移情心理（Taylor，2019）。

移情可被描述为从另一个人的角度看待事物的过程，从深层意义上说是一种对他人正在经历的事情的记忆和感悟。这种记忆和感悟是一种一个人进入另一个人的思维空间的体验，一个人据此能感觉到他人的情绪。通过这种方式，移情创造了一种让我们感受到同情的主体间的联系，使我们可以体验到他人的痛苦而产生同情，由此形成了一种意图减轻他人痛苦的心理冲动，引发利他行为。当移情机制使我们可以和别人一起感受、分享他人的情感或痛苦时，我们就可能在他人需要的时候主动提供力所能及的帮助。这里，对他人的帮助不是深思熟虑后自利的目的性行为，而是情感转移的偶发后果。

移情心理的根源或许是利他主义的源泉之一。移情源于人与人之间的同一性和生存联系。在某种程度上讲，我们作为人类中的一员与他人有相同的基本意识（Taylor，2018），这使我们有可能与他人产生共鸣，感受他们的痛苦并以利他行为来回应。由于这种同一性，或许还有更紧密的交往与接触、共同的心理特征和共同的环境，使我们与他人之间产生了强烈的共情联系，感到有必要像对待自己的亲人一样，在必要时减轻他人的痛苦并保护和促进他们的福利。

（八）文化论解释

传统经济学认为，普天之下人们的经济决策都是相同或相似的，即追求自利最大化，损己利他的行为在正常人那里是不可能的。利他行为的存在证明了经济学结论不完全可靠。在解释利他行为何以发生的影响因素中，社会文化具有独特而重要的作用。最后通牒博弈实验在一定程度上证明了这一点（Henrich，2000）。最后通牒博弈实验中发现的经济行为不同于按照标准经济学或博弈论预测的行为。按照标准的经济理论和博弈理论，提议者应该为接受者提供最小非零的金额量，回应者总能够接受提议者的这种分配方案。但实验的结果是建议者通常在40%~50%的区域分配现金；回应者通常接受相对平均的分配而拒绝低于20%的分配方案。在探究什么因素导致最后通牒博弈的结果异于标准的经济学和博弈论预测时研究者发现，有诸多因素会影响最后通牒博弈实验的结果，如实验中被分配的金钱的总量，实验参与者匿名的程度，实验环境或背景，以及社会或团体文化。其中文化对博弈实验的结果起着潜移默化的作用。虽然实验数据分析显示，来自世界许多地方的人在最后通牒博弈实验中的行为十分相似，促使人们得出这样的假定，即人类或者拥有一个天生的代价昂贵的利他惩罚偏好，或者拥有天生的公平偏好或不公平厌恶偏好，或者两者兼有；但一些学者的研究数据也进一步显示，实验受试者的行为虽然存在相似的总体规律，却也存在一些差别，如关于什么是公正、什么是应当受到的惩罚概念，随着文化的不同而有所不同。受文化背景的影响，不同地区的人的公平观念是不同的。在有的实验中，低于40%的分配在接受者看来就是不公平的；在有些实验中，达到15%左右的分配额度在接受者看来依然是公平的。这些实验证据产生了三个重要问题：人们从何处得到他们的规则、习惯、预期或公平概念？为什么这种规则、习惯、预期或概念在不同人群中是可变的？这种规则、习惯、预期或概念的改变在多大程度上影响了实际的经济行为？化解这些问题的方法之一是将人类理解为社会性动物，他们经由社会学习从其他人那里获得了许多他们的行为规则、标准或信念。除此之外，这些问题的解决也与认知结构、模仿规则、人际相互作用、社会学习、文化传播等有关。文化传播会影响人的经济决策。如果文化差异严重影响经济行为，所有人类分享相同内容或含义的公正、偏好就成为问题。这意味着，人们虽然有相似的公平偏好、不公平厌恶或付费惩罚偏好，但具体的公平概念或度量程度因地域文化的差异可能是不一样的，文化差异或特点会影响人的利他行为的产生与否。

（九）基因-文化协同进化机制

一些学者将文化和自然因素结合起来解释社会偏好或利他行为的存在。例如，鲍尔斯和金迪斯利用基因-文化协同进化理论解释社会偏好的形成和演化。其主要假设是基于基因同他人合作的倾向与社会和组织层面的文化制度如一致同意决策、食物分享、信息分享、团队防御、对"搭便车"的惩罚等相互作用协同进化，影响或决定着人的社会偏好和利他行为。基于基因的亲社会偏好和行为固然有其生成、存在和进化的生物学基础，是自然演化如群体选择的结果，但当社会文化拥有的制度、习惯、规则或规范成为影响基因进化的重要环境时，社会文化便和自然一起，成为塑造或选择基因进化方向的复合变量。由于社会制度在群体内部再生产中可以成功地抑制变化，缓解群体内部针对利他主义的排斥力量，保护了利他行为选择者未被淘汰而得以生存，使得利他者的行为模式可以在种族繁衍中通过基因的方式遗传下去。文化选择以有利于利他主义的方式保护了利他主义者在人类的生存竞争中不被淘汰，并因此保护了利他主义者传宗接代和基因的遗传。反过来，利他个人的行为存在对社会制度的文化进化也起到一定的支持作用，如对道德伦理或制度规范的传承和弘扬。

值得注意的是，社会文化如法律制度、伦理道德或传统习惯虽然对利他主义有塑造作用或影响，但并不意味着按照制度文化或习惯产生利他行为的人就是高尚的。一个人不会因依照规则或习惯行事就会变得高尚起来。按照流行的观点，每个人都应当去做他们能做的事情，这种规范的观点被表述为习惯。习惯是外生的，可以反映政治理想、宗教、传统等，但不必然以收益为基础或依托。社会化的人通常喜欢遵守习惯，也喜欢他们的对手或合作者遵守习惯。在独裁者博弈和最后通牒博弈中，和对方均等地分钱就是一种习惯做法。利他者之所以未必就是高尚者，是因为利他的分配偏好完全有可能仅仅是为了遵守习惯，这种习惯综合了一些关于资源应当如何在博弈参与者之间分配的知识和概念，不一定意味着利他者在乎他人的感受和福利。不同于互惠偏好模型，参与者在此不在乎对方如何对待自己，而在乎对方对习惯的爱好或对方和他们自己相比多大程度上会遵守习惯。参与者从他们依据习惯而生的行为的社会关联中获得收益，这种收益来自遵守效应。

第四章 公共管理的行为
控制和定位

　　机会主义的存在，虽然并不意味着公共部门组织中的所有人在所有时间或场合都会以机会主义方式行事，但总有一些人在某些时间或场合会采取机会主义的行为方式，人们事先很难知道，哪些人在什么时候、什么地方、以何种具体方式产生机会主义行为。行为的不确定性使许多人，特别是委托人，宁愿相信机会主义会随时随地在我们所在的组织、团队或合作关系中发生，并据此建立相应的防范或治理机制。由于机会主义行为具有非生产性，是一种社会成本大于社会收益的不经济行为，对其予以制止、限制或惩罚既符合社会的道德伦理和制度规范，也符合公共组织的价值追求以及公共管理的使命和目标。事实上，在公共组织运行中，对组织利益和公共利益产生危害的行为，并不限于组织成员及管理者利用信息偏在和诡计实施的机会主义，还包括数量众多出于无知、失误或其他原因的离心行为，影响着公共组织运行和管理的效率或效果，需要在力所能及的条件下加以制止、限制或控制。但在机会主义问题上，公共管理学家必须绞尽脑汁进行复杂的治理机制的设计，因为机会主义不仅是一种隐藏行为，而且利用了诡计，对机会主义行为进行控制，因此历来就是公共组织行为治理的一个核心，也是公共组织管理的一项主要任务，很久之前就引起研究者们的关注，由此形成丰富多样的公共管理行为治理的思想或理论。在各种机会主义行为治理的议题研究、思想或理论中，研究者们关心的主要问题是在以政府机构为代表的公共部门组织中，为了最大限度地创造、维护或分配公共价值，有什么样的力量或机制可以对公共组织成员，特别是政府官员的机会主义行为，进行有效预防或控制？

第一节 自我调节与环境控制

一、自我调节

作为一种特殊的群居动物，人类在长期的生存竞争与合作中天然演化出某种自我调节组织行为的能力和机制，在维系组织合作或行为调控方面发挥着重要作用。事实表明，人类的集体行动具有和动物相似的自我调控或自组织能力，能够在内外部环境因素作用下进行程度不同的自我修复或重组。人类与其他动物群体自组织过程的关键不同在于，动物界的自组织逻辑是在大时间尺度范围内，由自然选择在长期进化中塑造的，是被设计好的本能过程；人类社会的自组织逻辑在自然选择基础上更多地受个体经验、个体认知及自我意识影响或统摄。在公共组织及其成员对环境作用的反应中，他（她）或他们不仅会根据环境刺激，也会根据已有的反应结果调整组织的形态和行为。作为一种发生过的反应结果，过去或已有的公共组织形态和行为选择模式对成员们的期待与认知具有启迪与信息价值，为其顺应、修正或改进对组织的诉求和期待提供了学习条件，并在此学习过程中强化或修正着适应与变革组织的行为动机。在一些情况下，组织成员对反应结果的反思与他们的经历相关，由此生成的反思者对其能力的自我评价和感悟，构成心理学所谓的"自我效能感"，对组织成员新的组织行为选择具有重要的影响。在另一些情况下，组织成员对反应结果的行为反馈或认知，可以超越自身的直接经验而借助符号系统的功能，从榜样那里间接获得。最初经验基础上习得的，当它们逐渐完善并转变成多数成员的普遍经验后，就可以通过榜样的示范效应或功能转化为其他成员模仿的知识或技能。自我效能感的存在和影响表明，公共组织成员的行为调控既不是简单的环境决定的刺激反应，也不是单一组织管理的结果，而是具有自我调节和反馈能力的组织成员合作系统中，包括自组织能力在内的多种因素综合作用的结果，这种自组织能力使组织成员一定程度上能够自主地反思自身的行为、经验或理念，对今后的组织行为进行修正。修正既可能具有自主创新的性质，又可能采取了模仿学习的方式。通过抽提被示范的规则，模仿者可以形成与模本对象相似的行为模式，据此提高组织行为的统一性。所有这些基于组织成员自我反思和自我反馈基础上的行为选择与调整，使我们有理由相信，公共组织行为的调节控制在一定程度和范围内可以由组织成员自发进行并实现。

组织成员自我调控组织行为的动力主要源于他们对行为合作模式选择潜在收益的主观预期。在此意义上可以说，组织行为的调控具有新制度经济学所说的诱致性特点，自我利益追求会驱动公共组织行为在缺乏监控的情况下得到矫正。在人类社会的每个组织中，组织行为的选择虽受制于社会分工及社会规范赋予的使命和责任要求，但首先要满足成员参与组织最低的利益诉求，给他们提供需要的基本生存与工作条件。

社会界面以某种功能性活动为使命的组织行为，在组织成员眼中可能只是其生存和谋取利益的媒介或方式。利益诉求和组织行为调控之间的传导机制在于，组织成员与组织行为的利益关系不可能长久维持一种不变的均衡状态，个人以及个人之间相互作用形成的复杂的群体压力，会因成员或成员群体偏好的变化，成为打破旧均衡的内生力量，推动组织在结构和行为方面做出调整，形成变化的利益关系的新均衡。这种基于成员偏好及利益关系变化基础上的行为调节机制，虽未必处处对组织有益，却整体决定着组织行为的进化方向，并与组织的整体利益保持正向联系。生活在组织中的人们在学习和试错中会最终发现，即便不同成员的利益诉求存在差异，一个健康成长、运转良好的组织，对每个成员的长期利益都有好处。组织利益在此也就是成员利益；建设、维护一个好的组织因此会成为组织成员们的集体意识和诉求，并在此基础上对组织成员的行为选择产生影响或压力，推动组织成员的行为朝着与集体意愿一致的方向发生变化。在组织成员的立场上，一种有生命力的、好的组织行为模式应与这种集体意愿最大限度地趋于一致。意识到这一事实的重要性，不仅所有组织的发展都不得不将员工利益放在组织管理的核心位置，据此设计有效激励与控制的管理机制，组织成员也会为了自身利益而自觉地调控自己的行为，保持与组织目标最大限度的一致。利己动机和利益追求因此可理解为基于行动者自身内生的导致利他或集体福利的自发、隐性的组织行为调控机制，管理则是为达到同样目的基于直接或间接的外部干预施加给行动者的自觉、显性的组织行为调控机制。隐性机制可以为显性机制所利用而转化成有理性意识的管理活动的构成部分。正像亚当·斯密认为的那样：造福社会的行为可源于个体的私欲，人类社会固有的合作和进步并不是善行带来的结果，而是追求一己私利造成的。我们吃到美味可口的宴席，不是拜屠户、酿酒师或面包师的善心所赐，而是基于他们为自身利益着想这一点。

要在一个大型社会中建立良好的组织合作关系，依赖直接的利他或善行是靠不住的，因为人们通常只会对自己的亲人和朋友大发善心，一个建立在直接利他或慈善基础上的社会也将充斥着任人唯亲的不良风气。有一只无形的手会引导我们在困境中前进，使坏的动机可带来好的结果，追逐私利能产生慈善举动。这就是基于利己之心基础上的市场机制，市场这只无形的手会将利他举动或慈善行为带到陌生人之间，在追求个人利益过程中实现合作与公平。

如果说利益追求和维护是公共组织行为自我调控得以发生的主要动力，认知便是自我调控得以实现的重要能力条件或调节变量。组织中的集体意愿首先表达的是基于组织成员利益诉求的价值关系，但若影响组织的力量仅仅是一种利益诉求和价值关系，很难保障组织具有现实而持久发展的生命力。组织发展的生命力不仅源于它与组织成员间的利益和价值关系，还源于它与外部世界的利益和价值关系，以及自身存在对组织规律和内外关系的契合状态。获得成员认同和支持固然重要，但若缺少源自社会的认同和支持，缺乏对外交往的能力和条件，组织的生存发展也会困难重重。获得社会认同和支持以及建构对外交往能力的一个前提是组织的存在要反映组织生存的一般法则，符合组织运行的客观规律。这不仅要求组织及组织行为的选择对内外部利益诉求和价值关系有恰如其分的反映，而且要求组织的存在及行为选择建立在对组织规律正确认知的基础上。认知变化或知识变量因此构成组织行为调节的另一重要变量。管理机制的有效设计和实施为此不得不考虑认知因素的特点和影响。为提高工作技能而给予组织成员以拓展学习、进修、培训或干中学的机会，是组织管理者利用认知因素调控组织行为的常见方式。认知变化对公共组织行为及管理的影响至少存在两种方式或机制：第一，利益诉求表达的内容虽然是价值性的，但价值的实现却以对规律的认知和遵循为前提和基础。即便在"经济人"假设下，追求个人利益最大化的组织成员或管理决策者，对组织的认同和期盼也蕴含着对知识的尊重。他们不仅需要将自己的利益诉求融入组织运行的目标，也需要知道什么样的组织运行及行为模式对于自我利益的实现是更好的。一种组织运行方式或行为模式对某些成员个人利益的达成是更好的，这种方式或模式便会转化为这些成员调节自身或同事行为的一种知识性压力。这意味着，利己主义或自私自利者对个人利益的追求并非与规律无涉，他或她关心个人目标达成的规律、条件或手段，在利益驱使下自觉或不自觉地会将对事实的认知转化为约束、驱动组织行为选择的重要力量。第二，在预期收益既定条件下，组织成员依然有可能将认知变量转化为组织行为选择的约束因素或驱动力。因为任何一个行为模式的选择或改变都是在人的干预下实现的。新行为模式的选择经常建立在事先形成的行为理念和认识之上，旧行为模式的改变也依赖于已有的认知评估和新模式的出现，它们都取决于组织成员对组织运行规律的居先认知。如果组织成员追求某种维度的利益最大化，他必须知晓什么样的组织形式对利益最大化的实现是可能的，而获得这样的认知多数情况下表现为一个不断逼近的过程。人们在每个阶段能够实现的认知只能是组织运行的满意方案，据此方案对组织行为的优化改造和管理也因此是一个过程。每一种新的认知发现都可能成为组织行为和管理变革的新力量。新的认知也许不会使每一个成员的收益有所增加，但有可能增加成员们构成的集体收益，或降低相同收益获得的资源耗费与劳动支出。如果仅仅从利益角度解释人类的组织行为及其管理，这和动物界的基因利益或自私的基因没有差别。但若将认知和利益结合起来，则会显示出人类行为和动物的本质区别。动物界的行为选择及其调控与人类的行为选择及其管理的本质区别之一在于，前者是在种族演化中被固化了的本能和遗传行为，缺乏个体的可选择性；后者则存在个体经验和认知基础上的选择自由，管理活动就是这样一种选择性活动。

组织行为的自我调控可以弥补制度设计的漏洞和不足。公共管理作为一种有意识的专门化行为调控机制，虽然不等于组织行为的自我调控或自组织过程，但是以这种自我调控或自组织过程为基础，是在自我调控或自组织过程存在基础上的组织行为调控的专门机制。这种调控不仅依赖于人类能动的理性意识机能，是一种有理性、有意识的行为调控过程，而且具有一定的强制性，是一种依靠组织权威或权力施加给组织成员的一种行为干预。此外，公共组织行为的选择和调控也受到来自组织内外部环境多种因素的影响，由此形成公共组织行为调控自发而复杂的内部和外部治理机制，它们和以管理行为表征的自觉的内部和外部治理结构相互交织或融合，形成对公共组织行为调控发挥作用的网络结构，共同维系着公共组织的运行和发展。在此网络结构中，自发的内部治理机制和外部治理机制虽然不同于管理者有意实施的调控行为，却对公共组织的有效运行及管理发挥着重要的基石作用，是公共组织运行和管理值得关注的重要变量。这表明在管理活动之外存在着公共组织行为塑造或秩序化的力量和机制，认知并合理利用这种力量和机制，是公共管理特别是战略管理重要的构成和职责。历史地看，包括内部变量在内的一切组织行为的影响因素，其特征建构最终都受制于社会环境的影响和变迁。社会环境的影响或变迁类似生物演化中的自然选择机制，以外生变量的形式推动着组织行为的不断修正和演进。例如，社会政治环境中的利益集团博弈和政党竞争，通过影响公共组织成员的认知或集体意识而影响组织行为的选择和改变。一个公共组织行为模式的选择和变化蕴含着政治环境施予的压力。政治环境变迁的压力结构通过人类认知过程的中介机制转化成公共组织行为选择的力量，影响着公共组织行为的性质。这种变动因人的参与虽然可能显现为一种自主选择，但是绝不仅仅是个人动机和认知的函数。在理解社会环境如何塑造公共组织行为方面，可从演化经济学和生物进化论那里学到对有机体认知的一种模式，即对组织性状生成原因的功能性解释。功能是环境塑造组织及组织行为模式的一个桥梁，理解了这一点，管理者就多了一种利用的管理工具或策略。社会环境不仅影响、塑造、改变或调控公共组织的行为，而且会使公共组织行为朝着复杂和优化的方向发展，公共管理也会随着组织行为的变化而出现新的改变。虽然组织内部的自我调节及其分工和专业化是组织行为进化和复杂性增加的重要动力，但环境的复杂性、不确定性及其变化的刺激和压力，构成组织行为优化及分工与专业化更为深层的决定力量，并因此决定着组织行为优化和复杂性的程度。环境影响迫使公共组织不断调整自己的结构和功能而产生对环境的适应性。如果一个公共组织通过了环境的检验，是新环境接受的幸存者，那么通常意味着该组织的行为选择模式是适当的。即使组织行为者和管理者不知道什么是好的行动，环境选择可以帮助他们达到好的结果。一个公共组织的行为选择客观上是最好的或最优的，不一定意味着这个组织有选择最优或最好行为的能力，而可能意味着社会环境以类似自然的形式自发地选择了优胜者，把不适合的组织或组织行为淘汰出局，将生存机会留给最优或更好的公共组织或组织行动。就像我们不知道自己的生物机体如何运行而不可能有意识地控制它，但对自然选择的适应性要求使得一些机体被淘汰，一些机体则得到保留。残缺和健康的机体在大自然的选择下暴露了它们的优劣。生存者在此未必就是理性选择者，而可能是一个幸运者。这种基于社会环境作用的选择过程，将确保公共组织的平均行为在长期中接近于基于效率或收益最大化假设对组织行为做出的预测。不管公共组织管理者是否意识到，只有那些有效率或创造更多公共价值的公共组织才能在资源稀缺并存在政治压力的环境下长期生存下来。社会环境对组织行为的塑造和调控作用不仅为公共组织管理奠定了重要基础，而且可转化成公共组织管理可加以利用的工具。在具体环境存在可选择或可培育的情况下，重视并利用环境因素对组织行为的调控作用，可达到事半功倍的管理效果。

二、环境控制

社会环境对公共组织行为的调控存在多种方式或机制。如果一种社会现象或因素会对公共组织的行为选择或变化产生有规律可循的影响，它们便构成公共组织行为调控的一种外生变量或机制。一些外生变量或机制，如政策法律、伦理道德、习俗习惯、意识形态或社会关系，已受到研究者们的广泛关注；一些外生变量或机制，如外部竞争、社会化、社会责任或社会文化，仍需要研究者予以重视。例如，外部竞争可以达到对公职人员行为的激励或约束，成为社会环境塑造或调控组织行为的一种有效机制。犹如，公务员职位的竞争可激励在岗公务员约束自己的行为，执政党和在野党间的竞争可使祈求连任的在任总统收敛自己的专断行为，源自社会环境的竞争压力促使公共组织行为在优胜劣汰机制下得到进化。一个处于竞争性环境的公共组织或工作团队能够生存下来而未被取代，表明其行为方式在一定程度上是有效的。组织的行为选择在诸多情境下也许具有随机性，但竞争性环境只会把成功和生存的机会奖赏给那些有效运行的组织行为或管理团队，而把失败和灭亡留给那些缺乏效率的组织行为或管理团队。即使短期看投机取巧的一些组织行为或管理团队会得到某种好处，在较长的时间范围内，竞争性环境将迫使这种缺乏效率的行为模式或管理团队趋于消亡或解体，或成为名存实亡的他人傀儡，那些有效运行的公共组织的行为模式或管理团队终将成为可观察到的幸存者。在此意义上可以说，不是公共组织或其工作团队精心设计并选择了有效的组织运行方式，而是社会环境施加给它们的竞争压力，使有效的组织行为或管理团队得以生存和发展。这种类似自然选择的现象表明，公共组织行为的存在无论采取什么样的运行和管理模式，只要它们在公共价值的创造、维护或组织目标的达成方面是有效率的，就可能因适者生存的法则而具有合理性。这种现象与组织经济学的一种观点不谋而合，即在演化时间范围内，存在的组织行为就是有效率的组织行为。有效率的组织不仅在优胜劣汰的生存竞争中能清除无效率的组织而延续下来，而且会引致其他组织的模仿和学习，以此鼓励了有效率的组织形式的扩散。

作为社会环境作用的一种方式，社会化也是组织行为调控的自发机制。在已有的学术文献中，社会化概念的频繁使用主要是和社会学、心理学及人类学相关的。社会学、心理学和人类学对社会化概念的使用及研究方法虽存在差异，重视人的个体心理、情感、意识、性格和行为的发展变化却是其共同之处。社会化在此含有作为生存和行为主体的个体人向着与社会环境契合一致的社会人方向发生变化的意义。类似的社会化也存在于组织界面。这不仅是因为在组织生存和发展的每一个阶段，都存在着个体成员对组织性状和要求的适应性变化；也因为组织的生存和发展自始至终离不开与社会环境的相互作用，不可避免地受到社会环境的刺激压力并据此调整自己的性状和行为。组织界面的社会化因此至少包括两个层级：一个层级是社会系统范围内，基于组织与社会环境关系维度的组织系统的社会化。在组织从小到大和由弱到强的演变，由个人集合而成的组织系统会在与社会环境的相互作用中改变和塑造自己，建立与社会环境契合一致的组织性状以及行为特征，由此衍生出以组织对社会环境的适应性变化为所指的组织社会化现象和概念。组织社会化在此意味着社会系统范围内发生的组织系统顺从、适应社会环境以成为"社会组织"的变化过程。另一个层级则是处于组织系统范围内，基于个人与组织关系维度的组织内部个体成员的社会化。由于组织是由众多个体成员在分工协作基础上形成的人的集合及集体行动的制度安排与合作机制，在此集合、制度安排或合作机制中，存在着作为组织成员的个人在与组织系统相互作用中改变自己以适应组织角色和环境的过程，由此衍生出以个体成员对组织系统适应性变化为所指的组织社会化现象和概念。组织社会化在此意味着组织系统范围内的个体成员接受并承担某种适应组织环境和工作要求的角色，学习与适应以成为"组织人"的变化过程。社会化作为公共组织行为调控自发的外部机制，首先指的是第一种层级的组织社会化。这种社会化通常以公共组织对社会环境的状态依存和适应性变迁等形式表现出来。组织社会化也会通过另一种层级即个人对组织内部环境的顺从和适应而达到对组织行为的调控，因为外部社会环境对组织的塑造可通过组织成员社会化的方式得到反映。双重的组织社会化会驱使公共组织成员的行为变得一致或趋同，产生更高的合作机会与效率。由于社会化使人们有共同的价值观和信念，通过相同方式社会化的人会拥有更多共同的行为准则，社会化因此也意味着行为选择的规则化或标准化。

在社会化对公共组织行为的调控中，社会责任机制有特殊功能。公共组织社会化的一个结果是社会责任的增强。与法律和社会分工赋予的使命不同，公共组织的社会责任通常被视为追求有利于公众或社会长远目标的义务。一个公共组织履行了法律与社会分工赋予的使命，它就履行了自己的组织责任。实现组织使命意味着，一个公共组织的行为选择符合法律和社会认同的要求。与基于法律和社会分工的组织使命相比，社会责任概念蕴含着额外要求，加入了社会伦理和道德的考量，这使得公共组织的行为选择不仅要考虑自身的任务，而且要考虑其对社会的其他溢出效应，以保证自身的行为不会给社会利益带来危害。社会责任在此不仅属于外部性行为，也包含着公共组织自身存在及其使命性活动的内在规定，即公共组织的行为选择，应符合特定时期社会利益改进或保护对组织运行的期许或要求。公共组织的社会责任在此虽超越其组织使命，却又以组织使命的履行为基础并据此获得自己的规定性。脱离公共组织使命的社会责任对于社会利益的维护是危险的，有可能诱发组织行为选择中的机会主义而最终丧失社会责任的公益性质。例如，维持社会治安是公安机关的核心使命，如果一个公安机关无心按照法律和社会规范履行保护人民生命财产与社会秩序的组织使命，而将主要精力放在如何照料孤寡老人的生活上，它就不可能使其额外的行为或努力具有增加社会福利的性质。一个有社会责任感的公安机关首先应满足社会在生命财产和人身安全保护方面对警察行为的基本诉求，保障公安机关以合法、有效且有益于社会的方式履行使命。在此基础上，它对社会福利或公益事业的关心才具有社会责任的性质。公共组织之所以需要承担额外的社会责任，不仅基于社会的压力和要求，也基于自身的生存和发展。在许多情况下，组织履行社会责任与组织绩效的改进是相向的，参与社会公益活动虽然具有成本支出，但也可能为组织带来超过成本的新增收益，如组织声誉和形象的改进或提升。在此意义上，社会责任既是造福社会的一种义务，又是塑造自己的一种手段。无论造福社会还是塑造自己，社会责任要求都是公共组织决策不得不考量的因素，并据此调整自己的行为选择和模式。

社会文化也是组织行为调控的一种机制。文化具有独特的激励和约束功能，既是社会控制的一种机制，又是管理行为可利用的工具。人类成为万物之灵主要靠的不是其生物本能或遗传基因，而是建立在特定生物遗传功能基础上的理性机能与文化特质。工具、语言、艺术、技术乃至原始人类赖以生存的采集狩猎和农业生活，都是人类文化的具体形态和表征。从采集狩猎生活向农耕生活形态的转变是人类历史上的一场革命，此后人类不仅有了稳定的粮食供应，而且因剩余产品的出现有了余暇去创造其他文明，农业因此被认为是人类历史上的重大发现。在农业出现前的大部分时间，人类过着原始的采集狩猎生活，以野生动植物为食维持生存。农耕与养殖动物技术的发现、扩散使人类社会进入农业时代。比起采集和狩猎，农业能够使人以较少的时间和精力获得大量食物。农作物收成后可以储藏，不仅导致剩余产品的出现，也使得人们不必天天外出劳动和人人都须外出干活，由此带来更多的闲暇时间，为艺术创作、职业管理者的出现等创造了条件。从狩猎采集生活转变成农业的显著后果是人类在健康、长寿、安全、闲暇、艺术、人口增长等方面的发展变化，超越自然文化现象，日趋成为人类行为的调控机制，对组织行为如集体生产和觅食活动产生影响。从个体角度考察，人类行为虽存在不可或缺的先天生物基础，却深受后天经验和社会文化的影响。一些行为从一开始就是人类文化的产物，依赖于人类长期生活实践的经验总结和知识积累，如对火的认识、控制和利用，对劳动工具和生产技术的发明、改造和使用，对语言和艺术技巧的应用或欣赏，对采集狩猎或农业知识的总结和传授，这些我们引以为傲的社会行为，与蜜蜂天生会建造蜂房、蚂蚁天生会修筑蚁窝、河狸天生能兴建水坝、燕雀天生会构筑鸟巢有着本质区别，人类需要在后天反复学习和实践中才可习得或掌握其行为要领，就像猎人的孩子在成长过程中得花费大量时间跟随父辈反复学习、模仿与练习才可成为出色猎人一样。

为了掌握觅食能力和技巧，未成年人需要学习工具制作和使用，这不仅要求婴幼儿的手和脑得到一定程度的发育成熟，还需要文化的熏陶和传承。人类和动物在此表现出不同。人类的觅食和其他行为更多依赖于脑力的使用，其他动物则更多地靠体力取胜，由于人类的食物种类比较繁杂，获取食物的活动和技术也相应繁多而复杂，仅靠儿童自己的亲身经历和实践经验难以在短期内掌握生产劳动和觅食的必要知识或技能，成年人的教育、养育和知识传递因此变得举足轻重。教育和养育后代通常需要群体合作，由此演化出人类形式不同的教育制度。在此意义上可以说，合作不仅是人类狩猎采集活动的需要，也是教育、抚养或培养后代的需要，因为只有在分工协作中，富有知识和经验的人才有闲暇和条件担负起类似学校、教会的专门化教育任务。当教育成为人类获取知识的重要途径，并因此影响其行为选择和行为模式时，便显示出其作为人类文化构成的独特而重要的行为调控功能。公共组织成员或管理者的行为自古以来就为他们身临其境的教育制度和文化现象所影响。

第二节 公共管理行为控制的常见方法

作为管理活动的核心内容之一，行为控制在不同的公共管理实践中有不同的存在和表现形式。例如，为了对政府组织及其职员的行为进行调控，一些国家的国会或议会常利用宪法授权确定政府的开支水平、雇佣人数或政策目标；总统或国家主席会通过公共部门重要人事岗位的调整、任命、批评、表彰或发布命令对行政人员的行为进行干预。除了通过命令的发布、实施及其他行动选择的直接控制，还有形式多样的非直接控制，如伦理信条、职业标准、岗位培训和入职宣誓。人类在其生存博弈与合作演进中很早就探寻组织行为有效控制的方法，由此发展出多种促成组织合作行为和组织目标实现可行的制度安排或机制，许多制度或机制不仅适合于私人部门的组织运行和管理，也适合公共部门的组织运行和管理。一些组织行为调控的制度安排或机制不仅大量出现在公共管理问题解决的研究文献中，而且在不同国家和地区的公共管理实践中已得到广泛应用。

一、发布规则和命令

通过权威机构或人士发布规则和命令的方式可达到对公职人员行为的控制。规则和命令可以采取国家法律和政策的形式，也可采取政府通告、指示和组织规章制度的形式，还可采取法定代理人如总统、主席、总理、议长、部长、组织首领或领导指令的形式。通常情况下，规则和命令的发布是自上而下的，在法理上具有强制性，下级组织和公职人员有义务贯彻执行。为达到更好的行为控制效果，规则或命令的内容应具有科学性和可行性。清晰和具体的规则或命令更具有操作性和可检验性，容易被控制者理解、认同和服从，对行为的控制有更好的效果；模糊或抽象的规则与命令会增加下属的自由裁量权，对行为的控制效果一般较差。依据唐斯的建议（唐斯，2006），为增加规则或命令的控制效果，公共管理者可采取如下几种行为策略：第一，颁布详细的书面规则。这些规则是最高官员权威行使的一种书面延伸。基层官员在大多数情况下可以参照这些书面规则进行行为选择，而不必在频繁的行为选择中向高层官员反复进行核实或咨询。这不仅从根本上减少了官员们必须做出的决定和工作的数量，减少或化解了不必要的行动分歧，而且有利于限制以认知分歧为借口的机会主义行为。第二，制定防止规则或命令被歪曲的信息代码，减少信息层级传递中的权威流失。信息传递和识别中的过滤或遗漏现象可以是认知能力造成的，也可以是组织成员的自利选择或策略行为。制定信息代码可减少当事人的恶意所为。第三，制定客观的绩效考核标准。尽管公共组织直接的绩效评价或度量存在技术困难，给行为调控带来不便，仍然可通过一些替代变量进行间接评估。绩效标准的制定便于杜绝当事人利用公共部门绩效度量困难产生过多的偷懒或"搭便车"行为。第四，事先与下属一起直接对规则或命令的内容进行沟通和讨论，确保不会在执行时遇到强烈的抵制或反对。在这些措施中，前三项是为了减少下级的自由裁量权，因而增加了组织反应的僵化程度，下属可能会以意想不到的方式反对这种机制的设立，因为这些机制会极大地削弱他们的权力和自主性。最后一项可看作化解这种困难的配套机制。

二、过程控制和结果控制

如果公职人员的行为不能标准化，在行为和结果之间不能建立有效理解的因果连接，对行为控制的效果就可能较差，或根本起不到调控作用，因为控制者自己有可能不知道要被控制着具体干什么。在这种情况下，控制采取结果控制或产出控制的战略通常更好。结果或产出控制强调组织行为取得的成就或产生的效果，更适合在信息不对称和隐藏行动存在条件下政府管理者对公共企业、公共事业组织行为的控制。对于那些目标多元化、任务多维化及难以进行绩效考评的公共部门组织如政府机关，应更加重视对工作程序、环节或过程的监管控制。这也是政府部门更强调严格的规则、纪律、正规的工作流程和形式的主要原因。

由于缺乏科学而现实的业绩度量方法，对过程的要求便成为控制公共部门组织行为的主要方式，工作过程也因此常常变得僵硬和程式化。广泛的行为规则和规制的存在在一定程度上保证着政府行为能够反映公众意愿并使人民的权利得到保障。这些规则或规制既源于阻止权力在行政、立法、司法等部门分权或自由裁量中的滥用，又源于政府组织运行在公共物品和公共服务供给角色不断改变中的形式化发展。规则和规制的频繁运用虽然使管理过程失去灵活性而趋向令公众不满的官僚化，但创造官僚作风的规则或规制也削减了雇员们关于怎样去行为的不确定性或随意性，并因此减少、抑制或杜绝了众多损公肥私的机会主义行为。在此意义上，烦琐的规则、规制或形式化就是过程控制的一种机制。当形式化存在困难或业绩度量在某些部门领域变得可行时，用结果控制替代过程控制会显示出优越性。在一些情况下，也可以将过程控制和结果控制结合起来，借助管理过程中某些与工作效果有清晰因果关系的行为要素作为替代变形，对组织成员不易直接度量的工作业绩进行间接考评，据此在规避过程控制和结果控制两种机制局限的同时，利用它们的长处和优势。自然，对于那些可清晰确证为具有社会性偏好如公共服务动机的组织成员或管理者，过程控制和结果控制也许都是多余的。

三、责任追究或问责制

责任追究或问责制是行为调控的一种惩罚机制。公共组织可通过问责制的实施对组织成员或管理者追究工作绩效不佳或过错的责任，据此达成对组织行为的控制。例如，经公民投票选举出来的国家元首或政府首脑有权利挑选符合自己执政理念、政治偏好或管理需要的行政官员，按照一定的法律规则和行政原则，负责处理一个国家门类不同的公共事务。这些官员们依据公共事务的类别被分派到不同的组织系统，通过领导或管理一个公共部门履行自己的岗位职责，完成国家和政府赋予的任务。如果一个部门的公共事务出现重大失误，给国家利益和民众的生命财产带来巨大损失，国家元首或政府首脑有权利向部门官员追究责任。有责任的政府官员或者因违反法规接受法律的制裁，或者以引咎辞职的形式向国民谢罪。责任追究作为公共管理中的一种制度或问责制，虽然有时被狭义地解读为一种事后惩罚制度，即一级政府或政府官员在所辖部门工作中因故意或过失未履行或不当履行法定职责产生不良后果时，上级政府或官员有权对其予以责任追究并实施惩罚。但问责制的真正价值不在于事后惩罚，而在于事前的威慑、警示和防范作用，即通过对以往工作过失的责任追究，告诫那些有私心或机会主义倾向的公职人员，审慎而积极地对待现在和未来自己所从事的工作，避免因工作失误而受到法律或道德声誉的惩罚。为达到事前威慑、警示或防范的目的，问责制的设计应重视如下两个要点：第一，管理责任的追究应具有适当的溯及力，即对相关责任人管理工作所犯错误的法纪惩罚不应受时间流逝的限制。如果一项公共工程如桥梁在合理使用年限内因设计问题遭遇垮塌，负责该桥梁设计的公共管理部门官员应当被追究过去的责任，不管他是否已经退休或调换工作岗位，这可迫使在位的管理者对经手的公共项目真正负起责任。第二，管理责任的承担应具有连带性，即对于那些涉及多个管理者共同参与的公共事务工作或项目，如果其中一个管理者有认真负责的敬业精神，就不会造成工作或项目的严重失误，则责任追究制度的设计应当让每一个参与者承担连带责任。据此可利用集体惩罚机制的优点，使每一位管理者以认真负责的态度投入团队工作，并且在工作中主动地相互监督。问责制为公共组织的行为加上了结构性约束（Eliassen and Kooiman，2003）。

四、规模控制

组织规模的适度控制会对组织成员的行为调控产生积极作用。维纳（Wiener，1961）在控制论研究中曾这样认为：人口较少的小规模社会比起人口众多的大规模社会有更高程度的运行秩序或内在稳定性，不管这个社会是文明国家中有高度文化的社会，还是原始野蛮人的村落。因为一个组织能够保持自身稳定或秩序化的原因之一在于它具有取得、使用、保持和传递信息的有效方法。小规模社会中人际之间信息传递是高效的，频繁的面对面直接接触可降低因信息不对称带来的机会主义行为动机。在一个过大的社会里，社会成员在多数情况下无法面对面地直接交流，出版物、无线电、电话网、电报、邮递、剧院、影院、学校、教堂就成了取得、使用、保持和传递信息的工具。奥尔森

（Olson，1980）在探究集体行动的逻辑时发现，小集团比起大集团更有效率，某些小集团不用靠强制或其他诱因，就会给自己提供集体物品，这是因为小集团中的某些成员中至少会有一个发现，他从集体物品中获得的个人收益超过了提供一定量集体物品的总成本；有些成员即使必须承担提供集体物品的所有成本，他们得到的好处也要比不提供集体物品来得多。这种情况存在的条件是，集团从集体物品获得的收益超过总成本的量要大于它超过一个或更多的个体收益的量。所以，在一个很小的集团中，由于成员数目很小，每个成员都可以得到总收益中相当大的一部分，集体物品也因此可通过集团成员自发的行为提供。小规模社会的效率优势使得一个公共组织可通过控制成员人数的多少提高对成员行为的管理效率。管理跨度理论在关注管理者能力的基础上，也许可从此角度获得新的支持。通过限制组织规模至少存在两个有利于限制组织成员机会主义的优点：减少组织成员之间的信息不对称，弱化机会主义行为产生的信息基础；有利于激励成员对集体物品的提供做出贡献，减少偷懒和"搭便车"行为。

五、监控机构的设立

公共组织的一切行为从来就发生在复杂多变的社会网络系统，因而始终受到各种利益相关者的制衡和监督，立法机关、司法机关、检察机关、人民群众、人民团体、社会舆论和政党等，事实上都是影响公共组织行为的监控主体。尽管如此，基于公共组织的性质和特点，机会主义行为在公共部门组织运行和管理中的频繁发生或大量存在，始终是难以根除的现象。初始委托人"虚置"带来的监督动力的不足和业绩度量困难导致的监管无能等固有特征，使公共组织管理在信息不对称条件下具有比私人组织更大的治理困难。鉴于此，在已有社会监督体系的基础上，在公共组织内外设立一些专门的监控机构，如有专门事业编制的审计机关、检察机构、反贪局或道德委员会等，对公共组织成员的机会主义行为产生特殊的威慑或阻吓作用。为了提高监控机构的威慑功能，监控机构的设立和运行应保持必要的独立性，与被监控的公共组织在利益关系上保持适当距离或切割，保障监控机制运作不受额外因素的干扰

（唐斯，2006）。独立监控机构的设置因此在隶属关系上应与被监督对象相互分离，如监控机构的层级体系和职员的晋升系统与他们所监督的职能部门要有所不同，在公共管理部门的官方渠道之外构建自身独有的信息沟通渠道。在公共部门组织的运作和工作中，监控机构与被监控机构之间会经常存在冲突。监控机构的动机是发现并报告其他公共组织的错误行为，而一般的公共组织则具有隐藏自身错误的行为动机。这种看似不好的冲突现象，正好验证了监控机构对公共组织实施专门化监管的必要。如果监控机构和被监控者存在着某种利益联系，如官员们在监控机构与被监控组织间多次转换工作岗位，这些官员在从事监督官职责时可能忽视许多应关注的被监控者的失误，希望当他们成为监督官监控自己时得到相同待遇。

第三节 声誉作为公共管理行为控制的一种机制

作为人类社会生活和实践中常见的一种现象，声誉不仅以其特殊的性质和功能从一个维度刻画着人与动物的区别，是人类行为选择和发生重要的驱动因素，并因此成为人与人相互博弈与合作利用的对象，成为集体行动、组织行为或社会运行不可小觑的重要参量，并且是组织管理、社会治理或公共管理赖以依靠的重要力量，是人类行为调节控制不可或缺的重要手段与机制。声誉的广泛存在、作用和影响使得其很早就引起学者们的关注，成为多门学科认知或研究的对象。在经济学家看来，市场交换与合作当事人各方虽都是追求自身利益最大化的"经济人"，但考虑到声誉和未来收益的相互联系，即使当事人有潜在的机会主义动机或倾向，也会在声誉机制约束下不同程度地收敛自己的违约冲动或失信行为，声誉在此成为合作契约有效实施或执行的一种隐性保证机制。

一、关于声誉性质的不同理解或解读

声誉现象和声誉概念虽广泛流行于社会生活与实践的众多领域且历史悠

久，也引起许多研究者的关注或兴趣，但对其性质或含义的解读却长期存在分歧与争议。

一些学者侧重从概念的本质或内涵角度解读声誉，如将声誉看作对声誉载体或对象品质特征和质量信号的一种主观印象、认知或反映（Spence，1974）；将声誉看作声誉载体或对象在不完全信息条件下被认同的品质（Shapiro，1983）；将声誉理解为认知和情感要素相互关联产生的综合现象（Hall，1992）；将声誉看作反映众多组织利益相关者需要和期望满足程度的集合体（Wartick，1992）；将声誉看作各种群体对组织过去行为的一种整体性认知和判断（Herbig and Milewicz，1993）；将声誉看作声誉载体或对象身份的一种表征、对未来行为的一种承诺或品牌的一种保证和影响力（Fombrun and Riel，1997）；将声誉定义为对声誉对象历史行为和绩效的一种评价（Mayhew et al.，2001）；将声誉定义为嵌入公众网络之中关于组织的能力、意向、历史和使命的一组信念（Carpenter and Krause，2012）；或将声誉理解为声誉对象对特定利益相关者群体吸引力的集体评估（Fombrun，2012）。

一些学者侧重从认识和评价主体角度对声誉进行解读，如有的学者把声誉看作一种团体现象，这种是以公众为基础且由公众参与完成的对声誉载体或对象的认知和评价，在此认知和评价中，声誉载体或对象可以是个人或组织，但认知和评价的主体则只能是团体、集体或群体而非个人。还有学者认为声誉既可以是团体、集体或群体对声誉对象的认知和评价，也可以是个人对声誉对象的认知和评价等。

一些学者侧重从认识或评价对象的角度解读声誉，有的学者将声誉看作某种对象如产品质量被认同的品质。Weigelt 和 Camerer（1988）将声誉看作组织如企业特征的表现，是人们对企业过去行为的总结和评价。Formbrun 和 Shanley（1990）认为声誉的形成过程是动态的，如企业的历史行为会影响企业当年的行为，进而影响社会对其的综合评估，使得声誉也受到间接影响，企业因此会控制自己的行为，以保障形成良好的社会印象或声誉等。

更多的学者从功能和价值角度理解或解读声誉，如有些学者将声誉看作人或组织可提高自身竞争力的一种资源、资本或人际交往中的一种社会契约。还有学者将声誉解读为一种行为激励或控制的契约。一些新制度经济学家将个人声誉看作一种良好而特殊的意识形态资本，对"经济人"行为具有激励作用。此外，还有学者将声誉理解为一种行为激励或控制的契约，是声誉载体向他人和社会做出的承诺或保证，而且认为声誉可被看作一种潜在的市场进入壁垒，对竞争者的行业进入会产生抑制作用或提高竞争者的经营成本。

　　比较分析并概括学者们的不同观点，可将声誉定义为人或人组成的某种团体、组织、社区、地区、国家，或人所从事的某种活动、事业及进入观察者群体视野的特定事件、事物等在信息不对称条件下对众多他人形成的心理认知和评价，在此认知和评价中，被认知和评价的对象或者是拥有某种声誉的个人、团体、组织、社区、地区或国家，或者是个人、团体、组织、社区、地区、国家从事的某种活动或处理的某种事务和事件，或者是某种客观存在的事物或物体，他（她）或它们以不同的方式进入公众或他人的意识系统或观察视野，成为声誉的载体和声誉认知与评价的客体，产生声誉认知和评价的公众或他人，则构成声誉认知和评价的主体。一个完整的声誉现象的形成至少包括下述要素或构件：

　　第一，声誉主体，即产生认知和评价的人或人的集合。声誉主体可以是团体、组织或群体，也可以是众多的个人，只要他（她）或它们在信息不完全条件下拥有对声誉客体的综合性认知和评价，他（她）或它们就具有声誉主体的身份或性质。声誉既然是声誉主体对声誉客体的认知和评价，这种认知和评价不仅受制于主体能力和偏好的限制，而且包含着主体的期望和情感投入，这使得任何声誉都具有一定程度的主观性。又因为声誉涉及众多人的认知和评价，在大多数研究者看来它以公众为基础，是由公众共同参与完成的认知或评价，在此意义上说，声誉是一种团体现象。

　　第二，声誉客体，即被声誉主体认知和评价的对象。声誉客体可以是单独的个人、作为个人集合的团体、组织或群体，可以是由众多个人形成的家庭、社区、地区或国家，可以是人的活动、活动结果、产品或事件，也可以是独立于人的自然现象，只要他（她）或它们进入人们关注或观察的视野，成为声誉主体可及的认知客体或评价对象，他（她）或它们就具有声誉客体的规定或性质。声誉研究中常见的客体主要指个人和组织，并因此存在个人声誉与组织或集体声誉之分。声誉的形成虽然受多种因素的影响，声誉客体的性质和特征在其中起着决定性作用，在此意义上，声誉具有不以人的意志为转移的客观性，是客体存在及其历史的一种观念化表征或反映。

第三，声誉主体与声誉客体的相互联系。这种联系可以是主客体直接互动中的观察和体验，又可以是借助语言文字、媒体、传说、流言或其他介质获得的相关信息、知识以及据此进行的分析、推理和思考。在此意义上我们说，声誉不是一种脱离认知主体的物理现象或事实，而是一种主客体相互作用建构的认知和评价。这种认知和评价赖以形成的价值基础既可以是主客体相互作用中的直接互惠，也可以是基于信号传递、社会规范或社会性偏好基础上的间接互惠。

第四，信息不对称，即声誉主体对声誉客体的认知和评价是建立在不完全信息基础上实现的，具有一定程度的猜测性和武断性，表达了声誉主体的期盼和信念。声誉的本质特征和功能价值之一在于信息不完全条件下如何博得他人的好评或差评，据此减少信息搜寻和识别的成本。如果声誉主体对声誉客体的认知和评价是建立在完全信息基础上的，则这种认知和评价不具有声誉的性质。声誉在此具有和信念相似的性质。当一个社会的成员和组织都拥有良好的声誉时，人和人之间便会形成广泛的信任，这不仅可极大地减少人际交往中的交易费用，而且可减少人际之间的摩擦和冲突，有利于创造和实现人际之间的相互合作及合作收益。

第五，情感注入。声誉是声誉主体在信息不完全条件下对声誉客体的认知和评价，因而不可避免地存在认知和评价犯错的风险或可能，在此条件下声誉主体对声誉客体形成的认知判断和评价，常受到情感因素的影响或驱动，像英雄崇拜、追星族或名人效应情境中观察到的现象一样，情感因素使声誉认知和评价天然具有难以根除的主观好恶或偏好，其对声誉的影响如此强烈或重要，以至于在特定情境下，使声誉对个人的重要性有可能超过生命和基因关系，激励人产生利他主义的牺牲行为。

二、声誉对个人和组织行为的影响

无论人们怎样理解或解读，声誉对人和组织的影响都显而易见。这种影响突出体现在声誉对人的行为选择具有重要作用。声誉能影响、改变人和组织的行为，因而成为个人和组织追逐的对象或利用的工具。对任何一个行为主体而言，无论是个人还是组织，声誉都存在可资利用的积极功能。声誉对人类行为的影响如此广泛，以至于研究文献存在基于声誉的行为表述，即人类许多与他人关联的行为的产生，不必然基于直接对他人的经验观察或行为历史的准确认知，而基于关于他人的声誉，这种声誉的形成可能是通过正式的学习、沟通、交流实现的，也可能是道听途说、小道消息或流言蜚语实现的。小道消息或流言蜚语在传播声誉信息方面扮演着重要角色（Dunbar，1996）。有关实验显示，即使人们拥有其他信息来源，包括直接的经验观察或间接的知识学习，小道传闻对人的行为选择仍可能产生影响。个人会通过增加他们的贡献回应产生流言的主体，增加贡献的原因之一在于生怕别人说闲话。许多研究通过探索特殊线索与行为的关系证明声誉对行为选择的影响，发现一些线索会引起被他人关注的感觉或意识，由此导致人们对行为的改变。墙上眼画对人们行为的改变是一个有名实验。当有艺术效果的眼状图在电脑屏幕上出现时，会显著增加独裁者博弈参与者的慷慨性，即使实验参与者都是匿名的。另一个实验研究也发现，当大学咖啡屋中无人看管可自由消费的饮品展示在一个伴有盯着消费者的眼睛图画面前时，会激发消费者主动付费的积极性。诸如此类的实验研究一致认为，存在着一种认知机制，这种机制在回应某些人也在观察着人的行动中提升了合作，他人的观察通过声誉中介有可能修正被观察者的行动。已有研究从多个维度对声誉的作用、价值或影响进行了分析和总结，展示了声誉对行为和行为管理的多重影响及其作用机理。譬如，声誉可以形成品牌价值，提高个人或组织在市场交换中的价格，良好的声誉不仅可以使个人获得更高的劳动报酬或福利待遇，也可以使公司以更高的价格出售产品。如果消费者购买产品后不能很好地甄别质量，声誉对识别产品质量具有积极作用；声誉会使当事人产生情感效应，令人或因为自豪、骄傲而受到鼓舞，或因为羞愧难看而发奋图强；声誉会激励人们的亲社会行为或慷慨行为，监管之下的慷慨是基于提供者对未来回报的期望，参与者期盼他们的行为能够提高他们在第三方眼中的声望；声誉对组织吸引和留住人才有积极作用，人们倾向于选择去声誉良好的组织工作；声誉扮演着可信性和质量信号的重要角色，能提高科学家论文的引证率。

在声誉的多种价值功能中，声誉作为一种无形资本的功能价值引起了众多学者的特别关注。声誉不仅被多数研究者和实践者视为一种收益或财富，能给人带来福利或快乐，也被视为一种可用以博取收益和财富的无形资本，能够用来进行交换或投资。作为一种特殊的资本或无形资产，声誉的价值虽然不像其他资产那样有持续的稳定性，个人或组织的声誉一旦受损，原有的声誉财产会迅速贬值甚至消失，但若一个人或组织善于对自己的声誉进行利用和管理，声誉不仅不会像其他财产那样随着时间的推移自然贬值，反而有可能不断增值。好的声誉可以提高一个人和组织劳动产品或服务的市场价格，带来对个人或组织行为的社会认可和支持，帮助个人或组织获得更多的社会资源和机会，提高他（她）或它们对外的竞争力。在此意义上可以说，好声誉是一个人或组织的财富或收益，是一种可用来博取更大利益的工具，声誉的资本化也因此成为社会成员和组织发展的一种策略和战略。这种观点已为许多研究所支持。如企业声誉可转化成交换资产，由此引发了研究声誉怎样才能成为可交易的资产问题的热潮，认为声誉是长期生存的无形资本，好声誉利于获得他人的支持或帮助，会使企业获得所在社区及政府部门等利益相关主体的支持，为企业营造良好的发展环境；从经济学理论上看，无论是公共管理者还是经济管理者都会把声誉作为一种无形资产。

声誉在建立和提高市场竞争力方面的作用也引起了研究者的特别重视。有好声誉的公司将拓展并获得市场份额，这种现象在消费品市场很容易观察到。一些特殊行业如教育市场虽然存在例外或展现出不同的情况，背后起作用的力量仍然和声誉有关。例如，在一些国家，当大学入学申请者的数量在快速增长的时候，精英大学却保持着基本稳定的办学规模，在学生数量上没有多大增长，并因此变得更加具有选择性。父母和学生为此不得不投入更多的时间和金钱用于入学过程，产生了更多的资源浪费。在解释为什么最好的高等教育供给者限制而不是扩大自己的教育供给时，学者们的一种逻辑是伴随着同群效应的竞争，即学生们总是追求同辈中更优秀的学生作为自己的同学，导致好学校范围的相对缩小。即使在好学校中学到的东西与普通学校差距不大，学生们仍追求上好学校，将大量时间用于为进入好学校做准备的过程，由此导致用于入学努力时间的增加和用于学习的时间减少。声誉在导致这种现象存在中发挥了关键作用。学习的努力程度通常不易被观察，用人单位选择学生入职时看到的是毕业的学校，利用的是一些反应能力的显示信号，大学声誉传播的就是这种信号，这激励了学生和家长对名校的追求。对声誉的关注导致入学前太多的考试准备和入学后较少的学习努力。学生们喜欢有好声望的名牌大学，展示了他们对较好同辈或同群的偏好。这种情况包含两个含义：第一，通过录取进入一个有声望的学校，学生们能够影响市场对他们能力的感知或观点，增加的分层削弱了学生们学习的努力程度；第二，学生们追求与优秀同辈人联盟，反过来为学校提供了一种激励，驱使学校保持较小规模并变得对入校学生更加挑剔或具有选择性。这种现象被有的学者称为"反柠檬效应"，因为它具有和阿克尔洛夫（Akerlof，1970）知名的柠檬效应相反的效应。两种现象都是信息不对称的结果，即学校越来越精尖和学生越来越分层，优秀的认知在此源于劳动力市场对学校声誉的重视而缺少对学生真实才能的信息掌握和鉴别。用人单位不知道学生的真实能力就用学校声誉做标准。在柠檬模型中，为了不与低质量的卖者为伍，高质量的卖者会逐渐退出市场。但在教育市场中，存在一个对大学进入市场的激励，为通过获得最好的学生博取或维持好的组织声誉，有最好声誉的学校选择了小规模学生的办学模式。许多产品市场都有这样的特征：如果一个产品有缺陷，消费者可以退换并获得退款或寻求赔偿。相反，如果一个学校没有表现得如预期那样，父母一般不能要求退款，起诉表现不好的行为很少能够取得成功。考虑到学生不能直接用合同要求质量，他们便把学校声誉作为期望的服务，质量的替代品，声誉补偿了择优选择学校和学生带来的不足。

许多学者探讨了声誉追求对利他行为的影响。在解释为什么自然选择使自利的个人有利他倾向时，学者们给出的一种答案是直接互惠，即两个个体重复相遇，甲帮助乙时会得到来自乙对于自己的回馈性帮助，形成甲乙相互帮助的直接互惠。人际之间的市场交换与合作行为大都具有直接互惠的性质。学者们给出的另一种答案是间接互惠。就利他主义而言，间接互惠和直接互惠相比因更远离商品的等价交换，被视为一个更接近利他主义精神且具普遍性的解释模型：甲不求回报地帮助乙，乙虽然未对甲的帮助给予回报，但其他人如丙为甲的善行所感染而实施了帮助甲的行为，甲因为帮助乙而从丙那里获得帮助，丙对甲的帮助之所以发生是基于甲帮助乙传递的声誉信息。如果说直接互惠的发生基于互惠双方各自向对方提供的实质性帮助，则间接互惠的发生不仅基于互惠各方对他人提供的帮助，而且基于助人行为产生的声誉。甲通过对乙或他人的帮助建立了作为一个乐于帮助他人的个人声誉，并通过声誉信息的传播成为丙或其他人尊敬并给予关爱支持的对象。间接互惠在此像货币的发明一样，使间接互惠得以可能的一个介质条件是声誉。在直接互惠中，甲的行动策略取决于预期中乙对甲的行动或所做的；在间接互惠中，甲的行动策略还取决于预期中乙对其他人的行动或所做的。一些研究表明，简单地知道他人过去的经历或历史，就会对捐赠行为有一个显著的影响。在博埃罗、布拉沃、卡斯泰拉尼和斯库佐尼的研究中，相互作用的主体或者处在捐赠者位置，或者处在接收者位置。每个捐赠者面临是否为某个接收者支付或不支付成本去提供一个福利。实验显示，捐赠者的行为强烈地为捐赠者知道接收者过去行为历史的可能性所影响。这种影响反映了捐赠者对接收者社会地位即声誉的敏感性。

一些研究表明，简单地知道他人过去的经历或历史，就会对捐赠行为有一个显著的影响。在博埃罗等（Boero et al.，2009）的研究中，相互作用的主体或者处在捐赠者位置，或者处在接收者位置，每个捐赠者面临是否为某个接收者支付或不支付成本去提供一个福利。实验显示，捐赠者的行为强烈地被捐赠者知道接收者过去行为历史的可能性影响，这种影响反映了捐赠者对接收者社会地位即声誉的敏感性。

声誉对人际之间的合作与信任有积极影响，成为合作博弈研究关注的对象，常被用于利他主义合作模型解释人类之间相互交往的合作行为。霍姆斯特姆（Holmstrom，1999）的代理人市场声誉模型不仅认为，声誉的建立是长期重复博弈的结果，博弈重复次数越多越容易出现合作行为，而且认为良好的声誉利于获得长期的合作收益。声誉有益于减少当事人与他人协作交换的时间或交易成本，在信息不对称和不确定性存在的情况下，填补个人经验和收集信息的缺乏，为陌生个体和组织间的交往合作供给一定的信任保障。奥苏琪和伊瓦萨（Ohtsuki and Iwasa，2004）认为，对协作伙伴的选择是经过他们的荣誉分值决定的，分值越高代表社会声誉越好，更轻松成为协作伙伴。博尔顿等（Bolton et al.，2005）在研究陌生人之间的合作情况时发现，要确保在市场和组织中进行高效率的合作，很大程度上取决于非正式声誉机制传递的信息，全面且正面的声誉信息可以促进合作的有效开展。

间接互惠作为促进人类合作的重要机制，就是以声誉机制的存在和作用为介质条件的。在间接互惠中，我们针对他人的行为不仅取决于这种行为最终能给我们带来什么，也取决于能给他人带来什么。声誉机制不仅延长或延伸了人们合作的时间和空间，使人际交易可以延期支付，有利于长期合作关系的建立，而且拓展了支付的方式。合作包含着利他因素，合作者要做出某种牺牲并使对方受益，合作对合作者来说因此意味着一定的成本支出。在此情况下，人们之所以仍产生合作行为，是因为这种有成本的合作行为会给自己带来声誉收益。即便是付费或利他惩罚行为，这背后也隐含着与声誉机制有关的收益回报，不过这种收益便有可能不在个体而是在种族或团体意义上显现。有效的合作依赖于信任。声誉有利于促进人际之间的信任和可信赖性，并由此促进合作的达成。好的声誉是一种良好评价的象征，人们更倾向于信任和依赖声誉良好的伙伴（Bohnet and Huck，2004）。声誉之所以有利于建立人和人之间的信任关系并增加对方的可信赖性，是因为声誉的核心价值之一是在声誉主体和客体之间建立信任，促进公众、职员、组织之间的相互信赖。在此意义上可以说，声誉是人际交往的重要前提，人们通常喜欢与自己信任的组织或个人打交道；声誉为个人、组织借助他人对自己的良好印象达成目标或摆脱不利局面提供了有利条件。好的印象表达了一种可信赖性，不仅有利于促进合作和减少交易成本，还会使他人原谅一些行为主体犯下的过错，使个人或组织赢得纠正错误、恢复形象的时间。

三、声誉的管理功能和价值

声誉效应的广泛存在意味着，声誉可以被个人或组织有选择地加以利用，成为人际交往与合作及组织管理的工具。认识到声誉在组织生存和发展中的重要价值和功能，一些学者认为组织管理至少有两个发展目标：经营目标和声誉目标。经营目标追求组织运行的产品绩效，如企业经营的销售额或利润，政府提供的公共物品或服务。声誉目标追求增加顾客、公民、组织成员或社会对组织的喜爱、信任或满意感。声誉目标的实现有助于经营目标的实现，声誉管理因此应成为组织运行管理特别是战略管理的重要内容。一些学者甚至建议在企业管理岗位中设置声誉总监或声誉经理，负责组织声誉的经营、创造与投资。

如果声誉是一种资源或资本，便可以被所有者进行经营或利用去创造价值和收益。在组织管理系统中，声誉机制的核心在于寻求自我控制，即在信息不对称或隐藏行动存在的事务领域，利用人们对自身声誉的珍惜和重视产生的自我管控机制，弥补强制性管制在行为调控中存在的不足。和其他制度安排相比较，声誉机制在正式制度安排缺乏或失效的情境下会发挥更大的作用，因而也常被一些学者视为一种非正规的管理手段，它不仅能降低交易费用或促成人际之间的分工合作，一定程度上可弥补制度层面上的欠缺或失灵，而且是一种成本更低的行为调控机制，因为声誉追求更看重的是地位品，和组织成员的精神享受相关联。对地位品和精神享受的追求既可以节约组织管理的物质资本，也会因自我控制机制的利用减少管理活动中的监督和控制成本。譬如，法玛和杰森（Fama and Jensen，1983）在企业管理中曾讨论过独立董事基于声誉约束对公司利益自觉维护的现象，显示了声誉机制在公司治理中的重要。假设独立董事在乎自己的个人声誉，在高层管理决策与控制权分离的情况下，独立董事为了获得和保持自己良好的个人声誉，会主动在行为选择中维护公司的组织利益，不管这种行为选择是显性还是隐性的，能否为其他人和组织所观察并给予直接的物质奖励或回报。

管理系统中的声誉现象主要聚焦于个人和组织两类声誉客体，基于活动、事件、产品等人工现象的一些声誉，归根结底会凝结为对个人和组织的认知和评价。如果某个人或集体的行为或行为结果如产品受到人们的追捧、赞扬或青睐，不仅这种行为、产品会产生良好的社会评价或品牌效应，产生这种行为或制造这种产品的人或组织也将获得好的评价、印象或声望。如果某种行为或产品被人们责备、唾弃或疏远，产生这种行为和产品的人或组织也将遭到唾弃、蔑视、差评或批判。

声誉在一般组织管理中的作用已得到经济学家和管理学家的广泛认同，并形成诸多观点和论述。例如，声誉可以作为隐性契约用于促进组织成员与组织以及组织与组织间的合作，也可以成为组织发展中的战略竞争工具，如利用声誉可能产生的垄断对竞争对手的行业进入产生抑制或威胁。声誉可被管理者用来弥补信息不对称或不完全条件下的制度缺陷，提高组织成员的工作积极性，降低组织的管理成本。此外，声誉在组织管理中还有其他值得重视的积极功能。例如，声誉可以抑制机会主义行为，减少信息不对称条件下的免费搭车现象。一个组织为了向外界显示对己有利的信号会努力构建自我形象，形成良好的组织或集体声誉，这种声誉会激励组织、集体或个人的发展。在声誉激励作用下，组织内部为了未来的利益而进行合作的可能性会显著增大，这会在一定程度上减轻"搭便车"之类的机会主义行为，促进组织有更好的发展前景。声誉对机会主义的这种抑制功能在 KMRW 声誉理论模型中已得到揭示。

声誉作为一种隐性契约或承诺会在组织行为调控中发挥重要作用。好声誉会给组织成员和组织带来期望的机会和收益，会在信息偏左或不完全条件下向他人传递有益于声誉载体的信息，对声誉载体的发展创造良好的信任关系和人际条件。声誉载体不仅可以利用好声誉增加他人对自己的信任，而且可以将声誉作为一种隐性承诺或契约，提高与他人合作的可能性。对声誉的爱护和损失厌恶因此成为大多数组织及其成员的一种偏好。意识到声誉对组织和个人的重要性或交换价值，组织管理可将声誉作为一种对声誉载体有约束力的隐性契约或非正式合同，据此调控组织成员与组织间的合作关系。由于这种调控建立在声誉载体自发的声誉追求基础上，不仅可以弥补正式制度安排的一些缺陷，还可以以较低的成本达到行为控制的目的。研究表明，声誉建立是参与者长期动态重复博弈的结果，博弈重复的次数越多，参与者之间越容易出现合作行为，声誉的功能价值显得更加重要，以至于多数学者不得不认同这样的观点：声誉是确保承诺有效执行的重要保障，良好的声誉利于参与者获得长期合作的收益。

声誉作为一种意识形态资本或无形资产对人才选拔或招聘有重要影响。一方面，声誉有利于应聘者的岗位竞聘。在人才招聘中，应聘者的个人声誉可以起到传递私人信息的作用，一定程度上能克服信息不对称和逆向选择带来的劣币驱逐良币的现象。良好的个人声誉会使应聘者给用人单位留下积极印象，提高求职者在岗位招聘中的竞争力。在一些情境下，求职者自身的吸引力比岗位适合性对人才招聘的影响似乎更大（Rosen et al.，1990）。另一方面，声誉也有利于招聘单位的人才识别与吸引力。在人才招聘中，不仅应聘者的个人声誉对招聘单位的人才识别有一定影响，有利于用人单位或招聘者对人才质量进行低成本的识别和筛选，降低人力资源投入的风险，招聘单位的组织声誉对人才的吸引、信息甄别和成功签约乃至提高用人单位的人才竞争力也发挥着重要作用。正因为如此，劳动力市场上的供求双方，从雇员到雇主都普遍重视各自的声誉状况和建设，以此博取对己有利的雇佣关系。在公共组织管理中，无论是成员个人或管理者的声誉，还是组织或集体声誉，在新制度经济学看来都是良好的意识形态资本，对"经济人"行为有积极的引导或激励作用。在同等情况或条件下，个人总是喜欢到声誉更好的组织去谋取工作岗位，一个组织也总是喜欢招聘那些有较好声誉的人作为自己的职员。有良好个人声誉的人不仅便于管理，而且是组织可以利用的无形资产。声誉可以作为一种特殊的抵押品在组织行为调控或管理中发挥积极作用。如果对声誉的追求和损害厌恶是作为组织成员的声誉载体的一种偏好，组织管理就可以像隐性契约或承诺那样将声誉作为一种抵押品或担保与声誉载体进行交往与合作。当声誉像商品品牌或企业品牌那样具有市场价值并形成交易价格时更是这样。在多次重复交易中，经营者基于声誉在长远预期收益获取中的功能价值，愿意提供更加优质的劳动以换取好的声誉，声誉在此行为选择中都起到了抵押品作用。

事实上，声誉作为一种行为调控机制在公共管理中的运用早已引起公共管理研究者的关注。良好的制度品质有利于提升政府官员的声誉，减少官员的机会主义行为。和私营领域特别是企业经营相比，声誉管理在公共部门有着更为重要的地位和作用。这不仅因为声誉现象也广泛存在于公共部门中的个人和组织，政治家、被选官员或公务员也存在对声誉的普遍诉求，更因为在缺乏企业运营中行之有效的激励和控制手段条件下，声誉管理在公共部门起着弥补空缺或短板的替代作用。和企业组织的成员看重或追求经济收入相比较，政府部门的职员因缺乏充分的经济激励更看重或追求他们的社会声望和地位，这使得公职人员的行为更容易受到声誉的影响。这种影响可从公职人员特别是公共管理者和私营部门职员及其管理者相比表现出更多的公共服务动机、组织承诺、组织公民行为的研究发现得到说明。在存在可选择机会及缺乏诱人的物质激励情境下，公职人员之所以心甘情愿地投身于低工资的公共部门工作，原因之一在于他们更看重这种工作的社会使命、社会责任或社会价值以及伴生的社会荣耀，这种使命、责任、价值或荣耀使他们会受到社会成员和主流意识形态的尊敬或好评，并间接给他们带来包括地位、权力、金钱或物质利益在内的收益回报。这种献身于公共事业的间接互惠，使公共组织及其成员更加重视行为选择的声誉影响和价值。即便在党派竞争和利益集团博弈激烈的政府机构，看重声誉也是大多数管理团队和官员治理国家的一种偏好。譬如，在一些国家或地区，频繁更迭的不稳定的政府有抛弃或违背前任债务承诺的很多机会，意识到这种现象的外国贷款人有可能不愿意向这类政府进行贷款，这激励了一个国家的政府在政权稳定后继续偿还债务的行为，并以此向外国贷款机构发出明确的声誉信号，表明它们不会轻易违背政府机构做出的承诺，无论该承诺由往届还是现任政府所做出。税收承诺也存在声誉约束问题。机会主义者掌控的政府有提高税率、增加税种或没收私人资本的诸多借口、权力和机会，这对政府的信誉是一个考验。为了博取更多的民意或选票，许多政府采取了低税收的财政政策，致力于通过控制政府的规模和开支实现合理征税，声誉在此发挥着至关重要的介质作用，影响了国家的制度设计和政策制定。在信息偏在情况下制定并实施更加有效的行为规则，而良好品质的制度设计或行为规则反过来又有利于提升政府官员的形象或声誉，二者的相互作用对减少官员的机会主义行为有促进作用。

考虑到声誉的价值，如优良的组织或集体声誉可以提升公共机构的可信性，减少公共政策实施的本钱或阻力，也有益于改进公共部门职员的报酬或待遇，大多数公共部门的组织或工作团队不仅希望拥有好的社会形象或声望，获得民众的广泛赞誉或支持，并且希望通过自身的行为和工作业绩改善集体的声誉，很多组织或团队甚至会进行专门的声誉投资，将一定的资源和精力配置到组织声誉的塑造上，包括以机会主义方式进行的名不副实的"品牌"宣传或"形象工程"建设。公共管理者深知，很多情状下，公众或利益有关者对公共决策的赞同或反对并非基于事实而是基于党派声誉。当对一个党派的坏的声誉根深蒂固时，就会出现为反对而反对的各种举动。很多公共组织管理者都耗费时间积累组织的声誉，这种声誉不仅赞同他们获得一定的自由裁量权或自治权利，而且得到了针对反对力量的一种庇护装置（Carpenter and Krause, 2012）。理解公共机构声誉的一个重要概念是公众。公众监控着公共管理机构及其管理者的一举一动。为获得好的个人或集体声誉，公共组织及其管理者要关注公众的希望或偏好。公众看到什么通常是不确定或不完全清晰的，透过一个"朦胧的眼睛"，公众对复杂的公共组织和公共管理者的印象往往是一种模糊图像。如果一个公共机构的特征不能完全清晰地被知晓，声誉便在公众的认知和评价中起重要作用。公共组织和公众的复杂性使得这种声誉建构又不能简单地用信号传递理论加以解释，仅仅基于单一地给予公众的质量信号被理解是很难的。究其原因在于，公共管理在很大程度上是一个比简单的信号传递博弈更为复杂的现象。公共机构的存在成本是全民支付的，私人机构的运行成本仅由部分利益相关者支付，公众不会因为张三买了甲公司的产品就产生怨气，因为张三私人支付了购买的成本。而公共机构做出了对张三更好的决策或提供了更利于张三的服务，这种决策或服务是李四不想要或不喜欢的，则李四就会极力反对，因为他仍要为自己不喜欢的政策和服务支付和张三一样的成本。公共机构背后的利益差别或冲突使得其实际运行往往是众多利益相关者博弈的结果，人们很难知晓它的运行细节，公共机构中没有人在认知和利益上处在完全相同的界面或维度。

四、声誉的培育、选择和利用

声誉既然在公共管理中发挥着重要作用，如何培育选择和利用声誉便是一项重要的管理工作。建构有利于公共利益的声誉管理机制因此应成为公共管理行为控制的一项任务。声誉不都是天生的，一定程度上是在后天实践中形成或建构的。意识到声誉载体的一些存在特质和行为品质有益于个人或集体建立良好的声誉，如日常生活、工作或人际交往中的遵纪守法、兢兢业业、积极向上、表里如一、诚实守信等行为；一些存在特征或行为品性会给一个人或组织带来坏名声或损害已有的良好声誉，如日常生活、工作或人际交往中的消极怠工、得过且过、投机取巧、自私自利、阳奉阴违等行为，个人和组织一般都会直接或间接地做出某种方式及程度的努力和资源投入，以期建立或增加对己有利的好声誉，抑制、消除或减少对自己不利的坏名声。声誉的利用和建成因此成为个人发展和集体运营颇为重要的管理事项，也因此受到组织管理者和研究者的重视，衍生出多种不同的声誉管理的观点和理论。如何利用、消解或培育声誉是这种观点和理论常涉及的重要议题。一个人或组织可以利用自身的好声誉谋取利益，也可以利用他人或竞争对手的坏声誉获得竞争中的比较优势。好的声誉不仅是个人与组织的财富和资本，而且是个人与组织创造、维护或博取自身利益的工具，因而被广泛当作达到目的的一种手段加以利用。但声誉本身可能是好的也可能是坏的。坏的声誉对于声誉载体的生存发展无疑是不利的，是个人或组织的负资产或隐性债务与成本，为抑制或减少坏声誉带来的损失，个人或组织一般会通过改进自己的行为和产品，向公众传递有利于自己的新信息，重塑自身的公众形象。即便看似良好的一些社会声誉，对于个人或组织的发展有时也具有一定的负面影响，需要作为声誉载体的个人或组织恰当地予以对待和利用。例如，声誉会引起他人、同事对声誉载体的嫉妒，引起破坏合作的隐藏行动。声誉载体有可能对他人的收益产生威胁，成为利用、交换、打击或排挤的牺牲品，沦为枪打出头鸟的对象。声誉也可能名不副实，是基于机会主义动机策划的产物，带来公众或他人的误解或错判，由此给公共选择带来误导。声誉会使人骄傲或变得武断专横，激励人的虚荣心。声誉可能带来交往分配中的不公平，产生所谓赢者通吃的分配效应。经济交易中的声誉虽然有可能改善市场效率，但也可能降低市场效率。好类型的个体为了发送信号以区别于坏类型的个体而选择对信息缺失方不利的行动，这种行为最终会导致特定市场的消失。在后续研究中两人进一步发现（Ely and Valimaki，2003），声誉在一定条件下即使可以替换显性契约，但当一个人或集体的声誉削弱时却会导致基于原有声誉的承诺力的下降并带来损失。伊利等（Ely et al.，2008）专门研究了声誉什么时候是坏的问题，发现声誉的好坏受当事人的行为是长期还是短期的影响，长期行为更利于促成良好声誉的形成。苏芒大等（Suurmonda et al.，2004）通过建立委托代理模型发现，大多数人都注重外界对自己的评价，希望得到他人肯定，据此规范自己的行为。适度的声誉顾虑固然对个人和集体会有益处，但是过度重视声誉而在乎他人对自己的看法和评价，规避一切对已产生消极印象的认知或评价风险，则可能丧失个人的独立见解和创造精神，如导致行为选择中创新精神和风险担当意识的缺乏或薄弱，表现出更多的从众心理或羊群效应，做事犹豫不决、瞻前顾后或谨小慎微。

声誉还可能导致或激励机会主义行为的出现。声誉与机会主义之间有联系。流言蜚语涉及对个体的评价，能够引导个人的行为选择。良好的评价或口碑会促成人际合作，不良印象或口碑则增加合作实现的成本。为有效地促进合作，人们可利用非正式和正式的社会结构及信息传播渠道加强对声誉的监测和传播。

此外声誉的功能或效应使声誉载体有可能扭曲消息，为了获得好的声誉而传递虚假信息或隐瞒事实。公众也可能被诱导或根据流言蜚语做出错误的认知、评价和行为选择。研究发现，一个想建立作为真实信息提供者声誉的媒体机构会利用公众辨识新闻质量的困难，程度不同地通过扭曲或选择性信息传播塑造自己的历史和形象。对声誉的追求会导致媒体偏见，以便投其所好，依据消费者偏好选择、解读和供给新闻。如果一个人或组织的声誉是负面或消极评价，则有可能给声誉载体带来意想不到的消极效应，需要予以关注和应对。

声誉本身可以被有意识地加以创造或培育。个人声誉或组织声誉的形成主要源于作为声誉载体的个人或组织合乎法律规范、常规管理、伦理道德或主流文化的行为选择及其信息传播，而不是人为操纵的对外宣传或新闻发布；创造或培育声誉的核心工作不在于自我标榜，而主要依靠个人或组织在创造社会价值的实干中来达成。声誉标榜和宣传只有建立在声誉载体确实可靠的良好品质或优质行为的基础上对公共利益而言才是可信和有益的。个人或组织为此必须进行人力、物力或时间、资金方面的资源投入。伦理投资概念的流行和研究从一个侧面说明了为博取好的社会声誉和道德形象，一个人或组织可能采取的一种举措。对于一个公共组织的运行和管理来说，组织创造良好声誉的做法除根据社会分工原理有效生产或提供组织使命所要求的产品或服务外，还需要履行相应的社会责任。现代组织运行特别是企业经营常通过专门的声誉投资达到声誉创造的目的。声誉投资主要是组织在履行社会责任方面的特殊投资。组织常通过两种方式承担自己的社会责任：善于经营和善做好事。善于经营指一个组织应当按照社会分工原理做好自己的本职工作，向社会提供合格、优质的组织产品或服务，即通过有效地履行自己的组织使命为社会做贡献。善做好事需要组织拿出一定的财力、精力或时间为公益事业做不求回报的贡献，如慈善捐款和免费办学。组织声誉的创造通常需要全员参与，包括管理者在内的每一个组织成员的言谈举止或行为都和组织声誉的建立、好坏有一定联系。如何激励员工为组织声誉的创造做出贡献，是组织管理一项重要的工作内容。这不仅需要管理者认同并重视声誉管理的价值，清楚组织竞争除产品竞争、质量竞争、服务竞争外，还存在激烈的声誉竞争，制定行之有效的声誉建设和投资的战略与战术规划，而且要加强与员工的沟通，进行必要的员工培训，将声誉创造融入组织日常的工作和对外交往，通过工作业绩和日常交往创建良好的组织形象。组织成员在与各种群体的对外交往中，应努力倾听公众对组织声誉的各种议论；有效表达并传递组织经营业绩方面鼓舞士气或令人尊敬的真实信息；慎重表达和传递组织经营困难方面的信息，积极传播组织使命和文化方面的良好信息。好的声誉或声誉效应既然对个人和组织是一种无形资产或收益，而声誉的获得主要源自后天的行为，自然会引起个人和组织的广泛追逐。声誉培育因此成为个人和组织发展重要的战略选择。声誉有其生成的自然规律，虽然声誉常被看作作为声誉主体的他人、公众对作为声誉客体的人或组织行为品质的认知和评价，但声誉客体的行为选择对声誉的建构具有决定性作用。意识到这一点，个人或组织都会把声誉培育或建设的重点置于自身行为的塑造上，同时重视对他人和公众的形象展示和宣传，据此博取社会对自己好的认知和评价。

为建立良好的公职人员的个人形象或公共组织的声誉，实践家和学者提出了许多值得重视的方法或建议。例如，提供优质的公共产品或公共服务；开展力所能及的慈善捐赠和志愿者活动；有良好的服务态度或沟通技巧；增强社会责任感和公民意识。由于声誉形成中的公众认知和评价高度重视人或组织的历史，是对声誉载体过去行为的综合性认知、评价或反映，这使得组织或个人不得不从长远着想，花费很大的精力和资源用于塑造或保障自己有一个受人尊敬的发展史，以此博取好的声望。声誉的培育或塑造也因此体现为一个相对漫长的过程。比如企业声誉的形成是一个动态过程，夸大企业过去的历史行为不仅会影响当年和当下的企业行为，并且会影响人们对企业的综合评价，使企业声誉受到迂回影响，这种状况使得企业在长期的日常运营管理中不得不重视控制自己的行为举止，保障良好声誉的形成和确立。

声誉信息的有效传播对好声誉的培育或建构存在重要影响。为构建声誉信息的传播机制，声誉客体除保障自身行为及其产品的合法性与合理性，也应重视自身形象的展示，利用对外宣传、社交活动等多种方式，造就自己良好的社会形象，通过满意度调查或信息回馈及时了解公众对自己的认知和评价，并据此对自己的行为和产品进行改进，消除不良的社会形象。声誉信息能够在各个利益相关者及参与者之间进行交换和传播，形成声誉信息流、声誉信息系统及声誉信息网络，给参与者提供有用或参照的信息资料，据此提升交易的透明度，降低参与者的交易成本。为有效创造和传播声誉信息，组织规模的适度选择是重要的。福登伯格·马斯金（Fudenberg Maskin，1986）认为，在一个人们彼此熟悉的小群体中，声誉是一种加强合作的有效手段，这是因为有关群体成员的声誉信息在小群体中可以得到有效传播。当一个机构存在跟踪和传播信息的有效机制时，声誉的建立和作用发挥往往是高效的。社会规范也有益于声誉的建立，是一种声誉产生的有效机制。社会规范对交易双方有约束作用，如果交易者违背社会规范，则会受到其他社会成员的惩罚，被社会成员排斥在外，这就迫使交易双方守约，促成了声誉的形成。

为有效促进声誉的形成，发挥声誉机制在公共管理行为控制中的积极功能，公共组织的声誉培育或建构还应重视微观技术或策略的选择和运用。公共组织及其管理者在公共事务处理上应尽力保持一致的行为，力戒朝令夕改的行事方法，以此造就说话算数的诚信形象；公共机构及其管理者有时可采取一些看似偶然的行动，作为对付突发事件和技术不确定性的工具，以此规避决策中陷入缺少效率的路径依赖，引起公众反对；公共机构及其管理者可把效仿他人行动作为将它或他们和公众批评隔离的方式，使之成为公共组织自我保护的手段。由于公共机构有偏好和诉求不同的众多的收益相关者，满足一部分公众的请求或偏好通常意味着偏离另一部分公众的请求和偏好。为了博取更好的公众声誉以服务于公共价值的创造和维护，公共组织及其管理者在公共物品与服务的供应和分配中可在利益相关者之间寻求平衡。基于声誉的功能和价值通常与信息不完全相关联，当我们知道所有世界的真实情况时，声誉效应将会下降，基于不完全信息基础上的声誉将不再起作用，为了更好地创造和维护公共价值，特定条件下的含糊策略也许是必要的。此外，声誉建构还应重视维度选择。无论是个人还是由个人构成的组织，声誉都是与一定的个人或组织特征联系在一起，由于个人或组织往往具有多种特征，据此形成基于不同特征的声誉或声誉维度。声誉的建构存在成本，在资源稀缺条件下，声誉建构应根据声誉载体的不同请求和具体情况做出取舍。声誉可解读为一个多层次概念，它由一组嵌入公众网络中关于组织能力、意图、历史和使命的信念组成。一个组织机构的声誉至少存在四个关键维度，这些维度将塑造公众的反应和组织成员及官员的相应行为：一是行为声誉，即组织机构在做工作吗，它是否以可被了解和成果的方式行使它的集体职责或履行使命。二是道德声誉，即集体机构是否富有同情心或是真诚的，组织机构是否保护它的成员、客户或赞助者的利益。三是程序声誉，即组织机构的决策是否正规地遵守被接受的某种规则或规范。四是技术声誉，即组织机构是否有能力和技术应对多变的情况，独立或分离于它的真实表现。组织声誉的这些维度难以共处，保留、提升或最大化一个维度的声誉，意味着另一个维度的声誉将可能受到损失，组织机构为此必须做出选择：什么维度的声誉将优先获得，什么维度的声誉则不需要。一个高度专业化、技术化的任务机构，将把最大的费用投放在它的技术声誉上；管理机构也许会基于它们子单位任务活动的可辨识性，强调组织声誉的不同维度。就像美国人力服务和健康部门会将道德声誉作为最重要的管理政策，如关注虐待儿童等；医疗护理和服务机构则更关注程序声誉，如遵守健康护理收益和支付公正合法的指导方针。声誉维度多种多样，组织机构很难同时在各种维度达到满意状态，其力所能及的做法是根据自己的特点和偏好对声誉维度及其建设进行选择性培育。

第五章 公共管理的主体性分析和发展

第一节 公共组织的管理

一、公共组织的管理涉及两种效率

效率及其实现机制始终是一般管理也是公共管理的核心课题。随着学科的演进和发展，效率的概念也有不同的含义。公共组织的管理应该包括两方面的效率，即组织效率和配置效率。

所谓组织效率，是指各公共管理主体作为一个组织是如何通过内部管理或资源的内部配置来实现其目标的，也就是所谓的狭义效率。不过，组织效率还只是为公共部门能够及时提供更高质量的公共物品创造了可能的前提。这是因为，效果取向和顾客取向实际上都更关注最终的有效性，而不是潜在意义上的可能性。换言之，即使公共管理主体的组织效率很高，但它所提供的公共物品或公共服务有可能是脱离公众需要的。从这个意义上说，在公共管理中引入市场机制的目的不仅在于创造竞争环境，更在于赋予公众自主的选择权和集体的判断权。因此，组织效率首先是效果取向的，其次是应该由公众（作为公共物品的消费者和顾客而存在的）来评价的，即顾客取向的。只有这样，才能实现公共管理的有效性。

所谓配置效率，特指公共管理资源基于竞争机制，在各公共主体之间，乃至在公共主体与民营部门之间进行竞争性配置所带来的总体效率。正如现实中不可能有完全竞争的市场一样，这里所说的竞争机制也不可能自动地发挥功效。因此，主导性的推动力量必不可少，这在根本上取决于政府与市场的关系模式。

就政府与市场关系来看，两者在一定情况下是可以互补的。这从一方面来说，可以适用于公共物品供给的市场机制。从另一方面来说，政府也可以成为推动市场化的改革主导力量，同时发挥其在公共管理主体体系中的核心地位。这种核心地位是由政府掌握公共权力并负有公共责任的本质属性决定的。

因此，组织效率与配置效率两者之间存在着相互促进的关系。一方面，组织效率的高低可以用来衡量公共管理主体能力的强弱，从而为在竞争中取得公共资源奠定了基础，它也是配置效率实现的一个前提。鉴于政府的独特地位，政府组织效率的高低具有重要的意义，这是政府作为主导性的公共管理主体应该实现的直接目标。另一方面，配置效率的提高，也有利于政府自身管理效率的提高，两者是相辅相成的。关于提高公共管理的配置效率，在本书第二部分做了着重论述，这里重点讨论公共部门组织效率提高的问题。组织效率的提高取决于内部资源的配置状况和内部管理水平的高低。这两者在本质上都可以归结为组织管理体制和管理模式的结果。

二、公共组织的管理规划

（一）规划的含义

所有公共组织的首要职能是规划。规划包括两层含义：一是指制定目标以及为实现这些目标所做出的种种选择；二是指在一定的法律法规范围内，舍弃某些选择，制定系统的工作流程。根据不同的侧重面，对规划的理解可以从八个方面来看：①规划是目标的确立和各种限制条件的评价过程，即"三思而后行"。②规划是为具体行为制定特定的目标，以及实现这些目标的手段。

③从广义上讲，规划是制定公共组织在未来一段时间内所要实施的目标，以及为这些目标的实现选择最佳的方案和路径。④规划是为达到既定目标，对公共组织的行为所做的必要协调。⑤规划就是使预计要发生的事情变成现实。⑥规划是试图预测未来将要发生的事情，并为此而制定种种措施以防止意料不到的变化。⑦规划意味着已经预见未来将要发生的事情，并在当前做出必要的安排，以便和这种预见相一致。⑧规划是对有关选择方案的评估，以及为实现这些方案所采取的手段。

综上所述，这里的所有定义均强调三个重要方面——面对未来、备选方案和理性选择，这就是规划的要素。衡量一个规划优劣的标准是规划必须简明扼要地陈述清晰而明确的目标，并包含所有的行为过程；规划应该具有一定的灵活性，以便发生意料不到的事件时能够做出必要的调整；为一些难以确定的因素保留必要的灵活性；允许经常性的可行性监督检查；已经传达至每一个有关的人员；具有与所制定的目标相符的资源。

上述标准可以概括为整体性、连续性、灵活性和准确性。

（二）制定规划的必要性

在公共组织的管理中，规划的作用是积极的，它可以使管理活动不至于受到外来变化因素的干扰，使工作沿着既定的目标进行。有助于细分目标，激发思维。公共管理人员通过制定规划，自然也就获得了工具来评价工作。规划的特点之一是目标的确定，据此，社会就可以把有限的资源投入一定的目标上，达到资源的合理配置。

从现实来看，由于通货膨胀和成本的日益提高，对许多公共事务（如公共工程）的投资比以往大得多，这对管理提出了更高的要求。例如，要求尽可能地减少惰性、拖拉，保持工作人员之间的协调和默契，杜绝资金的浪费。在制定规划的时候，必须牢记这样一个原则，给予公共管理人员对所执行的规划提出问题的权利，这对规划的顺利实施是至关重要的。

一个好的规划能够引导不同部门和单位围绕中心目标规范管理行为，并经常对照检查。各部门根据规划采取最佳的组织和管理行为，这就避免了各自为政，使整个工作进程更趋合理，因此规划本身还能产生效率和协调的效果。值得一提的是，对下属而言，规划还具有规范和约束的作用，也使上级部门对他们的监督和工作绩效的衡量有一个基本的依据。

（三）制定规划的前提和步骤

规划的制定实质上也是管理目标的细分和实现过程，因而，它是有一定前提的。其主要包括以下三个方面：①明了规划的目的、本部门的任务和职责；②挑选最佳人员，以配备到关键的职位上；③为了目标的实现，制定一系列行为约束办法。规划的制定主要由高级管理人员来承担。规划的酝酿过程实际上是与不同的利益集团、社会不同成员谈判的过程。因此，制定规划必须遵循一定的程序和步骤，保证规划的合理性。这些步骤包括：目标的分类；对现状做深入的调查和评估；权衡各种规划的选择，选择实施路径；确定最佳的方法。

（四）规划的类型

在公共组织的规划中，长期规划和短期规划是两种主要的形式。长期和短期是相对而言的，不同的情况下差别较大。一般来说，3年或3年以上为长期规划。长期规划是指导具体管理性规划的规划，必须在充分考虑诸多因素的前提下做出。这些因素主要包括：①明确目标，了解哪些是必须做的；②对当前本部门运行状况进行自我评估，了解自己处在什么样的位置上；③和其他部门的规划进行比较，了解相近部门当前的状况；④了解哪些规划是可行的；⑤决定采用何种路径；⑥决定由何人来承担，并排出工作日程表；⑦设计反馈和规划评估，及时了解实施的效果。

短期规划是与具体公共事务管理最为密切的一种规划形式，通常是长期规划中的一部分，规划时限一般为一年或更短，其作用是将长期规划分解为很多具体的目标。如果说高级管理人员主要在长期规划中发挥作用的话，那么中级、低级管理人员就是短期规划的具体实施者。制定短期规划也同样要考虑上述七种因素，所不同的是它更着重于过程的管控。

如果将规划体系比作金字塔，那么越往下，时限就越短，目标就越具体、越细化、越注重于任务的具体实施及完成时限。在公共管理中最常用的短期规划莫过于年度财政预算的编制了。预算不仅是一个最终规划，而且规划中每一件事都必须经授权方同意才可施行，并都是具体地和资金的使用管控有关。

三、公共组织的组织行为

根据不同层面的公共管理人员对管理工作的贡献，可将组织工作主要分为两个层面：第一层面的工作主要是由高级管理人员承担的，目的是实现公共组织或本部门某一宏观的管理目标，这被称为"组织行为"；第二层面的工作主要是由中级、低级管理人员完成的，在具体运行层次上，根据现有资源和约束对宏观管理目标进行细分，这被称为"重组"。为了阐述方便，在大多数情况下，均使用"组织行为"一词。从本质上讲，组织行为是为了某一特定目标而对权力所做的组合过程。美国纽约等大城市成立了"政府理事会"，目的是将国家、城市、城镇和城市内的行政区的权力集中起来，以实现依靠单个地方政府的力量所不能达到的目标。例如，交通设施的建设和空气污染的治理，它需要政府和社会方方面面力量的共同努力。也就是说，为了有效地实现某一公共管理目标，就要对某一公共组织或主管部门进行权力的重新组合，或建立新的公共管理机构。在一般情况下，每个组织都会产生较高的权力成本。

（一）组织者

由上可知，对公共组织的授权是需要有法律依据的。但是事实上，要求授权的原因是来自不同的利益群体和变化着的外部环境对立法机构的不同要求。以美国为例，当工会或妇女组织等一些利益群体向州政府施加压力的时候，通常意味着他们要求对相关的管理措施做某种修正。当能源危机发生时，许多州就会根据公众的要求将政府对能源的管理从公共事业委员会中分离出来。当然，在考虑公众的这些要求之前，权力部门会向上级汇报，咨询这种结构安排是否可行。如果所涉及的问题技术性较强，那么高级管理人员也会和中级、低级管理人员一起，从实际操作的角度对这种结构变动进行探讨。

（二）组织的种类

公共组织的类型主要有以下三种：

第一，根据公共服务的中心目标而确定的组织形式。这些中心目标包括医疗保健、教育、征税等。教育系统包括小学、中学和中等专业学校等，医疗保健则包括急诊、门诊、医院和长期保健部门。为了一定的公共目的而兴办项目通常很容易得到公众的理解和支持。这是因为这些项目不仅能够满足公众的需要，而且也将创造更多的就业机会，从管理者到专业人才，都有大量需求。在此种组织方式中，如果说会有什么问题的话，那么主要还是在公共目标之间如何做明确区分。例如，当医疗保健部门考虑开办上门医疗业务时，它们同时还需要考虑的相关问题有水质、卫生、停车等，因为这些问题是和上门就医密切相关的。

第二，政府根据办事程序而确定的组织形式。建筑工程的申请和施工、诉讼案件的办理等均需要按照一定的程序来进行，并要调动工程师、律师等专业人员组成必要的组织机构。这种组织机构的优点是它们汇集了大量的专业人员。相比分散在不同的部门和组织中的专业人员，将专业人员集中可以为公众提供更好的服务。自然，由这些组织出面招聘专业人员，所达到的质量也会更高。但是，根据办事程序来设立组织机构并不容易得到公众的理解。由于这里人才济济，因此这些部门的人均工资成本一般都比较高。

第三，根据管辖地域而设立的组织形式。公共组织为了有效处理公共事务，会根据地域管辖的需要设置相应的管理机构。其好处在于：便于当地公众的参与；可根据当地实际情况对工作程序做出必要的调整；有助于对公共事务的快速反应。如果治安警察和消防部门设置合理，那么当意外发生时，警察和消防人员就可以迅速赶到现场进行处理。公共组织的设立在选择何种组织形式时也会遇到问题，其困难在于如何对服务质量做到一视同仁。总有一些社区接受了相对好的服务，另一些社区的服务则相对差些。为了满足公众一视同仁的要求，所需付出的协调成本是相当高的。

值得一提的是，采取何种组织形式并没有明确的界限。以医疗保健机构为例，有关公共管理机构的设置既要依据一定的工作流程，又要面对一定的服务对象，当然，地域因素也是不能忽视的。总之，出发点都是为了实现一定的公共目标。

（三）高级管理层的组织

在设立新的组织前，高级管理人员需要权衡这个机构对实现公共目标的作用。在组织形成过程中，至少要考虑以下三个问题：首先，所设立的组织必须发挥相应的作用，与中心目标相一致。其次，减少机构内部以及机构和机构之间的摩擦。新的组织机构的设立只能有助于工作的开展而不能起阻碍作用。高级管理人员的职责是着眼于设立并维护新的组织以处理社会公共事务，并使技术程序、正式的政策法规和文书程序按组织运作的要求组成一个密不可分的整体。最后，高级管理人员还必须协调组织内各部门和外部社会各集团之间的关系。

同时，中级、低级管理人员则需要考虑另外一些问题，如设立的组织机构能反映所要实现的各项目标吗？其中的工作人员能理解他们的工作吗？组织条例中是否已经为日后条件的变化留出必要的调整余地？也就是说，他们必须对高级管理层的意图、目的了如指掌。组织就是对人员的调配和安排，目的是通过职能和责任的落实，更好地实现拟定的目标。为此，必须处理好为实现这一共同目标而组织起来的个人和集体的主观努力和客观能力之间的关系，最大限度地减少摩擦，取得最大的绩效。

（四）中级、低级管理层的重组

组织向下级延伸，进入正式运作，这实质上是一个重组的过程。在这一过程中，起主要作用的是中级、低级管理层。从广义上来说，重组就是把具体操作者的工作和组织的目标联系起来，操作者的工作就是直接向公众提供管理和服务，而组织的目标则已经体现在总体工作规划中。这种联系的过程就自然包括了重组的成分。从字面上来看，重组一般是指对组织机构做比较大的、非经常性的变动。但是本书中，重组重点指的是中级、低级管理层在组织中的作用。这里包含两个过程：一是将大的目标分解为众多小的目标，以发挥专业聚集的作用；二是努力将这些小的目标联系起来，以产生协作效应（这种协作效应大于单个个体效应的简单相加之和）。由于既需要专业化，又要保持组织的协作性，因此，中级、低级管理层在努力使自己的工作紧扣高级管理层制定的中心工作时，就必须不断进行重组。

四、公共组织间的相互协调

协调工作是公共组织的主要功能之一。在日常管理中，把众多的机构、部门组织起来是经常发生的事情。特别是当公共管理服务项目出现增加或削减以及规章制度发生变化的时候，组织协调工作显得更加重要。简言之，协调就是根据一定的时间、数量和质量要求向公众提供最佳服务。

协调之所以在公共管理过程中具有十分重要的地位，原因在于：①执行任何一项公共管理措施并使其获得成效，都必须调动和组织各方面的力量；②当一个公共组织为了某一项措施的实施而要求另一个组织的配合时，通常情况下另一个组织对该措施已有所了解；③每一个公共组织都必须克服由其成员带来的、不利于完成所分配任务的离心作用。鉴于上述原因，协调的重要意义显而易见。

（一）协调的含义及其功能

在公共管理中，协调是一个比较宽泛的概念。最具有代表性的表述主要有：协调是为了一定的共同目标，对个人行为进行连续性规范、调节的过程；协调就是调节各主体的利益关系，使其根据一定的时间要求及时运作起来，为管理目标的实现做出最大的贡献；协调就是为了某一个目标，在一种群体性的工作中将不同的力量组合起来，即在管理过程中将各主体功能进行有机组合；协调是管理功能、管理行为和管理运作之间的重构、统一、调和及整合的过程。

总之，对公共管理中的协调的不同表述主要说明这样几个问题：具体执行的人和最终结果以及部分和个体之间和谐地组合、统一及整合等。在一定程度上，协调的诸多含义同时也说明了其功能的多样性。例如，在一个机构内部，协调的作用可以概括为建立沟通渠道和杜绝有悖于实现整体目标的管理行为。协调中的沟通是连接人的行为和管理目标的桥梁，它主要由中级、低级管理层来实现。在很大程度上，沟通是通过提高公共组织内部的信息有效交流来实现的。在管理工作中，沟通是必不可少的。一是由于时间的关系，决策层往往会忽略他们所下达的指示或所采取的行动中与整体脱节的地方。二是高层管理者的指示经常是在匆忙中下达的，如通过电话、个人交谈甚至通过一纸信笺等，因此会缺乏必要的交流。三是专业人员大都以完成本职工作为目的，很少考虑如何将自身的工作纳入整体目标中。

因此，公共管理者需要经常在日常管理工作和所预期的目标之间进行沟通。那种认为通过任务书或组织制度就可以自动实现沟通的想法是不现实的。

有悖于整体目标的行为通常称作"管理脱节"，意指工作程序的相互背离，这是协调工作中的重点和难点。在任何级别的公共组织中，内部管理行为都是围绕着不同的目标来进行的。例如，在一个公共组织内部，高级管理人员因事务繁忙，总是需要预约才能与其见面，为了报销差旅费需要收集所有正规发票，为了完成某项工作需要花费大量的时间提前准备有关仪器设备等。这些为了适应不同需要的工作程序，或多或少已经成为提高效率、实现公共管理目标的障碍。

（二）高级管理层的协调

在当今的公共管理过程中，协调工作被各级管理层广泛重视。总体来看，高级管理层主要是在协调外部环境和在本部门内部构筑协调机制方面发挥作用，其主要机构是协调委员会。协调委员会行使外部协调和内部协调双重职能。对很多公共组织来说，该委员会的权力是由法律赋予的，它可以在各种利益集团之间进行有效斡旋。该委员会通常是由上级指定两个或两个以上的人组成，当对某事的处理已经明显超出了上级负责人的能力范围时，该委员会负责向其提供决策咨询，或在管理工作中直接扮演上级的角色。总的说来，为高级管理层服务的协调委员会在行使职能时需要注意一些相关的问题，如在所有成员中贯彻本部门的整体要求，形成沟通意识；经常、及时地从上级获取新的工作安排和进程；争取工作人员和各业务主管对委员会工作的理解和支持；提醒下级业务主管留心，上级部门所关心的其他事务等。

在一些发达国家，最普遍的协调委员会就是职代会。例如，在美国农业部，就有各部门内部的职代会。实践证明，这些职代会在部门内部能起到减少摩擦、增进协调的作用。其主要表现在：第一，由于意见来源具有广泛的基础，故其所做出的决定通常比个人决定更符合实际。第二，所提出的意见和做出的决定更容易被大多数人接受。第三，可以省去很多烦琐的文字工作，有利于提高效率。第四，当问题来自各个方面且相互僵持不下时，职代会的作用更加明显，它会兼顾各方利益提出最佳折中方案。

（三）中级、低级管理层的协调

中级、低级管理层是处在高级管理层和具体操作者之间的中间层次，它的协调功能也就定位于此，即主要在公共管理措施的实施过程中发挥作用。上级管理机构制定的管理措施一般都是妥协之策，因而目标不可能定得很清楚，仅仅是方向性的，甚至是隐含在措施中的。所以，高级管理层就需要寻找一种方式，将这些抽象的目的转换成实实在在的管理任务和管理步骤。

协调是一门艺术，需要它将有利害冲突的集团和个人联合起来，并引导他们为共同的目标同心协力。为了达到这样的目的，有时需要采用一些高级管理层惯用的办法，如派出代表、成立协调委员会等。但也有一些手段是中级、低级管理层所特有的，如通过项目管理和契约监督进行协调就是其中的两种。

第一，通过项目管理进行协调。公共组织内出现各自为政、办事拖拉是难以避免的，所以需要沟通。在公共组织的管理中，由于常常出现各部门的行为和公共目标相背离，也存在需要对各种资源、要素进行配置的问题，这就需要协调。在兴建一个公共项目（如建造医院、修筑公路等）时，中级管理人员如项目经理，主要进行具体的项目管理。他们的工作主要包括：①设定目标，即将各方分散的、低层次的要求组合起来，形成能被各方接受的公共项目；②机构设计，即将项目的各个部分分解给不同的部门负责实施，但保持各部分的整体性、协调性；③信息交流，即对来自各方面的信息进行鉴别、监控；④建立激励机制，使承担各个部分工作的部门尽心尽力，各司其职；⑤进行战略决策，根据目标，优化决策方案；⑥修正，即根据需要，对人力和物质资源进行合理配置。

第二，通过对契约履行的状况的监督进行协调。在欧美大多数国家，公益事业、人力资源服务、住房建设、医疗保健、劳动力资源的开发等均以合约的形式委托给私人经营，也就是所谓的国有民营。中级、低级管理人员就是这种合约的监督者。本着维护公共利益的原则，他们需要具备有关合约内容、合约实施步骤、合约类型等方面的业务知识，并努力成为这方面的专家。具体来说，他们在合约执行过程中所要做的工作包括：①在项目进行过程中，充当公共组织的代表；②不能妨碍合约的履行（如到现场调查、与施工单位见面、向公共组织提交评估报告等）；③从各方面给予必要的协助，如提供信息、协助解决问题、审批等；④与使用该项目的公众广泛接触，倾听他们的意见；⑤经常提供项目进展报告，在工程结束后严把质量验收关。

综上所述，中级、低级管理层在公共管理的协调中所起的作用可概括如下：①中级管理人员通常希望将协调的任务再进一步下放给低级管理者；②协调工作是经常性的业务，耗时较多，但仍应积极主动去完成；③在部门内，协调工作既有横向的，又有纵向的，中级、低级管理人员在其中扮演着受公共管理机构委托的角色；④职代会仍然是一个起着重要作用的组织形式；⑤协调的目的就是将公共组织初期的规划和最终的成果结合起来；⑥合约的签订在一定程度上转移了工作的责任，相应提高了协调和控制在部门内的作用。通过以下途径，可以加强协调的作用：将协调的职能分解到个人；制定规章制度以明晰各部门、各管理人员的协调责任；在授权、协调责任不清之处给予理顺；召开管理人员例会，交流协调信息；重视来自非正式渠道的信息。

五、公共组织的管理控制

（一）控制的含义

在实现预先拟定的目标过程中需要适时对规划进行调整，这一过程就是控制。如前所述，规划是对目标及其实施途径的规划；组织是根据目标设立必要的管理机构；协调是人力和物质资源结合的过程。控制要解决的是如何把具体的运作和最终目标联系起来的问题。控制是一个很活跃的要素，它贯穿于整个管理过程，依据总体目标对管理者和操作者的行为进行指导、修正。

控制实质上也是权力的行使过程。它可以表述为控制是对管理过程的调节，使之和拟定的目标相符。值得注意的是，控制的目的是实现目标，对人的监督只是控制的手段而不是目的。

1. 控制系统

公共组织的权力源泉是公众。因此，公共管理的目标是以公共利益为重，想方设法提高管理效率和管理绩效。在长期的公共管理实践中，已经形成了一套有效的控制系统，它是公共管理机构产生良好绩效的重要保证之一。

2. 控制过程

控制是权力的体现，它主要在部门内部发挥作用，对人们的行为进行具体的引导。控制不是对既定要素的简单投入过程，而是着眼于对措施或目标执行程序中输入的调整，以达到预期的结果。

有人将控制比喻为房间内的温度调节器。调温器本身不是热源或冷源，它只是起着调节温度的作用。当房间里的温度偏离设定值时，调温器便会启动制热器或制冷器，使温度调回到设定值。正如前面所说的，所谓控制，就是为达到预定的目标而对行为进行调节的过程。控制系统是由高级管理层设计、制定，而由中级、低级管理层实施的。但是在实施的过程中，重点不是系统本身而是具体执行的人。对具体实施者进行必要的干预不是靠施加压力，而是靠更富有人情味的沟通和协调，实施的渠道主要是增进沟通以及合法领导机制的建立。在高层管理人员看来，需要通过下属来传达、实现他们的控制目标，因此在处理问题时需赋予其相当的灵活性。因为当中级、下级管理人员接到上级的指示后，需要将其进一步扩展、细分，然后才能逐一付诸实施。关于控制的过程，可以做以下简要的概述：控制是对结果的检查；控制的目的是确保任何时候任何管理行为均与规划、既定的程序和原则相一致；控制是一个比较、讨论、评判的过程，它可以起到激励规划的制定、强化组织的运作、提高指示上传下达的效率和促进协调的作用。

（二）高级管理层的控制系统

在公共管理中，高级管理层行使控制权力是以一定政治因素为基础的。控制中的政治因素在两个方面起作用：一是公共组织运行的外部环境；二是公共组织运行的内部环境。在高级管理层中政治的作用是举足轻重的，这与中级、低级管理层相比具有很鲜明的特征。

1. 外部控制

一个公共组织的控制系统是由法律来规定的。由法律规定设立该机构的目的，界定高级管理层的权力，决定哪些权力可以对外或向下属授权。高级管理层要从大量法律条款中申明了他们所行使控制权力的界限。他们需要经常从立法部门和不同的利益集团那里了解信息，以及时了解公共组织对他们授权的变动。此外，他们要与对他们的工作可能产生影响的部门保持联系。这样做的目的就是要准确获知来自外部的因素对他们所行使的控制权力（范围、程度）的影响。其中，来自不同利益集团的影响甚大，但它往往被人们忽视。

高级管理层总是将自己定位于"看门人"的角色，在本部门与授权机构之间充当看护者，故应准确理解权力授予的内容和范围，避免因授权不当而给自己造成被动的局面。

2. 内部控制

公共组织内部的控制程序反映了高级管理层行使控制权力的意志。它要求高级管理层必须准确把握如何以及在什么范围内行使自己的控制权力。

高级管理层的基本控制权表现在以下几个方面：下达一系列正式的指示；准确计算下属完成某项任务所需要的时间；确定工作中哪些方面需要调整，以便和最终目标相一致；决定哪些行为需要纠正，哪些目标需要及时修正；确保新的指示和目标相符。

根据公共管理的一般经验，在繁杂的管理事务中，高级管理层应遵循一些基本的原则。这些原则是从高级管理层的控制系统中提炼出来的。一是所下达的指示必须在自己的权力范围内；二是在下达指示前，要充分考虑下属能否接受，尽量减少下属抵制指示的可能性；三是尽量控制下达指示的数量；四是向下属提出明确的评价工作成绩的标准；五是在众多业务活动中，选择一小部分（尤其是有明显争议的）进行示范性检查，清楚地阐明对下属的要求。

（三）中级、低级管理层的控制

控制是对管理行为的调节，使之和预期的目标相符。对中级、低级管理者来说，他们的控制重点是执行的结果。他们执行上级制定的目标、规划和标准，并在实际行动中对照检查。当他们认为结果会和目标相符时，他们就拍板批准具体操作者执行该方案，不管所采取的方式是否事先制定。当发现执行结果不能令人接受的时候，他们就会考虑对其进行干预，并加以纠正，而不管其采取的方案是否事先规定。这里所说的"考虑"，指的是管理人员必须考虑自己有无能力解除执行者为改变他们的工作方案所产生的抵触。因为不管对哪一级领导来说，了解下属的反映、倾听他们的呼声都是至关重要的。

第二节 政府部门公共事务管理

由于市场存在难以克服的内在与外在的机能性缺陷，这就必须依靠政府来加以适当干预和调控。政府具有纠正市场失效的主要职能，也具有组织社会发展和转型的重要职能。总的来说，我国政府当前应该履行提供公共物品、稳定经济、市场监督，以及调节收入分配和社会管理发展方面的公共性职能。

向社会提供各类公共物品是政府的首要公共服务职能之一。社会所需要的产品是公共物品和私人产品的适当组合，但市场无法提供或无法充足提供公共物品，不能实现理想的社会产品组合，因而必须由政府来提供公共物品。在全部社会产品中，公共物品虽然所占比例不高，但它却对一个社会具有基本的保障性功能。如国防、治安、法制等纯粹的公共物品，都是一个社会正常运转所必不可少的。

每一个政府的核心使命包括五项基本责任：确定法律基础、保持宏观经济的稳定、投资于基本社会服务和社会基础设施、保护弱势群体、保护环境。从广义上说，政府既提供纯公共物品，包括国防、立法、司法、行政管理、道路、桥梁、城市基础设施等，又提供包括基础教育、环境保护等具有较大外部效益的准公共物品。政府向社会提供这些物品时，采用免费供给的方式，其资金来源则是政府的税收收入。采取这种付费方式，既解决了免费搭车的现象，又发挥了收入、财富再分配的功能。低收入者与高收入者享有同等的公共物品，提高了社会福利水平，提高了资源配置的效率。

如上所述，政府稳定经济的职能主要包括两方面内容：一是保护竞争，维护市场秩序。市场的许多缺陷是由于不完全竞争造成的，而市场本身无法提供自身运行的规则，保证充分的竞争。因此政府一方面通过制定各种法律法规，维护市场秩序，抑制垄断，保护知识产权和消费者权益，打击不正当竞争，实现市场经济的法治化；另一方面采用税收、公共定价、补贴等多种方式，消除生产的外部效应、自然垄断，使企业的目标与社会目标保持一致。二是确保宏观经济运行的稳定。事实证明，市场机制运行中出现的经济上下波动无法通过自身途径来解决，必须由政府来加以适当的调节和控制。政府通过制定产业政策和国民经济发展规划，把握宏观经济走势和发展速度。同时，充分运用间接调控手段，如财政政策、货币政策等，加以协调配合，促进社会总供求平衡，熨平经济波动。

在市场条件下，由于个人在体力、智力、才能、资本拥有量诸方面存在很大差异，导致单一竞争主导的收入分配是不均衡的，既可能产生亿万富翁，又可能出现衣食不保的贫困者，形成社会贫富差距悬殊的不公平现象。由于每次分配的结果同时又成为下一次分配的起点，故市场机制的不断作用会使差距进一步扩大，这也是所谓"马太效应"与公平的理想目标相背离之处。收入分配不公会引发许多社会问题，扰乱社会秩序，也会危及市场的正常运行。

政府调节收入分配，目的就是对市场分配的结果进行再分配，缩小贫富差距，缓解社会矛盾，实现社会公平。政府收入再分配的最主要形式就是社会保障制度，它包括两个方面的内容：一是对高收入者征税和对低收入者的救济。政府对高收入者征收累进制的个人所得税，同时对贫困者予以货币或实物形式的救济，维持其基本生活需要。这种收入的转移是政府凭借政治权力强制实行的，它能够有效地缩小贫富差距，使整个社会福利得到改善，体现了公平目标。二是建立社会保险制度。社会保险包括养老保险、失业保险、医疗保险等，它主要是针对社会成员由于收入安排不当或遇到不可预见的灾难而造成生活困难时给予的救济，通常由政府强制实施。由于社会中的每个人都有可能面临突发事件造成的贫困风险，而这种风险有时无法靠个人的经济能力来抵御，因而人们愿意以保险的方式来共同承担这种风险。当某人不幸遇到了灾难，其他人的保费就转移给了他，实现了收入的再分配。养老保险虽然不具备再分配的性质，但它可以有效防止个人因收入安排不当而陷于贫困，因而有助于社会稳定的实现。政府的调控功能可以有效地弥补市场缺陷，但是我们也应该看到，政府的作用也并非完美无缺，政府在履行公共管理职能的过程中也会出现不到位乃至失效的情况。

第三节　社会组织在公共管理中的协同作用

一、社会组织在社会管理中的作用

毫无疑问，政府对于社会管理负有主要责任。政府是公共管理的核心，但是，政府不可能包办一切，政府、各类社会组织及公众的广泛参与，一起构成社会管理的主体。如上所述，社会组织和公众参与将弥补在一定条件下的政府失效。

公共性、公共精神是现代公共管理的本质特征和现实表现形式。公共精神既包括公正的原则，又包括社会共同参与的原则。现代大多数国家，政府都通过非政府组织和非营利组织来向社会提供各类公共服务和社会服务，注意充分发挥非营利组织在社会管理和公共服务中的作用。因此，社会管理还应当包括制定相应的政策，鼓励和引导包括非政府组织在内的各类社会组织的积极参与。

从当前现状来看，社会组织数量、规模以及更为重要的整体能力和作用，都跟不上经济社会发展的需要。现有的社会组织仍然或多或少存在以下一些问题：①官办和行政色彩较浓，缺乏应有的民间性、自治性、自愿性和自主性。现有的社会团体大多数是自上而下建立的，这在一定程度上影响了其自发性、自愿性，导致其创新精神和开拓性的不足。②自律机制不健全，对于非营利组织所应具备的透明度、公信度和良好行为准则，许多组织还不甚了解。③运作方式尚不能适应市场化环境和现代社会治理的要求。④组织结构失衡，能够及时回应和满足民间需求，又能充分利用社会资源和民间资源的非营利机构与组织仍然数量不多。

总体来看，我国社会组织发挥的作用还有待加强，应该更适应多元社会层次、多元利益群体和谐相处的需要。面对当今众多的社会需求和社会矛盾，政府一家包打天下的传统做法已经不能适应形势，社会组织却能够较好地对社会矛盾加以调适。在政府的主导下，让各类社会组织参与社会管理，这关系到社会管理理念的创新。这意味着让各类社会组织和公民团体以社会管理主体的姿态，以自助、自治的方式组织起来，积极参与社会事务的管理，积极参与社会矛盾的解决。政府则通过公共政策调节社会资源的分配，给弱势群体关怀，并在此过程中扩大就业、缓解社会矛盾。

政府可以通过发展一些低税与无税部门，支持社会公益组织发展和开展公益性活动。例如，一些发达国家的非营利部门的就业接近一半是在公共医疗卫生领域，教育也是非营利部门的主导领域。这在客观上促进了社会资源的合理调节，及对人力资本的投资。因此，通过非政府组织和非营利组织来加强社会协同，提高公众参与度，将是我国今后不断完善社会公共服务体系的十分重要的组成部分。

二、非政府组织在国际公共事务中的作用与影响

自 20 世纪 70 年代以来，非政府组织日益广泛地参与国际事务，它们在联合国体系内外的作用和影响不断增大，在各个领域里也得到了不同程度的承认。非政府组织在国际公共事务中所发挥的作用和影响主要包括五个方面。

第一，从事咨询和信息活动，提供和倡导非政府组织的观点和思想。联合国吸收非政府组织参与其活动并建立起制度性的联系机制时，首先考虑的是发挥非政府组织在咨询和信息处理方面的作用。像联合国经济及社会理事会和公共信息部对非政府组织参与所做的安排，也是着眼于既能发挥非政府组织的咨询与信息处理的作用，又能限制它们在其他方面的影响。在联合国的会议场所，特别是会议的准备过程中，各国政府可以从非政府组织那里，得到有关特定专业领域的、技术的、法律的以及政治等方面的专门知识。

第二，对政府和政府间国际组织的行为进行监督。非政府组织可以对政府间国际组织的条约、承诺、规划和项目的落实进行监督，还可以通过促进各政府间国际机构所通过的决议和条约的实施、促使各国政府遵守其在国际上做出的承诺等方式，积极地行使监督职能。

第三，参与执行国际组织的项目，协助政府间国际组织提供特定的产品与服务。多年来，联合国各机构一直在鼓励非政府组织参与各发展项目的实施。联合国体系通过分包合同等方式，将操作性的责任转移到非政府组织身上，非政府组织通过缔结协议和签订合同的方式承担提供特定产品和服务的工作。

第四，影响政府间国际组织的决策过程。第二次世界大战以后，在全球发展决策过程中起决定性作用的，一直是政府间国际组织，特别是联合国体系内的各组织。以往，非政府组织在联合国体系中的主要作用是促进决议和条约的实施。近年来，非政府组织不再仅满足于在联合国体系中提供信息和服务，而是试图对决策过程施加影响。它们积极争取参与决策的制定，对国际决策的过程发挥着越来越大的影响。进入 20 世纪 90 年代，联合国体系在确立议程、制定政策以及执行政策等方面越来越多地吸收非政府组织参与。

第五，在不同的利益冲突角色之间促成协调和妥协。在许多国际事务中，当事各国政府往往会由于经济的、政治的、文化的以及意识形态等方面的原因而争执不下，互不相让，有时甚至兵戎相见。在这种场合，非政府组织可以利用其民间的身份，在当事国政府之间进行斡旋，缓和紧张气氛，促进相互沟通与理解，打破僵局，推动问题的解决。总体来说，联合国体系与非政府组织两方面相互吸引、相互支持，已形成了较密切的合作关系。从联合国方面看，它试图通过与非政府组织的合作去实现其在各个领域里的目标。非政府组织则通过联合国体系争取有较多的发言权，力求对国际上的重大决策有较大的影响力，同时谋求从联合国体系中获得尽可能多的资助。但是，非政府组织同政府间国际组织有时也会出现很严重的冲突，有些政府间国际组织并不总是欢迎和支持非政府组织的活动。但是，非政府组织仍处于国际体系的边缘，对决策的影响有限。

在可以预见的将来，政府仍然是全球治理体系的主要角色。尽管如此，非政府组织的兴起打破了长期以来一直由政府独占国际治理领域的局面。为了使全球发展和全球治理体系的变革能够朝着健康的方向演变，有必要重视对非政府组织及其在全球治理体系中所引发的各种关系的研究。另外，自 20 世纪 90 年代以来，发展中国家从事管理与发展的非政府组织相当活跃。

三、非营利组织在社会服务和发展中所起的作用

虽然对非营利组织的关注只是近 20 多年来的事情，但非营利组织在各个国家存在与发展的历史则要久远得多。在谈到经济社会发展时，人们通常注意的是政府组织与营利性的企业组织的作用。但若全面地看各个国家的发展史，特别是从发达国家的发展史与现状来看，非营利组织所起的作用至关重要。

非营利机构发动了民间力量，动员了众多而巨大的物质与人力资源投入社会服务。非营利组织对促进社会发展的主要作用：填补政府用于社会发展方面的资金不足；开拓大量就业机会；增加资源运用的透明度和合理性；推动社会广泛关注与帮助在经济与社会发展中的某些薄弱环节，以及遭遇困难的弱势群体，如失业与半失业工人、老年人、残疾人、无经济来源的家庭、儿童、妇女等；对发展滞后的地区与弱势企业的转变有重要作用；对扩大社会公平，缩小经济发展中所产生的贫富悬殊，以及促进社会改革的进程都有积极的作用。

非营利组织是重要的社会产品与服务的提供者。在各发达国家的教育、卫生保健、社会服务以及文化娱乐等各社会发展领域里，非营利组织提供了相当大部分的产品与服务。非营利组织所承担的，通常是企业因无利可图而不愿去做，政府则因能力有限而无力去做的工作，或者在同样的条件下，由非营利组织来做会比由政府机构去做更有效率和社会效益。

非营利组织创造就业，吸收和运作各种社会资源。非营利部门除使用付薪的工作人员之外，还使用了很多志愿人员；除通过市场渠道引进资金和资源外，还从政府、企业以及公众等方面得到大量捐赠资源。非营利组织为企业市场经济活动提供支持和服务。在市场经济中，企业的许多活动是由非营利组织支持的。例如，商会、企业家协会以及各种行业协会等，它们的宗旨通常都是为企业服务，协调同企业有关的各种关系。又如，一些非营利组织对市场竞争中的弱势群体予以扶持，如扶助穷人、残疾人以及中小企业家等，鼓励他们参与并在市场竞争中站住脚。

非营利组织可促使公民发挥潜力，促进社会发展的多样性。非营利组织为社会成员在政府机构与企业体制之外开展活动提供了组织形式。公民可以根据

个人的兴趣、意愿和利益自主地组织起来，创造性地从事各项社会发展活动。通过非营利组织，公民可以增强自立精神和社会责任感。非营利组织在形式和职能方面的多样性和灵活性，促成了社会供给与满足社会需求方面的多样性。

非营利组织可增进社会容忍，促进社会和谐，维护社会稳定。非营利组织为社会各阶层的成员提供了较宽松的活动空间，而社会成员也可以通过各种方式来满足自身多样性和多层次的愿望并实现各自利益；它还能够起到排解社会怨气释放社会压力的作用，也使各种不同的社会群体能够依法共存相容，增进社会容忍度。在非营利部门中贯穿的宽容、互助、互惠、利他和公益的精神，不仅能够在非营利部门内促进社会和谐，而且还可缓和或消除因营利性企业部门和政府部门所引发和造成的一些社会矛盾，从而有助于维持整个社会的稳定。

非营利组织作为具有广泛性的社会现象受到人们的关注，则是 20 世纪 60 年代以后的事情。自 20 世纪后半期以来，不论是发达国家还是发展中国家，非营利组织的数目都有了成倍的增长。有人指出，我们已经置身于一场全球性的"社团革命"之中。正如一些学者所言，市场的缺陷并不是把问题交给政府去处理的充分条件，政府与市场一样会存在缺陷，有许多社会和经济问题是政府解决不了或解决不好的，政府失效会给社会带来更大的灾难，造成资源的更大浪费。

当代政府面临着复杂、动态、多元的社会环境，政府已无法成为唯一的社会治理者，必须依靠各类社会组织、公民乃至民营企业实施共同合作的治理。从市场经济的发展趋势来看，大量社会事务必须由社会自行来管理。另外，政府职能也是需要调整变化的，这客观上要求存在多元主体来承接政府转移出来的职能。政府对社会各项事务的管理，并不是管得越多越具体就越好，而是要充分考虑管理的正当性、有效性。不断将一些可由社会自我管理的事项和权力返还给社会，发挥其他主体的作用。

市场失效和政府失效可能会同时出现，从而使一些经济和社会问题失控。避免市场失效和政府失效是各国政府面临共同的课题。对此，通常的思路是完善市场机制的功能和提高政府组织的管理效能。但市场这只"看不见的手"

与政府这只"看得见的手"并不能涵盖整个社会管理领域，国家领域（公域）和市场领域（私域）之外实际上存在着非政府及非营利的"第三域"。

非营利组织是依法建立的具有非营利性、志愿性、自主管理、致力于社会事务的社会组织。它包括各种社会中介组织和各种民间组织。人类社会面对着来自各方面的挑战，在组织制度创新和管理创新方面的重要内容之一就是管理主体的多元化。各类非营利组织与其借以运作的特殊机制就体现了这方面的创新。从世界各国非营利组织的发展来看，其潜力巨大，它为解决政府失效和市场失效提供了新的可能。

非营利组织主要致力于"企业-市场体制""政府-国家体制"所顾不暇的众多经济和社会问题。在解决一些社会问题时，它们也是政府或企业不可或缺的合作伙伴。政府组织、市场组织、非营利组织是相对独立却彼此支持的组织。目前我国非营利组织已经在社会管理中扮演着富有活力的角色。随着社会的发展和公众自主意识的提高，人们在市场和政府之外，对社会组织给予了越来越多的关注。非营利组织是社会生活中最具社会效益的组织形式，它对政府摆脱社会具体服务，实现"小政府、大社会"的管理格局，起到了不可替代的作用。

在新公共管理潮流的影响下，许多发达国家纷纷把原来由政府承担的项目转移到由市场或非营利组织承担，从地铁和公交线路的运营，到医院、公园、养老机构的委托管理，再到教育、训练项目的承包等，可谓五花八门。在一些国家，非营利公共机构的就业人员与政府组织内的人员几乎一样多。从各国的经验来看，第三部门是解决社会问题的重要组织资源，它有助于政府职能的转变及其他改革；在经济领域，它能促进更多的贸易和合作，减少和防止机会主义、官僚主义行为所产生的交易成本（王玉明，2001）。

第六章 公共管理的途径与有效方法

第一节 传统公共管理手段与方式

传统的公共管理方法通常就是指行政方法。一般来说，所谓行政方法，是指行政组织及其人员为实现行政管理目标，在行政管理过程中所采取的程序步骤、技术手段方法途径的总称。行政方法贯穿于行政管理活动的各个方面，行政决策、行政领导、行政执行、行政监督机关管理等都需要采取一定的方法。行政方法具有合理性、有序性、常规性、系统性、灵活性的特点。

一、传统公共管理具体手段

诸多学者在界定其概念时各有千秋，有学者认为行政方法是指政府及其工作人员为履行行政职能、完成行政任务、实现行政目标，在行政管理过程中采用的各种方法和手段的总称。行政方法是指行政机关及其工作人员为实现行政职能、完成行政任务，在行政执行过程中所采用的措施、办法和技术、手段的总称。它是行政活动主体作用于行政活动客体的桥梁。行政方法既不同于哲学意义上的方法论，又不同于一般意义上的行政经验，它是正确处理管理主体与管理客体、行政职能与行政目标、行政思想与行政实践之间关系的方式、方法、手段和技术系统，它是整个行政系统的一个不可或缺的子系统。但上述界定的基本观念相通。行政方法是指行政组织及其工作人员，为实现行政目标，在行政管理过程中采取的各种手段和技术的总称。传统公共行政的方法主要有行政手段、经济手段、法律手段、思想教育手段。

（一）行政手段

行政手段是传统公共行政的主要方法。行政手段，又称为行政指令，是指行政主体所依靠行政组织权威，运用命令、决定、指示等形式，通过行政组织系统和行政程序，直接影响行政管理对象的意志和行动的行政方法，是行政组织中最常用的行政管理手段。其实质是通过行政组织的层级管理和职权专属原则贯彻行政意图，具有权威性、强制性、层次性、具体性和直接性。行政指令的优点在于政令集中统一、工作重点突出、资源调配集中迅速，能尽快地实现国家行政权力对社会经济生活的有效干预，如救灾抢险、经济危机等。但是，行政指令方法对行政主体的决策和执行能力要求很高，而且行政指令方法可能因过于管制，限制了下级执行的主动性和创造性，还可能因为强调纵向指挥命令，忽略了横向的协调合作关系，以致出现条块分割、扯皮推诿等问题。

行政手段的实质是国家通过各级行政机关和行政管理者，为保证国家的政令能够迅速贯彻执行所采取的一种强制性的管理方法。这种手段体现着管理的职责和职权，而不是体现个人的意志和能力。行政手段的发挥受到一些条件的限制，因此在运用这一方法时应注意：第一，树立和维护行政系统，特别是各级领导者的权威；第二，贯彻责权一致的原则，建立和完善监督机制；第三，注意加强横向协调，防止产生本位主义；第四，注意一切从实际出发，具体问题具体分析。根据行政指令载体的不同，可将其分为书面的行政指令和口头的行政指令；根据行政指令作用对象的不同，可将其分为对内的行政指令和对外的行政指令；根据行政指令所涉及层面的不同，可将其分为宏观上的行政指令和微观上的行政指令；根据行政指令相对于事件产生时间的不同，可将其分为事前的行政指令和事后的行政指令。

依据行政手段的特点，要特别注意把行政手段与强迫命令、个人专断、主观主义区别开来，把行政手段的权威与滥用职权区别开来，把行政手段的强制性与有效性结合起来，把行政手段实现的目标与维护行政对象的利益结合起来（吴爱明，2012）。

（二）经济手段

经济手段也是传统行政实现目标的重要方法之一。行政经济方法是指行政主体根据经济规律和物质利益原则，运用各种经济政策和经济杠杆来调节不同的经济利益关系，从而达到较高的经济效益和社会效益的行政方法。经济方法的基本内容包括经济政策和经济杠杆两个方面。经济政策是国家为实现经济发展目标而制定的行动准则和行动方案。宏观经济政策主要包括财政政策、金融政策、产业政策、外汇政策、区域政策等。经济杠杆是经济政策的延伸和执行手段，主要是通过制定和调整工资、价格、利率、税收、信贷等方法，运用经济合同、经济责任制、奖惩措施，调整经济利益关系，引导和影响市场主体的微观经济决策。

经济手段的优点在于能遵循经济规律，运用经济杠杆，发挥市场机制作用，调动社会积极性。其局限性在于片面强调人们的利益动机，忽视精神激励和社会价值的作用。此外，经济方法需要动用大量经济资源，对定量分析要求很高。而且，根据边际收益递减规律，物质激励作用不是无限的（丁先存和王辉，2015）。为此，经济方法必须按照客观经济规律的要求，运用各种经济手段，调节各方利益关系，刺激组织行为动力。经济方法具有间接性、关联性、有偿性的特点。经济方法的运用范围可分为宏观和微观两个方面。在宏观管理中，国家可运用财政、金融、汇率等手段，对国民经济进行宏观调控。在微观管理中，公共行政组织采用经济手段，就是要把组织中各层次、各成员的利益与其工作成效、业绩，乃至整个组织的成果联系起来，促使大家关心自己的工作，关心整个组织的成果，其主要运用的方式有工资、奖金、罚款、税收减免（蔡小慎，2007）。

（三）法律手段

法律一直是公共行政的重要管理方法。尤其是在现代社会中，法律具有最为重要的地位。简单地讲，行政法律方法是指行政主体依照法律、法规和规则等规范性法律文件的规定，运用行政执法手段，调整行政管理中的各种社会关系的行政方法。行政法律方法包括两个方面：一是行政主体制定行政法规、行政规章等行政立法活动；二是依法行政，用法律手段保障行政权力的行使，维护行政管理秩序。

这里所指的"法律"是一个广义的概念，既包括国家正式颁布的法律法规，亦包括各级国家机关所制定和实施的具有法律效力的各种社会规范。法律方法的实质是，通过法律法规的实施，将统治阶级意志转化为社会公众的普遍行为，用法律法规去调整各种社会关系，使其朝着有利于行政目标的实现方向发展。

（四）思想教育手段

思想教育手段是极富中国特色的行政管理方式，是指通过传授、宣传、启发、诱导等方式，提高人们的思想素质、智力素质和专业技术能力，充分调动人们的积极性和创造性，实现管理目标的管理方法。在公共行政活动中，比较常用的教育方法有宣传法、激励法、批评法、参与管理法等。其实质就是启发人们认识和掌握真理，激发人们的主动性和创造精神。教育方法是教育者作用于被教育者，通过人们的思想认识提高起作用。

思想教育手段的特点为启发性、间接性、经济性、艺术性、长期性。其内容主要是灌输教育、疏导教育、感化教育、养成教育、对比教育。因此也可以说思想教育，是属于心理行为方法的一种。心理行为方法是指管理者通过对人的心理诱导和行为激励等方法来实现管理目标。思想教育旨在通过对人们进行确定的、有目的和系统的感化与劝导，使受教育者在身心上形成教育者所期望的思想和品质。思想政治工作在对象上具有多元性，在方式上具有协调性，在作用上具有宏观的控制性。其主要途径有情理结合法、普遍自我教育法、个别现象法、以身作则教育法、刚柔相济法。

二、传统公共管理具体方式

（一）行政手段的具体方式

行政指令方法由行政命令手段、行政引导手段、行政信息手段、行政咨询服务手段组成。

1. 行政命令手段

行政命令手段是凭借国家政权的权威和权力，主要通过发布命令、指示等形式,由上级按纵向垂直的行政隶属关系,直接调节和控制下级的各项活动,带有明显的强制性。

2. 行政引导手段

行政引导手段是指上级对下级活动的控制,不采用命令的方式,而是指明方向加以引导,进行说服规劝。这种引导手段在一定条件下将取代行政命令手段,并日益显示出其在行政手段中的重要性。

3. 行政信息手段

行政信息手段的主要特征是,上级对下级的活动存在需要加以调控的必要,但既不采用行政命令的方式,又不采取说服、引导的方式,而是各种信息渠道和工具,下级在活动中应按照上级意图自行抉择。这种方式将突破行政指令手段纵向联系的典型运行方式,而向横向联系发展。

4. 行政咨询服务手段

行政咨询服务手段是指上级与下级之间或地方政府之间,就某些疑难问题提供咨询服务,如提供可行性论证的建议等。

(二)经济手段的具体方式

公共管理中所使用的经济方法指的是政府根据物质利益原则和客观经济规律,着眼于市场机制作用的发挥,运用价格、税收、补贴、利息、公债等经济杠杆以及市场化的方式开展行政管理活动的方法。经济手段具体包括价格、税收、政府支出、利息、公债、合同外包、产权交易、内部市场、凭单制等。

(三)法律手段的具体方式

我国规范性的法律文件主要包括宪法、法律、行政法规、军事法律和军事规章、地方性法规、自治法规、行政规章、特别行政区基本法及特别行政区法律、经济特区法规和规章、国际条约。法律手段的特性包括规范性、国家意志性、国家强制性、普遍性、利导性。

(四)思想教育手段的具体方式

思想教育手段的具体方式包括批评与自我批评、民主生活会、每周的政治学习等。

第二节　现代公共管理方法

一、市场化的主要工具

（一）民营化

民营化是一个宽泛概念，民营化可界定为通过更多地依靠民间机构，更少地依赖政府来满足公众的需求，意味着某种以政府高度介入为特征的制度安排向政府介入较少的另一种制度安排的转变（萨瓦斯，2002）。民营化的根本目标是通过引入民间力量，提高公共部门的绩效。政府与市场的关系模式，全面实现政府职能方式、权力结构和管理模式的变革：变微观管理为宏观管理，变直接管理为间接管理，变单一管理为多元管理，变过程管理为目标管理，从而达到减少政府开支，提高服务质量和效率，满足公众需求等目的。民营化的局限性：第一，民营化不是公共服务的唯一选择。首先，不是所有的服务可以民营化。公共事务的性质决定了它们在一定范围内还承担着满足社会公众公共福利的职能，对不同收入的社会阶层与不同地区的公众具有特殊意义，对于此类公共事务，还不能进行彻底的民营化改革。其次，治理的全过程是不可以民营化的。政府仍要在服务质量、价格、环境保护等方面承担起对公众应尽的职责。否则，就会失去做出集体共同决定的机制，就没有为市场制定规章条文的途径，就会失去强制执行行为规范的手段，丧失社会公平感和利他主义精神。最后，反对民营化改革的一方还对民营化成效提出质疑。第二，民营化的应用需要一定的社会政治经济条件，如稳定的政治环境、完善的市场经济体制、强有力的政府控制和监督能力（陈振明，2013）。

换言之，"民营化"有时与"市场化"同义，是指将原先由政府控制或拥有的职能交由企业私方承包或出售给私方，通过市场的作用，依靠市场的力量提高生产力，来搞活国有企业。其中，最典型的做法是将国有公司中一半以上的股票出售给私人，或全部直截了当地出售给私营企业（私有化）（刘厚金，2015）。

一般而言，民营化途径有以下几方面：第一，把政府机构由他的雇员直接提供的职能以合同的方式承包出去；第二，出卖政府资产和垄断权，把国有企业转让给私人部门和企业，如电信系统；第三，在某一公共问题上，政府和私人部门共同合作，并明确各自的角色；第四，鼓励某些特定的私人部门行为，如纽约市政府通过税收减免计划来改善城市的居住条件，通过免除资产税（地产税），鼓励私人部门房东和承包商承担起发展和维护低收入群体的居住条件的责任。作为一种政府工具，民营化的优点是可以促进管理者降低成本，提高质量；民营化既是一种新的管理形式和技术，也是获得资金的新来源；通过减少政府的直接行为，公共管理者可以专注于政策制定。但是，民营化的弊端也是显而易见的：政府丧失对实施公共政策的公共物品和服务提供的直接控制；由于民营化，政府在经济发展方面的功能和角色有所消退；对私人部门管理的控制不容易做到等（邹东升，2014）。

民营化的实质是通过一系列化公为私、公私合作方式，引入竞争机制，提高管理效率和服务质量，从而达到更好的社会治理效果。

（二）合同外包

合同外包是公共管理中运用最多的一种管理手段。政府的理想角色是了解和评估公众对公共物品的需求情况；安排私营部门为公众提供公共物品和服务；检查和评估私人部门所提供的公共物品和服务；征收税收，使政府有钱购买公共物品和服务；按照合同的要求向承包商支付款项。

合同外包的有效实施需要一些具体条件：第一，工作任务能够清楚地界定；第二，存在潜在的竞争；第三，政府能够监测承包商的工作绩效；第四，承包的条件和具体要求在合同文本中明确规定并落实（刘厚金，2015）。

合同外包也可以理解为把民事行为中的合同引入公共管理领域，以合同双方当事人协商一致为前提，变过去单方面的强制行为为一种双方合意的行为。政府与其他组织一样，都以平等主体的身份进入市场。政府的职责是确定需要什么，然后依照所签订的合同监督绩效，而不是靠强迫。合同外包被视为既提高服务水平又缩小政府规模的重要途径，是降低成本、节约开支的有效手段。合同外包常使用竞争性招标投标（竞标）的方式（吴爱明，2012）。

合同外包也称为合同出租、竞争招标，指政府确定某种公共服务项目的数量和质量标准，对外承包给私营企业或非营利机构，中标的承包商按照与政府签订的合同提供公共服务，政府用财政拨款购买承包商的公共产品和劳务。作为一种政策工具，合同外包可以利用竞争力量给无效率的生产者施加压力，提高生产率；能够摆脱政治因素的不当干预和影响，提高管理水平；可以通过把模糊不清的政府服务成本以承包价格的形式明确化，有助于强化管理。但是，在承包权的授予上可能形成对承包商的依赖，承包企业雇员罢工、息工和企业破产会使公众利益受到损害（宋世明，1999）。

（三）凭单制

凭单制是"政府部门给予有资格消费某种物品或服务的个体发放的优惠券"。有资格接受凭单的个体在特定的公共服务供给组织中"消费"他们手中的凭单，然后政府用现金兑换各组织接受的凭单。它包含三个层次的内涵：凭单是围绕特定物品而对特定消费者群体实施的补贴；凭单不同于补助，是直接补贴消费者而非生产者；凭单通常采取代金券的方式而非现金。

凭单制之所以直接补贴消费者而非生产者，其最大的目的在于削弱职业性利益集团对政府公共服务决策的控制。因此，凭单制是一种新颖的市场化工具，它不是传统地从供给者角度（如签约外包、竞标、补助、特许经营、内部市场等）加强政策制定者与服务提供者的联系来致力于改善公共服务质量，而是从消费者角度通过将其选择权巧妙地植入市场竞争机制，来减少政府的监督成本。凭单制的优势：凭单制作为市场化工具在改造传统公共服务提供机制上意义重大。它从根本上打破了政府垄断，削弱了职业性利益集团控制，拓宽了消费者的选择权力，有效架构了公共服务领域准市场，在改造公共服务文化和推动服务市场化上表现出显著的成效。凭单制反映了公共服务提供机制的新发展，体现了一种新的治理哲学或理念。这主要表现为实现了竞争与选择的结合、实现了效率与责任的统一、实现了政府与市场的结合。

1. 实现了竞争与选择的结合

凭单制通过授予资源控制权增强了消费者的选择能力。由消费者的凭单选择自动促成了供给者为追逐凭单的竞争，由竞争扩大了消费者的选择，从而实现了扩大选择和引入竞争的结合。

2. 实现了效率与责任的统一

凭单制坚持了顾客主权原则，消费者掌握资源的控制权和对服务的选择权，这使得服务机构不得不关注顾客的需求，由"官僚驱动"转为"顾客驱动"。凭单制在坚持顾客战略与后果战略相结合的前提下达到了加强责任和提高效率的统一。

3. 实现了政府与市场的结合

凭单制一方面坚持了政府的支付和监管责任，另一方面则在具体输出方式上引入市场机制，引入各种私人组织和非营利组织的竞争参与。这样，政府实现了从"划桨"到"掌舵"的转变，公共服务提供机制也实现了从政府垄断到政府与市场优势互补的转变。

（四）放松管制

自美国学者提出放松管制以来，公共管理的主体采用更为灵活的方式更好地进行管理一直是西方发达国家的主要议题。对于一个法治化程度高的国家而言，放松管制是给政府松绑。但对于一个法治化程度较低的国家而言，放松管制的结果可能是灾难性的。

所谓放松管制，就是在市场机制可以发挥作用的行业完全或部分取消对价格和市场进入的管制，使企业在制定价格和选择产品上有更多的自主权。管制是一种活动过程，在这种活动过程中，政府对个人和机构提出要求或规定某些活动，并经历一种持续的行政管理过程（一般是通过特别指定的管理机构来完成这项工作）。管制是由政府做出的，它们必须被目标团体及个人遵守、服从，不遵守或不服从将受到惩罚。大部分管制通过行政法规来进行（有时管制实际上就是一般的法律），并由政府部门或特别的机构（如美国的独立管制委员会）来管理。管制采取了不同的形式，如规章、标准、许可、禁止、法律秩序和执行程序等。政府管制遍及社会生活的许多领域，尤其是在物品和服务的价格和标准等方面。放松管制，就是在市场机制可以发挥作用的行业完全或部分取消对价格和市场进入的管制。其基本的观念是："政府无效率的主要原因是对管理层进行干预控制的内部管制的数量太多……基本的假设是，如果公共组织能够清除戒律，它就能更加具有灵活性和效率。"其具体做法包括放松对定价权的管制，放宽或取消最低限价和最高限价；逐步减少价格管制所涵盖的产品的范围，放宽或取消进入市场的管制等。放松管制并不是不要政府干预，只是减少政府不必要的干预与控制（吴爱明，2012）。

（五）用者付费

由于公共资源的有限性，公共产品及公共服务不可能满足所有人的需要。为此，用者付费就是一个必要的管理方式。陈振明（2009）认为用者付费是指公共部门根据市场原理，制定基准价格，通过向消费者（民众）贩售特定的公共服务，取得收入的一种政策工具。

用者付费工具的适用范围是由公共部门所提供服务和物品的性质决定的。当公共部门提供纯粹公共物品发生的费用，只能以税收来补偿，用者付费工具不适用，因为纯粹公共物品具有消费的非竞争性和供给的非排他性。公共部门提供的"准公共物品"，其消费具有一定的竞争性，并能以较低的成本将拒绝付费者排除在外，应适当采取用者付费工具弥补其供给成本，通过市场进行资源配置。确定用者付费工具的适用范围还应注意以下几个因素：第一，需求弹性。对弹性较大的准公共物品，用者付费工具有助于资源的最佳配置，消除过度使用。以公共交通为例，在较高的需求弹性之下，免费使用会加大社会成本负担，而对那些完全无弹性的公共物品，人们的需求殷切，用者付费工具无助于资源的最佳配置。第二，替代性。在同等条件下，准公共物品的可替代性越高，用者付费工具的效率损失就越大。例如，两座相隔不远的桥，一座收费，而另一座不收费是不合适的。第三，分配合理性。对于那些不会因收费而招致对低收入阶层负担过重的准公共物品可以采取用者付费工具；而对那些依据公平准则，必须保证低收入阶层享有的物品和服务，如基础教育，则必须以政府拨款的方式来解决资金需求。第四，收费成本。对那些收费成本相对较低，成本占收益比例不高，同时不会因收费给使用者造成不便的准公共物品或服务适合用者付费工具，如道路、桥梁的收费站等（陈振明，2009）。

在实践中，用者付费常常与特许经营相结合，它要求对一些公共服务采取收费的方式，目的是把价格机制引入公共服务。从理论上讲，用者付费工具有如下优点：一是能够克服免费提供公共服务所导致的对资源的不合理配置和浪费；二是避免因无偿提供公共服务导致无目的的补贴和资助，对社会公平造成损害；三是可以使价格真正起到"信号灯"的作用，即市场机制在公共服务领域得以有效应用；四是可以增加政府的财政收入，缓和政府的财政危机。实行用者付费以后，公众显示了对公共物品和服务的真实需求，使得资源得以有效配置。在特许经营的条件下，用者付费能够刺激私人部门以较低的价格提高公共服务水平，改善公共服务质量。从公平的角度看，由直接受益者支付比用财政支付更公平（刘厚金，2015）。用者付费是指政府对某种物品、服务或行为确定"价格"，由使用者或行为者支付这种费用，其主要目的是想通过付费把价格机制引入公共服务。用者付费经常被用于控制负外部性，特别是控制污染的领域，它也被用于城市交通控制。

用者付费的首要缺点：收费水平难以精确确定；在得到一种最优化的收费标准的过程中，资源有可能被误置；不能作为危机处理的工具；管理成本高且程序繁杂（邹东升，2014）。

（六）特许经营

公共管理中的特许经营是由公共部门授予私人企业经营和管理某项公用事业的权利，通过特许协议明确双方的权利与义务，承担相应的风险，从而达到公共管理目的的一种工具。特许经营的特点：政府与生产者角色分离、政府管制与市场竞争有机结合、合同约束取代行政管理、投资和生产主体的多元化、合理分散投资的风险与回报（陈振明，2009）。就实质而言，特许经营制是托管制的进一步延伸，即由公共部门授予非公共部门经营和管理某项公用事业的权利，通过特许协议明确双方的权利和义务，在合同期限内，非公共部门经营和管理公共服务项目，获得收益，并承担经营风险以及维护性投资的责任。20世纪70年代以来，随着新公共管理运动的兴起，特许经营在公共部门管理中得到广泛应用，尤其是应用于高速公路、铁路、供电、通信、有线电视、城市供暖、垃圾和污水处理、停车场等设施的建设和经营项目。实践中，特许经营有三种基本方式。

1. TOT 方式

TOT（Transfer-Operate-Transfer）方式是政府，将其投资形成的公共服务资产的经营权以特许经营的方式，在一定期限内出让给非公共部门，由其进行经营管理并获得收益，期满后，非公共部门将功能完好的公共服务资产"归还"给政府部门。这实际上是政府以财产的运营收益换取非公共部门的经营服务。

2. BOT 方式

BOT（Build-Operate-Transfer）方式与 TOT 方式的不同点在于，它是由非公共部门负责公共服务项目的投资建设，然后在特许经营期限内，从事运营、管理和维护，获得相应收益，足以补偿全部投资和应得利润，合同到期后，将非公共部门投资形成的公共服务资产无偿交给政府。

3. BOO 方式

BOO（Build-Operate-Own）方式与 BOT 方式的区别主要是合同期满后，其将继续占有和保留所投资财产（丁先存和王辉，2015）。

根据承担风险的方式，特许经营又可以分为：第一，全部风险特许经营，是由民营企业承担全部风险的方式。承租企业对公共部门委托的公用事业项目进行投资、建设、经营和管理，独立运作，自负盈亏，并承担各自经营风险。公共部门没有投入，不承担经营风险，私营企业负担一切投资以及经营所需费用，对某一公用事业相关市场负责全面开放和经营管理，同时承担所有经营风险。我国在特许经营实践中经常使用的 BOT 就属于该模式。第二，共担风险特许经营，是由民营组织和公共部门共同承担风险的方式。公共部门与民营企业对项目共同投入，共担风险。通常是承租民营组织要分担项目建设和经营过程中的技术风险，以及它所投入的部分投资风险。公共部门投入部分（包括原有的投资）的经营风险由公共部门分担。租赁经营方式、承包经营方式、合作经营方式就属于这种模式。第三，有限风险特许经营，是由公共部门直接承担经营风险的方式。在某种情况下，如由于投资的长期性和价格的公益性，公用事业项目没有人愿意参与经营，市场失灵严重，公共部门必须为之负责。由于市场在提供某些公用事业项目方面面临诸多困难，承租企业在经营过程中不能从用户身上获得足够的营业收入，就必须从财政预算中支取成本和报酬，承租企业仅承担有限的风险。这种方式应用于客源不明、不依靠用户支付能力的公共设施的投资和经营（许克祥，2014）。

二、工商管理技术

（一）目标管理

目标管理（Management By Objective，MBO）是 20 世纪中叶产生于西方并流行至今的一个重要管理方法。刘厚金（2015）指出，目标管理是美国学者彼得·德鲁克于 50 年代以系统论、控制论、信息论和人际关系理论为基础而提出的一种新的管理方法，它是以目标为导向、以人为中心、以成果为标准而使组织和个人取得最佳业绩的现代管理方法。目标管理一般包括制定目标、实施目标和成果评价等基本程序，其间穿插着计划、组织、指挥、协调、激励、监督、控制等活动。目标管理主要有三大特征：第一，面向成果的管理，即用目标来统一员工的意志和工作，让每个部门、每个员工都将注意力转向组织目标并为此做出自己的贡献；第二，分权与自我控制的管理；第三，参与式管理，即要求上级部门充分发挥下级的能动作用，使其参与到管理决策中来。

政府中的目标管理就通过预先设计的政府工作目标，激励和引导政府部门和公务人员的管理行为，并对这种行为实施控制，最终实现政府工作目标的管理方式。通过目标管理，把发展和改革的总体目标，转化为政府工作目标，协调发展，突出政府工作重点。作为一种政策工具，目标管理在公共部门中的应用要求按照统一、效能的原则，将竞争机制引入公共管理活动，落实公共管理系统工作责任制，促进公共部门转变作风，克服官僚主义，提高工作效率，按照职能和目标逐步理顺公共部门的权限和职责，把各部门、各单位的思想和行动统一到预定目标上来。通过目标管理的协同导向作用，加强政府工作的横向联系，减少内耗，以获取更好的整体功能和管理绩效（邹东升，2014）。与私人部门相比，公共部门目标管理的特点有四个。

1. 面向成果的管理

传统的公共组织具有许多弊端，如过分重视技术官僚、过分依赖上级权威、缺乏沟通和整合、重视投入而忽略产出等。其中，看重投入和过程而忽视产出和结果是传统公共组织最大的缺陷。公共部门目标管理实质上是一种面向成果的管理，它对人们提出的要求并不在工作本身，而是工作结果。"一切为了结果"是目标管理最响亮的口号。

2. 分权与自我控制的管理

集权与分权一直是公共部门的一对基本矛盾，传统的公共组织将权力过分集中于上级，下级只是执行上级的决定。目标管理基本上以麦格雷戈的"Y 理论"作为人性论基础。目标管理认为，人们应该也能够为组织做出自己的贡献，因此，它赋予每个部门、每个管理人员独特的任务和职责。为了完成任务、履行职责，它将传统组织中集中于上级的权力尽量地分配给下级，让他们自己做出决定，自己采取行动，自己纠正偏差。与那些集权的，强调上级监督、控制的管理相比，它是一种分权与自我控制的方式。

3. 参与式管理

有人认为目标管理就是上级制定目标并指挥、监督下级去执行目标的过程，这实质上是对目标管理的误解。目标管理不仅像传统管理理论那样重视组织的目标和管理目的，而且还将其视为一种激励下级、开发和培养下级能力的手段。在诸如目的的制定、计划的实施、成果的评价、经验和教训的总结等方面，并不是由上级决定的，而是在下级充分自主的情况下，通过与上级沟通、协商来共同决定。因此，目标管理是一种民主参与式管理，它要求上级部门充分发挥下级的能动作用，积极参与到各项管理决策中来。

4. 整体性的管理

公共部门目标管理是一种整体性的管理，具有系统性和层次性。目标管理把公共部门的总目标逐级分解，各个分目标都以总目标为依据，用总目标来指导分目标，用分目标来保证总目标；上级决策部门以提高效益水平为主，下级工作部门以提高能力为主，实行整体管理，方向一致，相互合作，共同努力。

公共部门目标管理是一个动态循环的过程，它主要包含三个阶段：目标的制定、目标的实施、业绩考评。

（1）关于目标的制定。①制定目标的依据是法律政策及上级的要求、服务对象要求、组织的现状。②目标的制定程序包括准备工作、初步拟定目标、初拟目标的讨论与修订、制订目标实施计划。③有效目标的标准是具体、切合实际、与权限一致、表达明确、具有弹性和一致性。

（2）关于目标的实施。①实施目标管理的前提是组织成员自我管理能力较强、组织具有统一的价值理念、组织高层领导重视。②授予有效的权限。③分配资财。④环境、目标、资财和日常工作控制。

（3）关于业绩考评。①成果评价将目标是否实现作为衡量标准，是一种以自我评价为主、上级评价为辅的综合评价方式；成果评价与奖惩制度紧密联系起来。②支付报酬。

（二）标杆管理

标杆管理（Benchmarking Management）就是一种从自身与最佳实践的对比和分析的过程中找出两者的差距，并采取相应的对策消除，以实现绩效的持续改进的管理工具。由此，不难看出，标杆管理定义的关键是比较（Comparing）、学习（Learning）、提高（Improving）。标杆管理在公共部门实施中的困难主要体现为多元目标的冲突及中心目标的模糊、公共部门管理绩效的难以测定、标杆变化的弹性难以确定、公共部门预算周期的限制、缺乏熟练掌握标杆管理的专门人才、公共部门的组织文化问题。

标杆管理是一个认识和引进最佳实践以提高组织绩效的过程。在传统管理中，组织设定目标都是基于过去的业绩水平，其局限性是没有将组织目标与组织外部高标准联系起来。如果组织完成的目标经常低于设定目标，那么组织将逐步走向低效率。同时，任何组织都不是孤立存在的，如果不重视竞争对手的优势与长处并加以研究，将难以取得竞争优势。对于政治组织而言，其内部并不存在因争夺市场份额而发生的生存竞争，因而明显缺少一种激励机制。引入标杆管理不仅可以改变政府组织的运行节奏，而且可以促进其及时改进，使其能应对各种根本性的变革，满足公众的期望，避免由于行政绩效不佳而造成公众福利的净损失。政府部门实施标杆瞄准的流程一般包括整体规划与标杆项目的选定、内部数据的收集与分析、外部数据的收集与分析、标杆项目的绩效改进与持续改进。

1. 整体规划与标杆项目的选定

整体规划与标杆项目的选定阶段应该进行下列活动：组织确定为什么进行标杆瞄准；争取得到组织高层的支持；开发测评方案；制订数据收集计划；与专家研究制订标杆计划；为标杆瞄准项目赋值。

2. 内部数据的收集与分析

内部数据的收集与分析阶段应该进行下列活动：收集并分析内部公开发布的信息；挑选潜在的内部合作伙伴；收集内部尚未公开的研究资料；进行内部访谈并调查；组织内部标杆瞄准委员会；组织对内部合作伙伴进行考察。

3. 外部数据的收集与分析

外部数据的收集与分析阶段应该进行下列活动：收集外部公开发表的信息；收集尚未发表的研究资料。

4. 标杆项目的绩效改进

标杆项目的绩效改进阶段应该进行下列活动：确认正确的纠正性行动方案；制订实施计划；获得高层领导的批准；实施方案并评价其影响。

5. 持续改进

持续改进阶段应该进行下列活动：维护标杆瞄准数据库；实施持续的绩效改进计划。

（三）流程再造

企业再造是 20 世纪 80 年代初在美国出现的。其创始人哈默（Hammer）和钱皮（Champy）在《企业再造：企业革命的宣言书》一书中对企业再造所下的定义是对公司的流程、组织结构和文化等进行彻底的、急剧的重塑，以达到绩效的飞跃。根据哈默的阐述，我们不难理解企业流程再造的核心思想：通过对企业原有业务流程的重新塑造，借助信息技术，使企业由传统的职能导向型转变为流程为中心的流程导向型，实现企业经营方式和管理方式的根本转变，最终提高企业竞争力。流程再造是一个持续改革、不断完善的过程。哈默还从基本理念、原则和运作过程等方面进行了分析，指出公共部门流程再造的基本理念意味着，公共部门流程再造是公共组织工作流程、观念和方法的全程革命，目的是实现整个社会公共利益最大化。流程再造对现有流程和体系结构的变革，也是对现有系统的否定，因此它给公共部门带来的变化是剧烈的、革命性的、跳跃式的。

公共部门流程再造蕴含着"新公共管理"的精神，就是试图彻底变革传统的行政管理模式，创造面向顾客、服务公众的公共组织体制，重新界定政府角色，更新管理方式。以适应变化着的环境的要求流程再造强调以信息技术为基础，围绕政府目标，改革原有的工作流程和组织结构，重新设计整个体系。视顾客满意为政府最大使命，创建持续流动、快捷高效、人性化的"无缝隙政府"，扬弃现行的行政运行程序、层级制政府机构，提升组织绩效、服务质量、自我更新能力。公共部门流程再造有三个原则：第一，顾客至上原则，意味着以公众为出发点，流程的再造必须围绕以公众为服务中心而组织，而不是以职能为中心；第二，以流程为中心的原则，强调整体流程最优的系统思想；第三，节约成本和提高效能的原则，呼唤创新的、有活力的、以公众需求为导向的、高效率和高效能的政府，实质上就是以结果导向作为行政效能的内涵。公共部门流程再造的运作过程包括战略决策的勾勒、启动再造、审视现有流程、重新设计、推广流程再造、评估反馈并持续改善等各个环节。

（四）战略管理

战略管理（Strategic Management）是过去几十年公共管理吸收私人部门管理最为重要的方式，甚至可以说，没有战略管理，就没有公共管理。与传统行政管理最为不同的地方就在于，公共管理重视战略，而传统行政管理重视过程，注重眼前。简言之，战略管理是针对未来不确定的环境而进行的规划和管理。对此，陈振明（2013，2017）指出战略管理是一个过程，它在把传统与创新结为一体的同时又考虑制定创造新的理念，以及把新思维付诸实践。

巴可夫和纳特提出的6个阶段模式是当前最有影响的战略管理过程模式：根据环境发展趋势、总体方向及标准概念描述组织的历史关联因素；根据现在的优势与劣势、未来的机遇与威胁来分析判断目前的形势；制定出当前要解决的战略问题议程；设计出战略选择方案从而解决需要优先考虑的问题；根据利害关系和所需要的资源评价战略选择方案；通过资源配置和对人员管理需要优先考虑的战略。他们将公共部门战略管理过程划分为战略规划、战略实施和战略评价三个阶段。战略管理是从企业的战略规划发展而来的，20 世纪 80 年代开始被引进公共行政组织。它是指政府部门从自身实际情况出发，结合外部环境而制定的长期发展方向、目标、任务和政策以及资源配置方面的决策。政府部门战略管理主要不是针对组织内部，而是强调组织适应外部环境和预期外部环境的变迁。同时，政府部门战略管理与企业战略管理的区别在于，它必须考虑政治因素的影响。

公共行政组织实施战略管理，一是因为经济全球化以及政治、经济发展一体化，使国际竞争更加激烈，政府治理的外部环境更为多样和复杂。通过战略管理，可以提升政府适应环境和处理公共事务的能力，使政府在国际竞争中处于有利地位。二是因为面对复杂多变和不确定的外部环境，政府的功能和角色也处于不断的变化之中。通过战略管理，不仅可以使政府及其领导人树立系统、整体、发展和开放的观念，维持国家、社会长期持续发展的能力，实现公共利益，亦可以明确政府角色和行为方式以及公共政策的方向，为企业组织和民间组织的发展创造并提供良好的秩序和政策环境。

对于发展中国家来说，可以战略性地规划国家产业发展方向和产业结构布局，平衡地区间的差距，确定国家战略性资源配置的优先次序，从而为经济发展指明方向。政府部门战略管理一般分为四个步骤：一是界定组织的内外环境；二是制定战略规划；三是实施战略规划；四是进行战略评价。

公共部门战略管理与私人部门不同，它具有前瞻性、全局性、公共性、权威性、模糊性、参与性等特征。其价值是有利于公共部门使命的实现、更好地实现公共利益，帮助公共部门适应复杂的环境。其具体流程包括环境分析、战略规划、战略实施、战略评估等环节。公共部门战略管理的基本原则是以社会公众的共同需要为出发点、保证战略管理过程的灵活性。公共部门战略管理的常规方法主要有 SWOT 分析法和组建战略管理小组（SMG）。

1. SWOT 分析法

SWOT 分析法又称态势分析法，最早应用于企业管理领域，是一种能够较客观而准确地分析和研究企业现实情况的方法。SWOT 分析通过对优势、劣势、机会和威胁的综合评估与分析得出结论，然后再调整组织资源及策略，最终达成组织目标。

2. 组建战略管理小组（SMG）

战略管理过程，不能靠领导者一个人来完成，一般来说，必须建立战略管理小组来加以整体协作。SMG 由代表组织内外部利益的不同个体组成，它不仅是组织创造变革理念的源泉，还是组织创造关于如何进行变革的理念的主要源泉，战略管理过程依赖于 SMG 得到这些理念。战略管理小组既要营造创新，又要促进各利益相关者达成共识。参与过程也是相互协调、促进发展以克服阻力的过程。参与过程使得参与者及其所代表的利益群体能够更好地接受这一过程带来的结果，为以后的共同行动打下基础。这一点对于利益相关者有众多的公共部门尤其重要。公共部门的战略管理，是一个使组织和领导者能够通过资源分配和工作分工来达到组织目标的过程。作为一种政策工具，战略管理提供了一种全面综合的组织观念，可以实现重心从即时的工作任务向组织整体目标、产出和影响转变，更好地实现对组织资源和目标的控制。但是，它需要花费大量的管理时间用于分析资源，同时，战略管理不仅要让人明白组织要做什么，还要说明组织不做什么，对于公共部门来说，这可能产生政治上的困境，因为它可能会激起反对派和利益团体的反对。

三、社会化手段

（一）社区治理

社区治理是社会化管理的基本手段。对此，许克祥（2014）指出，社区治理是治理理论在社区领域的实际运用，是指政府、社区组织、居民及辖区单位、营利组织、非政府组织等基于市场原则、公共利益和社区认同，协调合作，有效供给社区公共物品，满足社区需求，优化社区秩序的过程与机制。社区治理强调治理主体的多元化及互动、治理过程复杂化和长期化以及治理内容多样化。社区治理的功能：有助于社区经济的发展；实现社区文化的繁荣；促进社区环境的美化；有助于社区治安状况的改善。

社区治理是指开发和利用社区文化资源、人力资源，在社区内通过建立各种敬老院、福利院、康复中心、医疗站、托儿所、幼儿园等设施，对老年人、儿童和残疾人等实行社区照顾；调动社区居民不定期地参加保护社区环境的清洁卫生工作，美化居住环境；加强社区治安管理等。

（二）志愿者组织

作为一种政策工具，志愿者组织的活动不受国家强制力和经济利益分配的约束。志愿者组织可以提供某些社会服务，如慈善机构为穷人提供医疗保健、教育和食品，志愿者团体提供诸如海滩和公园的公益服务等。志愿服务的最大优点是创新，即创造性地迅速确认并满足需求的能力。由志愿者提供社会服务还可以减少对政府行动的需要或减轻政府的负担。但是，其应用范围有限，大量的经济与社会问题不能通过这种手段来处理；志愿者组织容易蜕化变成准官僚机构，从而降低它的效能和效益。

（三）公众参与

伴随着日益增长的民主化浪潮，公共管理中的公众参与越来越成为一种重要的手段。在公共政策制定过程中，公众的政治参与是衡量一个国家政治民主化和现代化的重要标志。尽可能地让更多的人参加，让公众充分表达对公共政策的看法和意见，增进政策制定者和公众的互动，这样有助于提升公共政策的合法性，拓展民主的广度和深度。公众参与是在公共政策的形成过程中，确保政策符合民意及政策合法化的根本途径，因此进行充分的公众参与是非常必要的。引入"公民参与的有效决策模型"，根据实际情况选择相应的公众参与形式，从而为公共政策制定中的公众参与提供路径依赖，有助于推进我国公共决策的科学化、民主化和法治化。目前我国公共政策制定中公众参与缺失的主要原因有外部因素的制约和公民素质的限制。

1. 外部因素的制约

外部因素的制约包括：公众参与的制度缺位，参与机制不完善；政策制定者对公众参与的主观排斥也是不容忽视的因素；政治信息短缺也会影响公众参与。

2. 公民素质的限制

公民素质的限制包括：公众参与的意识薄弱，公民责任感不强；公众参与能力的有限性也是其政治参与的障碍因素。

公众参与是衡量现代社会民主化程度和水平的一项重要指标，它的具体形式很多，包括直接选举和全民公决，又包括公共决策听证会。其中，公共决策中的听证制度是现代民主社会普遍推行的用于保证各方利益主体平等参与公共决策过程，最终实现决策民主化、公开化、科学化和公正的一种重要制度安排。

（四）行政听证制度

行政听证制度是指行政主体在制定法规、规章或其他规范性文件，或是做出直接影响利害关系人权利义务的决定前，就有关事实问题和一些法律问题听取利害关系人意见的一种程序性法律制度。

听证渊源于英美普通法的自然正义观念的听取两方面意见的法理，最初仅用于司法权的行使，作为司法审批活动的必经程序，谓之"司法听证"。后来随着司法听证的广泛应用和不断发展而移植到行政领域，形成"行政听证制度"，即在政府行政决策过程中，听取有关专家学者的意见，特别是听取与该政策有利害关系的当事人的意见，把行政决策变成集思广益、有科学根据并有制度保证的过程。

综观国内外，在现代行政权力日益膨胀的情形下，行政听证制度设置的目的在于增强个人权利对抗公权力的能力，是防止行政权力滥用的有效手段。同时，它又以公众直接参与的方式弥补了立法代表制度和行政机关首长负责制在反映民意方面的不足与缺陷，拓宽了民主的广度，推进了民主向纵深发展，进一步提高了人民群众当家做主的地位，是人民主权的直接表现。所以，行政听证的起点应是"以权力制约权力"；听证适用范围应覆盖行政权力全部领域（除免除事项外），以此最大限度地达到行政听证制度追求的价值目标和丰富的民主内涵。一般来说，听证会的形式有四种：第一，正式听证和非正式听证；第二，事前听证、事后听证和结合听证；第三，辨明性听证和审讯性听证；第四，自行听证与委托听证。听证会应当奉行公开、公正、参与的原则。

第三节 电子政务管理

一、电子政务的概述

（一）电子政务的概念

关于电子政务，国内外有多种多样的提法，如电子政府、政府信息化、数字政府、网络政府等，这些提法从不同的角度揭示了电子政务的概念与特征。电子政务一词是相对于传统政务和电子商务而言的，是快速发展的电子信息技术和政府改革相结合的产物。

由于电子政务是借助电子信息技术而进行的政务活动，所以其概念的内涵和外延在很大程度上取决于我们对电子信息和政务活动所下的定义。政务有广义和狭义之分：广义的政务泛指各类行政管理活动，而狭义的政务则专指政府部门的管理和服务活动。目前，大家所谈论的电子政务建设，更多是指政府部门的信息化建设，而就我国而言，党委、人大、政协、军队和企事业单位等同样进行一定的行政管理活动，这些活动同样可以借助电子信息技术来进行。所以，电子信息技术在公共管理中的应用，实际上要远远超出政府系统的范围。

从狭义上讲，电子政务就是应用现代电子信息技术和管理理论，对传统政务进行持续不断的革新和改善，实现高效率的政府管理和服务。从广义上讲，电子政务不但包括了政府的电子信息化，而且包括了党委的电子信息化、人大的电子信息化、政协的电子信息化和军队的电子信息化。

电子政务主要有三个组成部分：第一，政府部门内部的电子化和网络化办公；第二，政府部门之间通过计算机网络进行的信息共享和实时通信；第三，政府部门通过网络与民众之间进行的双向信息交流。

具体地讲，我国各级政府部门所广泛使用的办公自动化系统，属于第一类电子政务的范畴。国家已开展的"三金"（金桥、金关和金卡）工程和电子口岸执法系统则是第二类电子政务的典型例子。政府部门通过自己的互联网站发布政务信息以及进行网上招标、网上招聘、接受网上投诉等就属于第三类电子政务的范畴。

电子政务系统是基于网络符合因特网技术标准而面向政府机关内部、其他政府机构、企业以及社会公众的信息服务和信息处理系统。它是一个利用信息和通信技术，有效地施行行政、服务及内部管理功能，在政府、社会和公众之间建立有效服务系统的结合。一个完整的电子政务系统，应该是上述三类系统的有机组合。总体来说，电子政务系统有三个目的：第一，政府机构各部门实现办公自动化、网络化和信息化，帮助提高政府在行政、服务和管理方面的效率，积极推动精简机构和简化程序等工作；第二，利用政府内建立的网络、信息资源和现代化手段，为社会提供优质的多元化服务；第三，以政府信息化的发展推动和加速整个社会信息化的发展。

（二）电子政务的实质

1. 电子政务是现代电子信息技术在政府工作中的全面应用

电子信息技术特别是网络技术的高速快捷、全球联通的特点，使得政府信息的生产和传播、政府管理的手段和方式发生了深刻的变化。政府在某些领域具有更强的信息获得与控制能力，从而拓宽了政府的职能领域，更有效地实现对社会的控制；同时，由于面临来自社会各个方面的竞争，政府在信息获得和控制方面的垄断优势也将被打破，从而导致某些政府职能的压缩和流失。这些都将给政府管理方式带来革命性的变化。

2. 电子政务是一种全新的政府管理理念

电子政务不是传统政务和电子信息技术的简单叠加，不是用电子信息技术去适应落后的、传统的政务模式，而是借助电子信息技术对传统政务进行革命性的改造，更好地实现政府为公众服务的宗旨。

3. 电子政务是一个动态的过程

电子政务不是一个结果，而是一个动态的过程，是一个持续不断地运用技术手段改革政府管理模式和政府管理手段的实践。电子政务需要用系统工程的方法对政府管理流程不断进行改革和完善。

（三）电子政务的产生

社会信息网络化是电子政务产生的内在动力。国际互联网和电子数据交换技术为电子政务奠定了物质基础和技术基础。

电子政务之所以在 20 世纪末得到迅速的发展，并被视为传统政务的必然发展方向，有着特定的社会根源。分析电子政务的提出和发展历程，可以归纳出电子政务产生和发展的一些条件和诱因。

1. 电子政务的产生源于现代信息技术的发展和广泛应用

信息技术的发展和广泛应用对政府管理的影响是革命性的。一方面，它使信息的收集、整理、加工、分析和传播更为有利，缩短了政府、企业和公民个人之间的相对距离，加强了管理主体和客体之间的信息沟通和信息反馈，从而加强了两者之间的密切联系和相互作用。另一方面，信息技术也增强了公民和社会在信息和知识方面的占有量，从而削弱了传统政府的优势地位，向传统政府官僚体制提出挑战，使政府、企业、社会组织、公民个人的共同管理、民主管理、参与管理成为一种需求和可能。

2. 电子政务是政府改革的内在需求

传统的政府管理体制，是建立在韦伯的科层制理论基础上的一种金字塔型的管理机构，是工业技术革命的产物。自 20 世纪 70 年代以来，在经济全球化、信息网络化和新公共管理理论的推动下，西方国家纷纷掀起了以市场导向为价值取向，以权力下放、规章制度精简、管理层级压缩、公务员队伍裁减为手段的政府改革运动。

我国于 1998 年开始实施中央政府机构改革，加强了宏观经济管理部门，减少了专业职能部门，机构改革取得了明显的成效。利用先进电子信息技术手段，提高政府工作效率，推进政府改革，成为各国政府的重要战略，在这种形势下，电子政务应运而生。

二、电子政务的内容和作用

（一）电子政务的内容

电子政务虽然是政府部门办公自动化、网络化、电子化的产物，但绝对不仅仅像政府互联网那么简单。它包括网上信息发布、政府政策公开等多方面的资源建设。

1. 政府的信息服务

各级政府在互联网上建有自己的网站，公众可以查询其机构构成、政策法规、政务公告。相当于政府的"窗口"，网站一方面为公众提供信息服务，另一方面加强了政府与公众的沟通和联系。

2. 政府的电子贸易

政府的电子贸易也就是政府的电子采购，既能提高政府工作的透明度，促进廉政建设，又能够节省政府开支，提高政府工作效率。

3. 电子化政府

随着政府办公的自动化、网络化，不仅各部门内可以形成局域网直接连通，而且各部门也可以相互间连通起来，实现资源共享、信息互通，这是许多政府已经做到的一部分。政府在网上办公，比网下办公的效率要高得多，用安全认证等技术做保证，同样具有可靠性、保密性。

4. 政府部门重构

随着"信息高速公路"的发展，传统的政府工作模式已经无法适应，必须通过上网的方式来改革政府工作流程，使之更加合理化，提高政府的工作效率。

5. 群众参政议政

人们可以通过上网的方式发表自己的意见，参与有关政策的制定，还可以给国家领导人发邮件。这是民主化进程的重要一步，是信息技术发展促进人类社会进步的更高阶段。

6. 电子身份认证

用一张智能卡集合个人的医疗资料、居民身份证、工作状况、个人信用、个人经历、收入和纳税情况、公积金、养老保险、房产资料、指纹等身份识别信息，通过网络实现政府部门的各项便民服务程序。

（二）电子政务的作用

1. 有助于政府工作的公开，推动民主政治和廉政建设

电子政务的出现引起政府工作方式的变革，由集中权威方式走向分权民主

方式。为了加强社会主义民主政治建设，需要让公众更多地了解国家和地方各方面的情况，尤其要使公众知晓有关切身利益的政府工作情况。取得对政府工作的理解、支持，为他们参政议政创造条件，只有在法律上明确保障公众获取政府信息的权利，使他们透视政府机构的活动，享有充分的知情权，才有可能确保他们的参政权、议政权，将政府各部门及其公务员置于有效的监督之下，促进政府工作的民主化和科学化。另外，新技术的运用会导致绩效规范的突变性转换。政府决策通过新技术的运用将成为决策群体每个人的责任。有效的技术运用会成为改革的推动力，有利于职员接受变革的精神和程序；有利于保障在成功创业方面的个人所有权以及变革文化的持续发展。有效的技术运用会提高员工的积极性和主动性，推进创新文化的形成，使变革的阻力降到最低。政府的行政组织变革和公务员的行为变化都因为新技术的变化而成为可能。

电子政务的工作方式，体现出了一种分权与民主的特征，捍卫了效率与理性，成为信息化潮流下的政府形态之一。它扩大了公民的参政渠道，更新了参政技术手段，通过电子民意调查、电子公民投票、电子选举、电子邮寄等方式，使公民能够进行利益表达以影响政府的行为，政府倾听民意，作为决策的参考。互联网被看作政府与公民之间的一座电子桥梁，它的参与推动了公民与政府的直接对话，提高了民意在政府工作中的分量，从而极大地促进了民主政治的发展。同时通过网络，政府的各项活动可以受到公众的监督，这对于发扬民主，搞好政府部门的廉政建设很有意义。

2. 提高政府工作效率，转变政府职能

传统的政府管理相对滞后，不能完全适应知识经济的要求。知识经济的发展必然要求有与之相适应的政府管理，我国政府管理由于长期以来受到计划经济的影响，市场经济体制还不够完善，还存在着许多与知识经济发展不相适应的地方，这些不适应的因素严重地制约了知识经济的发展。

面对这些困境，人们发现新的信息技术将促进政府转型。信息技术的发展促进了信息资源的高度整合与利用。使"信息"成为权力运作和资源分配过程中最有分量的砝码。信息技术的发展改变了信息收集、处理、储藏以及传送的方式，能有效地革除那些由手工作业或个人恶劣动机导致的信息匮乏和信息欺骗的行政弊端，还能够通过最大限度地掌握资讯，改善决策者的有限理性，提高决策质量。

电子政务能使政府职能由管理职能向管理服务职能转变，从而促使行政办公效率的提高。一方面，网络化加强了政府的信息置换功能。政府可以使用各种新技术手段实现信息化管理，收集信息、处理信息、传递信息和沟通信息，以更快捷、更经济的方式进行政府的整体行政，效率将大幅度地提高。另一方面，信息可以在组织内部被更多的人分享，越来越多的问题在较低的层次就可以得到解决，以上传下达为主要工作内容的中层管理可以大大地精简，行政程序大大地简化，行政效率大大地提高。

基于网络的电子政务会有极高的工作透明度和前所未有的办公效率，数字化的办公方式也会使电子政务更加廉洁。

3. 可以推动行政管理现代化

（1）管理"硬件"的现代化。信息技术革命使现代行政管理系统的管理组织运行日益技术化，管理手段现代化。随着信息高速公路的开通和拓展，人们建立了许多从前无法想象的管理系统，办公自动化、多媒体、计算机设备成为行政管理中的重要硬件，管理越来越呈现数字化、模型化和计算机化。计算机网络是直接、高效的管理工具，并且与全球的管理系统融为一体。

（2）管理"软件"的现代化。在思想管理方面，管理者越来越强调办事的效率，并采用自然科学和社会科学等多学科的知识，管理从定性走向定性与定量相结合。在管理方法方面，可采用具有广泛外延的系统方法，如全面管理方法（包括全面计划管理、全面经济核算、全面质量管理和全面设备管理）、优选法、价值工程、网络技术、计划评审技术、预测技术等，将得到网络信息技术的支持并贯穿整个管理过程中。同时，采用具有远距离控制、分布式统一协调、动态网络计划等新的管理方法和管理措施也将成为可能。

（3）管理参与者的现代化。在行政管理系统中人永远是最重要的因素。各种管理手段、管理方法、管理设备都需要人去掌握和实施。作为管理主体的行政人员，在网络时代将不得不具备丰富的知识、多样的技能，他们是通才而不是专才，他们拥有创新精神而不能因循守旧。同时，网络教育的发展也使得作为被管理的人获得较高的素质，并具有更强的自律性、自我组织能力和参与意识。管理对象特征的改变，将导致行政管理系统管理方式的革新。

4. 有助于推动组织决策发生变革

决策是行政管理运行职能的前提和核心，网络信息技术的发展和运行对决策活动产生了深刻的影响。

（1）决策权的分化。在信息时代，行政管理环境的复杂性在不断地提高，非常规化、非程序化的决策增多，决策的目标更多的是面向未来，因而风险也在增大，使分散决策权成为必要；同时，对问题的快速反应和快速处理，不仅要求及时决策、就近决策，也要求决策权分散到各个问题的发生地；另外，行政组织权威的基础建立在知识和信息上，而知识和信息的分散决定了权威的分散性，进而决定了决策权的分散化。

（2）改进决策者的有限理性。就管理决策理论的创始人西蒙的观点，在不能获得足够信息的情况下，人们的决策行为只能是有限理性的判断和决策，根据不可能存在最优模式。网络信息技术的发展使管理者在任何时候都可以得到恰当的信息，这就改善了决策者的有限理性。网络信息技术的发展能够使决策者可以根据信息及时发现问题，确定目标；可以根据信息确定尽可能多的方案；可以利用信息对每一个方案进行系统的分析，并对比择优，从而大大提高决策的科学性和合理性。以计算机互联网为基础的信息技术，对完成程序化决策的功能和效率是不言而喻的，对非程序化决策也可以提供强有力的信息支持。

（3）促进决策的科学化。科学的决策尤其是复杂的决策，需要先进的智囊系统和信息系统，又需要一些现代自然科学及统计学的方法，如系统分析法、可行性论证、群体讨论等。这些辅助系统和科学方法功能的发挥都是与全面、及时、经济、准确的信息收集和处理分不开的。网络信息技术使得这些决策工具和方法的运用变得简单化、可操作化，从而大大提高了决策的有效度和效率。

（4）提高决策的民主化。在组织内部，层层参与决策、人人参与决策，智囊团和专家人员的意见能得到及时反馈，决策的民主化程度大大提高。在组织外部，社会公众和有关社会组织利用便利的互联网也可以自由地发表自己的意见和看法，也可以及时提出自己的要求。对一些关系重大、影响面宽的复杂决策，政府组织的决策核心可以把决策的意图提出来让大家在互联网上提出方案；也可以在网上讨论已制订或收集的决策方案，充分利用大家的聪明才智做出科学决策。

5. 有助于推动组织领导方式的转型

在网络时代，行政组织的领导者将面临空前的挑战：如何把分散的各部门整合在一起，既保持员工个人和团体的自主性，又维持他们行动的集中和协调；如何重整对外关系并创造新的机遇；如何在动态的网络组织中保持责任感；如何将持续的学习或培训和快速反应的能力融入组织结构等。这就需要对传统的领导方式进行革新。

（1）人本管理。传统的领导者注重以"物"或"任务"为中心。领导者要求下属成为标准的"行政人"，以便实行规范的标准化管理。但这种使人异化为物的管理方式，不利于人的创造性的发挥。随着网络的发展，网络信息技术使组织管理更多建立在知识和能力上，只有充分调动工作人员的积极性、创造性，才能取得较好的组织绩效。

电子政务能实现以人为本的领导方式，把传统的"管人"变成"解放人"，"开发人的智能空间"，重视知识和人才作用的发挥，这就要求组织者做到：善于利用赞赏、表扬或荣誉等传统的精神激励及其他物质激励方法；善于授权和赋予下属责任感；善于利用咨询下属意见和建议、参与决策、自主管理、目标管理等参与管理方式；善于培养责任感与合作的团队精神，增强组织的凝聚力；善于组织员工利用信息共享来实现共同提高；善于组织和引导组织学习；善于集中下属智慧和统一行动；以身作则，勇于接受改变和发挥示范作用，充分施展领导的非权力影响。

（2）重视组织文化建设。传统的领导方式强调规章制度建设。而信息时代的领导方式注重文化建设，组织文化是在组织管理领域产生的一种特殊的文化倾向，是组织管理精神世界中最核心、最本质的东西。组织文化是在一个组织长期发展的过程中形成的，是把组织内部全体成员结合在一起的日常行为方式、思维方式、价值观念和道德规范。良好的组织文化反映了该组织成员的整体精神，共同的价值标准、合乎时代的道德和追求发展的文化素质。它是维系着组织内部人与人之间的关系，保证着组织成员为实现组织目标自觉地团结协作；通过潜移默化来影响组织的行为；保证组织行为的一致性。它是一种文化管理、自我管理、内在管理，对组织标准管理和制度管理起到补充和强化的作用。组织文化是一种软管理和领导方式，它通过构筑共同的价值观和责任感、使命来保证组织职能的实现。在网络时代，组织领导者的主要职能之一就是塑造良好的组织文化，并引导组织文化不断发展。

（3）注重创新管理。面对不断变化的行政环境和多样化的管理需求，不断地创新将成为未来量度方式的主旋律。行政组织的领导者必须敢于面对挑战，以追求卓越的精神，并且不断地进行战略创新、制度创新、组织创新、观念创新，而不是传统的固守惯例。领导者要善于利用不断涌现的知识和信息来解决不断涌现的新问题。

（三）电子政府与传统政府的区别

通俗地说，电子政府就是通过在网上建立政府网站而构建的政府。电子政府的实质是把工业化模型的政府（集中管理、分层结构、在物理经济中运行的政府）通过互联网转变为新型的管理体系，以适应全球化的、以知识为基础的数字经济，适应社会运行的根本转变，这种新型的管理体系就是电子政府。其核心是大量频繁的行政管理和日常事务都是通过设定好的程序在网上实施，大量决策权下放给团体和个人，政府重新进行职能定位。

建设电子政府就是运用信息技术打破原政府部门之间的界限，使人们可以通过不同的渠道获得政府的各种政策信息和服务。政府部门之间以及政府与社会之间由电子化渠道进行相互沟通，并提供各种不同的服务选择，组成一个每天 24 小时运行的网络体系。通过建设电子政府，政府就可以借助互联网强大的信息收集和传递的能力，大大增强政府在收集、传递政策信息方面的能力，从而有助于增强政府协调和控制各种社会活动的职能。关于传统政府和电子政府的区别如表 6-1 所示。

表 6-1　传统政府和电子政府的区别

传统政府	电子政府
实体性	虚拟性
区域性	全球性
集中管理	决策权下放
政府实体性管理	系统程序性管理
垂直化分层结构	扁平化辐射结构
在传统经济中运行	在以知识为基础的数字经济中运行

资料来源：顾建光编著《现代公共管理理论与实践》一书。

三、电子政务的技术支持与制度环境

（一）电子政务的技术支持系统

电子政务的技术支持系统应包括电子政务的基础平台（包括网络体系、资源体系）以及基于基础平台的应用体系。此外，还应包括保证电子政务安全运行的安全体系和作为电子政务建设依据的标准体系。

1. 电子政务的网络体系

电子政务的网络体系提供了电子政务管理赖以实现的网络环境资源，一般分为政府内网、政府专网和公众服务网。政府内网服务于政府机构的日常电子化办公，实现包括公文收发、会议管理、人员管理、项目管理、财务管理等完整的电子办公功能，极大地提高了政府机构的管理能力和工作效率。政府专网实现政府内部上下级单位之间的垂直互联。在政府专网中，按照政府业务可划分为各种办公业务资源网，它包括各类政务事务处理系统、管理信息系统、决策支持系统以及应急指挥系统。公众服务网实现政府与公众之间的横向互联，为政府对社会所实施的各种管理与大量的公共服务提供了平台，由它构成的整个网络体系提供了纵横交错的全方位网络服务。

2. 电子政务的资源体系

政府信息资源是十分丰富的，包括诸多方面的内容，如国家和地方的政策、法律条例，国际、国内重大政治新闻，经济运行分析，社情民意动向，统

计报表，各种公文，会议情况等。政府信息资源主要为电子政务系统提供内容。如果说网络基础设施主要是电子政务系统的硬件，那么信息资源就是电子政务的重要软件。电子政务的资源体系是围绕信息资源而进行的所有建设工作、管理工作的有机完整的体系。资源体系应建立在政府信息资源开发和应用的基础之上。要体现政府信息公开和面向社会服务的原则，资源体系的建立包括一系列配套性的工作，如制定政府信息库建设规范、信息资源采集、加工和发布以及管理实施标准，制定统一的规划和技术标准等。

3. 电子政务的应用体系

电子政务的应用体系是建立在电子政务数据信息及中间件平台基础之上的。是由各类业务应用基础支撑组件、多个业务管理和政府信息应用系统等共同组成的复杂应用体系，电子政务应用体系主要包括基础数据中间件层、基础应用组件平台层和业务应用系统层。基础数据中间件层在应用体系中主要起着异构系统整合、通信可靠性保障及提高应用系统运行效率等作用。基础应用组件平台层是基于当前分布式多层架构和组件技术构建的，组件为电子政务应用体系提供了标准化模块，组件平台就是这种成熟的标准化模块的集合。业务应用系统层是直接面向政府机构、面向服务对象、面向应用领域的工作系统。构成了电子政务应用体系的主体。政府部门的应用需求各有不同，流程在细节上也千差万别，但围绕电子政务相关的三大行为主体（政府部门及其工作人员、企事业单位及其他社会组织、社会公众）形成了办公自动化系统、电子政务门户网站、公众服务系统、信息资源管理系统、智能化分析与辅助决策系统五类应用模式。

4. 电子政务的安全体系

为保证政府网各种信息系统的安全，往往在电子政务系统中采用多种手段，如通过物理隔离、逻辑隔离、数据加密、防火墙、系统安全加固、入侵监测与漏洞扫描、安全审计、病毒查杀、身份认证与授权、系统备份与灾难恢复等技术手段以及安全策略管理、规章制度建设等管理手段的综合运用，为政府提供一个安全的信息平台。

5. 电子政务的标准体系

电子政务标准是以电子政务的理论研究和实践发展为基础，经政府相关部门与代表厂商协商一致，由政府主管部门批准，以特定形式发布，在电子政务发展过程中需要共同遵守的准则和依据。电子政务的标准体系涉及面较广，总的来说，可以分成1个总体标准和5个分标准两个层次。电子政务总体标准是关于电子政务发展的总体性标准，主要包括电子政务基础性标准、总体规范及技术框架等，在整个电子政务的标准体系中具有全局性、指导性的地位。总体标准相对来说概括性比较强，而且一旦确定，有相对较长的稳定性。电子政务的五个部分标准则是网络基础设施标准、应用支撑标准、应用标准、信息安全标准和电子政务管理标准。

（二）电子政务的应用

电子政务经历了多年的发展，已经得到了广泛应用。概括起来，电子政务的应用主要包括政府间的电子政务应用、政府与公务员间的电子政务应用、政府与企业间的电子政务应用和政府与公众间的电子政务应用等。

1. 政府间的电子政务应用（Government to Government，G to G）

政府间的电子政务应用主要是指上下级政府、不同地方政府、不同政府部门之间的电子政务应用。这类应用致力于政府办公系统自动化建设，促进信息互动、信息共享以及资源整合，提高政府内部的行政效率。政府间的电子政务应用主要包括六部分。

（1）政府内部网络办公系统。政府内部网络办公系统是指政府部门内部利用办公自动化系统（OA）和 Internet/Intranet 技术完成机关的许多事务性工作，实现政府内部办公的自动化和网络化。

（2）电子政策法规系统。G to G 电子化方式可以传递不同政府部门的各项法律、法规、规章、行政命令和政策规范，使所有政府机关和工作人员真正做到有法可依、有法必依，具有十分明显的速度和管理成本优势，既可做到政务公开，又可实现政府工作人员和公民之间的"信息对称"。

（3）电子公文系统。在电子政务条件下，公文制作及管理实现电脑化作业并通过网络进行公文交换，公文制作更加规范化、科学化和无纸化。

（4）电子档案管理系统。电子文件的产生向电子政务提出了电子档案管理的问题。在电子档案管理的整个流程中，包括案卷管理、目录管理、档案借阅、档案统计、档案销毁等环节都有着与传统档案管理不同的内容和要求。电子档案管理系统就是为了解决上述问题而产生的。

（5）电子财政管理系统。电子财政管理系统可以通过网络向政府主管部门、审计部门和相关机构提供分级、分部门、分时段的政府财政预算及其执行情况报告，包括从明细到汇总的财政收入、开支、拨付款数据以及相关的文字说明和图表，便于相关部门和领导及时掌握和监控财政状况。

（6）政府网络管理系统。政府网络管理系统主要是为政府处理各种业务提供服务，包括纵向网络管理系统和横向网络管理系统。纵向网络管理系统主要适合于一些垂直管理的政府机构，如国家税务系统、海关等部门通过组建本系统的内部网络，形成垂直型的网络化管理系统，实现统一决策、分层控制和实施、信息实时共享，提高系统的整体决策水平和反应速度。横向网络管理系统是指通过网络在政府不同部门、不同地区政府部门之间进行横向业务协调来实现政府的有效管理，其目的主要是通过网络的应用，使原本分散在不同部门、不同地区的决策信息得到有机集成，被不同决策者共享，减少部门间、地区间的相互推诿现象，提高决策的准确性和作业效率。

2. 政府与公务员间的电子政务应用（Government to Employee，G to E）

政府与公务员间的电子政务应用模式：第一，在对公务员的日常管理中利用网络进行日常考勤、出差审批、差旅费异地报销等。这既可以为公务员带来很多便利，又可节省领导的时间和精力，还可以有效降低行政成本。第二，公务员招聘可以在网上进行。网上招聘具有两大优势，即方便快捷和信息丰富。方便快捷是因为求职者可以直接从网上获得自己所需要的信息而不需要亲自去招聘单位了解情况，人事部门利用数据库对求职者在网上提交的信息进行审核、查询等处理，大大提高了工作效率。信息丰富是指两个方面：关于岗位招考、招聘的信息丰富，可以链接到有关政府部门的介绍；政府部门也可以有对比性地找到合适的人才。第三，对公务员的培训也可以在网上进行。公务员可以借助网络随时随地注册参加各类培训课程、接受培训、参加考试等，为打造知识型政府、学习型政府奠定良好的基础。第四，政府通过建立整体性的电子邮递系统，提供电子目录服务，提高政府部门与公务员之间的沟通效率。第五，可以对公务员进行网络业绩考评，即利用网络技术构筑起业绩考评系统，既可以对业绩考评的各项指标进行量化考核，又可以通过网络实现远程考评，还可以实现公务员之间的横向比较以及不同时期的纵向比较，使考评更加科学、公平与公正。

3. 政府与企业间的电子政务应用（Government to Business，G to B）

政府与企业间的电子政务应用可以让政府通过电子网络系统高效快捷地向企业提供各种管理、服务和政府采购活动的信息。第一，政府采购部门可以利用电子化政府采购及招标系统实现网上采购。供应商直接将标书传送到网站，政府采购部门可以按照招投标程序开标，并邀请有关专家在线评议，在网上实时发布评估结果。这种采购及招标对于减少"暗箱"操作具有重要意义，同时还可减少政府和企业的招投标成本，缩短招投标的时间。第二，建立电子税务系统使企业通过网络足不出户直接通过网络完成税务登记、税务申报、税款划拨等业务，并可查询税收公报、税收政策法规等事宜，既方便企业也减少了政府的开支。第三，建立电子工商行政管理系统，让政府通过网络来实现证照管理。这既可大大缩短证照办理时间，还可减轻企业人力和经济的负担。电子证照系统可使企业营业执照的申请、受理、审核、发放、年检、登记项目变更、核销以及其他相关证件如统计证、土地和房产证、建筑许可证、环境评估报告等的申请和变更都在网络上进行办理。第四，通过网络进行电子外经贸管理，如进出口配额许可证的网上发放、海关报关手续的网上办理以及网上结汇等，都是行之有效的外经贸管理方式。第五，建立与企业经营管理活动相关的电子资料库，收集政府各方面的数据和信息，为企业和社会提供多种信息服务，如商标注册管理机构可以提供已注册商标的数据库，供企业查询；科技成果主管部门可以在网上公开发布有待转让的科技成果；质量监督检查部门可以在网上公布假冒伪劣的产品和企业名录，保护有关厂家的利益；政策、法规管理部门可以向企业开放法律、法规、规章、政策数据库等各种重要信息。

4. 政府与公众间的电子政务应用（Government to Citizen，G to C）

电子政务广泛地应用于政府与公众之间，是政府通过电子网络系统为公众提供从出生、入学、就业、社会保障到死亡等整个生命周期中的各种服务的途径。G to C 致力于网络系统、信息渠道以及在线服务的建设，为公众提供更便捷、质量更佳、内容更多元的服务。G to C 是电子政务的重要方面。主要发生在政府职能部门与各种社会团体及个体之间，具体内容包括：第一，电子身份认证，即通过一张智能卡集合个人的医疗资料、身份证、工作状况、个人信用、个人经历、收入及缴税情况、公积金、养老保险、房产资料、指纹等身份识别信息，通过网络实现政府部门的各项便民服务程序。电子身份认证使公众能够通过电子报税系统申报个人所得税、财产税等个人税务，不但可以加强政府对公众个人的税收管理，而且可方便个人纳税申报。此外，电子身份认证还可使公众通过网络办理结婚证、离婚证、出生证和财产公证等手续。第二，面向公众的电子公共服务，如公众日常管理服务、电子化社会保障服务、电子化教育服务、电子化就业服务、电子化交通运输服务、电子化旅游服务等。第三，接受公众通过网络发表的对政府有关部门和相关工作的看法，公众参与相关政策、法规的制定；公众还可以直接向政府有关部门的领导发送电子邮件，对某一具体问题提出意见和建议。

（三）电子政务安全管理

在电子政务建设中，安全问题成为阻碍其发展的重要因素之一。病毒、黑客侵袭信息网络系统的例子不胜枚举，这些破坏行为会带来巨大的经济损失，尤其是对政府网络系统而言，除会造成经济损失，还会给国家安全、社会稳定甚至是人类生存等带来重大影响。所以，如何保障电子政务信息的机密性、完整性、可用性、可控性和不可否认性，就成为电子政务安全的主要内容。电子政务安全管理就是采取一整套科学合理的管理手段来实现电子政务的安全目标，具体内容包括五个：第一，设备安全，即建立防范机制以防范电子政务物理设备不因自然灾害、设备老化或人为破坏等原因而遭受损失。第二，信息安全，即在信息传输、信息存储、信息访问等环节上建立完整的保障机制。第三，技术安全，即在技术体系上要有防火墙技术、防病毒技术、入侵检测与漏洞扫描技术、认证与加密技术，要提高核心技术的国产化和自主开发能力，对应用于政府网络中的所有设备、软件必须进行严格的安全检测。第四，管理安全，即制定统一的安全管理规范和相关的法律法规，使电子政务的安全管理制度化、法治化。第五，政治安全，即增强政治防范意识，采用法律威慑、管理制约、技术保障和安全基础设施支撑的全局治理措施，防止国外不良势力和国内的不法分子利用网络进行各种煽动、颠覆和破坏活动。

根据电子政务的典型业务模型，电子政务安全管理需要从三个方面着手。

1. 办公环境的安全问题

为了保障电子政务安全，首先需要考虑办公环境的安全问题，即电子化的办公系统在运行过程中的安全问题。其中包括办公人员的身份确认问题、不同级别的政府官员和办公人员的权限控制问题、办公系统中的数据安全使用和存储问题、日常的病毒防范问题、对付网络攻击的问题，以及物理环境安全问题等。

2. 内部网络的安全问题

电子政务系统是在网络环境下运行的，因此，网络安全是安全保障的重要内容之一，它具体包括不同政府部门或不同级别的机构之间广域网数据传输的机密性和完整性问题、上下级之间网络互访的可控性问题，以及广域网有效带宽的可用性问题等。此外，还包括政府移动办公的安全问题，如政府官员移动办公的身份确认、权限控制和数据通信加密等问题。

3. 对外服务的安全问题

电子政务不仅是内部办公的问题，还涉及许多对外服务的内容，包括对企业和个人的服务，其中也存在很多安全问题，如公众访问权限的可约束问题，信息服务文档的防篡改问题，网络服务平台的可用性问题，网络访问的可控性问题，信息交互的机密性、完整性及不可否认性问题等。

电子政务安全管理还包括风险控制和风险管理。从客观上讲，自然灾害、电力供应系统的故障、静电或强磁场、设备本身机能缺陷等都有可能出现；从主观上讲，也可能出现人为过失或者恶意破坏等，还可能存在管理上的漏洞。这些情况中的任何一项如果在某个时刻出现，都会对电子政务系统造成极大的危害，因而，要求在电子政务管理中提高安全警觉和防范意识，做到有备无患。不过，从实践上看，近年来，世界各国都对电子政务安全管理给予了足够的重视，在制定国家信息安全战略、完善相关的法律法规、建立统一的管理机构、加强标准的制定和核心技术的研发、强化人员的管理以及加强信息安全基础设施的建设等方面做了大量工作，目的就是要建立一个有安全保障的电子政务系统。

第七章　公共管理的现代化改革与发展

第一节　21世纪公共管理面临的挑战

一、公共管理的挑战之信息时代

正如蒸汽机的发明和应用，标志着人类社会进入工业社会一样。计算机、移动通信、国际互联网等高新科技的发明和广泛应用，标志着我们进入了一个新时代——信息时代。在信息时代，信息技术革命从来没有像现在这样深刻地影响着世界的经济、社会、政治和文化的发展。以信息技术（IT）、人工智能（AI）、生物技术（Biotechnology）、材料科学（Materialscience）为代表的高新技术革命不仅在深刻地改变着人类的经济结构、社会结构和生活方式，而且还对政府治理乃至整个公共管理的过程、手段和方式产生着巨大影响，并使其面临着一系列前所未有的挑战。

（一）信息技术打破了国家对信息和传媒的垄断

以互联网为代表的信息技术的开放性、离散性、非中心性打破了传统的分层次、分阶段的信息传递模式。形成了一体化的信息传递模式，其凭借互联网技术的支持在任何一个节点上的个人或社区（组织），都可以以低廉的成本自由地、大范围地发布和传播信息，同时又可以个性化地选择和吸纳信息，参与各种政治、经济和文化活动。这在很大程度上又使得传统层级控制无能为力。正如《数字化生存》中尼古拉·尼葛洛庞帝所说的，"每个信息包都可以经由不同的传输路径，从甲地传送到乙地……正是这种分散式体系结构令互联网能像今天这样三头六臂"。像传统科层制级别那样层次多、等级次序严，实质上对信息和传媒有着某种垄断作用。以互联网为代表的信息技术则创造了一种全新的公共空间及信息扩散方式，实现了信息的快速传递和信息资源的广泛共享。

（二）信息技术改变了传统的政治参与方式

虚拟社区和网络政治组织的大量出现改变了传统的政治参与方式。根据一般的政治理论可知，当政治制度还不成熟时，无序的政治参与极容易导致政治动乱。因此，在很多后发展国家一般都通过各种各样的方式把政治参与控制在政府能够承受的范围内，并对那些自发组织的政治参与实行严格控制。然而，随着以互联网为代表的信息技术的快速发展，虚拟社区的数量也迅猛发展，它依照不同的主题把社区内的人群进行分类、细化，并通过多种互联技术把这些公众联系在一起。这种全新的政治参与方式，在提高公众参与政治的兴趣的同时，也给国家政治系统的稳定带来了冲击。

（三）政府形象的塑造因信息技术而受到挑战

政府形象是公众心目中对政府的政策表现以及公务员的言行所形成的总体印象和评价。良好的政府形象是政府合法性和政府影响力的重要来源，是现代政治文明的重要表现，是政治共识和政治稳定的基础。因此，塑造良好的政府形象具有极其重要的意义。客观地说，互联网络技术的发展在塑造良好政府形象方面有着积极作用，但是它对政府形象的塑造也提出了挑战：从社会公众的角度看，同以往相比，公众可以凭借互联网的支持更容易、更方便对政府及其工作人员政策和行为进行"监督"。以往我们常说："好事不出门，坏事传千里。"在信息时代，坏事就不是传"千里"的问题了，因为互联网可以使得公众对政府政策的评价以及诸多问题的揭发传播到世界任何一个互联网络可以到达的地方；从政府自身的角度看，互联网技术的发展使得电子化政府成为可能。但是，由于对电子化政府为公众提供信息和服务的本质缺乏足够的认识，一些政府部门在建立起自己的网站之后就认为万事大吉了。这样一来，政府网站上的信息陈旧以及服务滞后就难以避免了。当一些政府部门以这样的态度开展自己的所谓的"电子政务"时，其形象自然也就受到了损害。

二、全球化对公共管理提出挑战

全球化的本质是以经济全球化为核心，以通信、资金、劳动、信息、服务、生态、产品等要素自由跨国界移动为主要内容，以文化、政府、教育、科技、社会相互影响为直接后果的一种社会变化趋势，它是世界走向相互依赖、相互依存的一体化过程。如今，随着互联网络技术迅速发展和现代交通工具的日渐发达等，全球化趋势日益增强。相对于公共管理而言，全球化是一把双刃剑，它在为当代公共部门尤其是政府的变革与发展带来积极动力的同时，也提出了众多的挑战和考验。

（一）全球化冲击着传统的公共治理理念

全球化充满着激烈的市场竞争，它要求公共部门用更少的成本去做极多的事情，它提倡将市场机制引入公共管理中来，用成本-效益的方法来考虑公共管理中的投入与产出。经济全球化使公众对公共服务有了较多的选择权，对公共服务的质量也提出了更高的要求。有鉴于此，公共管理的存在应当是为民众而存在，公众即顾客，服务才是政府的本质所在。所以，全球化要求政府实现从"官僚理念"向"责任理念"转变，实现从"官制型政府"向"服务型政府"转变。

（二）全球化要求变革创新传统的政府职能

在科学技术的迅猛发展和生产规模的空前扩大的前提下而人们之间的交往越来越网络化、国际化，由此带来的人口问题、环境问题、资源问题、安全问题以及跨国犯罪等问题成为摆在各国政府面前的公共问题。在全球化特别是经济全球化冲击下，面对空前浩繁的社会公共事务的治理以及人类共同问题的解决，政府需要更多地引入市场机制，传统的政府职能体系需要不断地延伸突破，政府还需要将职能从"划桨"转变为"掌舵"。经济合作与发展组织进一步指出，经济全球化的迅速发展使得保持国际竞争力显得十分必要，这是公共部门制度变革创新的一个强有力的推动因素。处理国际问题不再是传统涉外部门的唯一职责，所有地区和地方政府部门都必须具有追踪、理解和处理国际问题的能力，这些源于全球化的国际问题正渗透到各国社会及经济问题的各个方面。可见，传统的政府的职能体系面临向市场化、社会化和国际化转型的趋势。

（三）全球化对公共决策提出了更高的要求

在全球化趋势的影响下，信息、知识的扩展以及人们的各种社会生活需求迅速而多变，因此，决策的区域性、随机性、二维性及时效性大大增强。但是，由于传统的官僚政府决策体制时效性差以及在资源配置上的不合理，无法对社会的动态化做出快速、灵活和有效的反应。因此，全球化要求提高政府对社会需求变化的敏感度，要求对传统的政府决策体制进行结构性的变革。另外，在全球化背景下，以现代信息技术为依托，公民的知情权、参政议政的渠道有了大幅扩展，一些非政府、准政府的决策系统在公共决策中发挥着越来越大的作用。同时，全球性公共问题的解决也需要多个国家的政府共同决策。这样就使公共决策体系趋于多元化。毫无疑问，决策体系的多元化必然要求公共决策的过程更加透明化和民主化。

（四）全球化要求政府关注全球公共治理

全球化导致了全球公共治理的趋势。各国政府的治理应与国际惯例接轨。众所周知，现在世界上绝大多数国家已经或正在走向市场经济道路。这种经济体制的趋同过程，也就是各国政府相互兼容、借鉴的过程。各国政府的治理要与国际治理相协调。伴随着全球化浪潮的兴起，人类面临的全球性共同问题越来越多，并且相互交错，纷繁复杂。在这种情况下，如仍像以往那样只关注本国范围内的决策和治理，就不会使这些公共问题得到解决。它必须依赖于世界各国政府的携手、共谋和合作，形成一系列的公共政策。各国政府必须在机构、制度以及职能上进行相应的调整才能形成全球性的公共政策，以有利于广泛的国际协调和合作。

第二节　西方新公共管理改革借鉴

西方国家的公共管理与创新是由政府主导推动的，改革与创新的代表性成果几乎都是在政府的推动下创造的，所以西方国家公共管理改革与创新在一定程度上称为西方国家的行政改革。要理解西方国家公共管理改革与创新的理论与实践，必须对西方国家行政改革的发展历程、当代西方国家公共管理改革的总体情况和一般特征、当代西方国家公共管理的主导模式、当代西方国家公共管理改革与创新对中国改革的启示等内容有较为深入的理解。

一、西方国家行政改革的发展历程

西方国家行政改革源于 20 世纪 70 年代的政府改革，它首先发轫于英国、美国、澳大利亚，随后扩展到全世界，引发了各个国家的公共行政改革。公共管理改革侧重于公共行政改革。

要深入理解西方国家行政改革的发展历程，必须理解和认识人类社会发展至今的国家行政的主要模式。对于如何划分国家行政模式，不同的研究者有不同的理解和认识。

张康之（2002）将迄今为止的人类社会的国家行政模式分为统治行政、管理行政和服务行政。他认为在人类政治社会的早期，即通常所称的传统社会中行政行为及模式属于统治行政的范畴；近代社会逐渐成长起来的行政行为及其模式属于统治管理行政的范畴。在现实的公共生活中，统治行政已经失去了生命力，在许多国家已经成为历史陈址。同时，与近代社会相伴生的管理行政也开始面临冲击。为此，全球各国政府为应对各种压力和冲击，先后推行了程度、范围、策略不一的行政变革，但随即发现形式上的修补已不能解决根本问题，而是需要建立一种全新的行政模式——服务行政模式。

吴江和马庆钰（2003）侧重从西方行政发展的实践出发，将国家行政模式分为统治行政、放任行政、管制行政和服务行政，并认为统治行政对应的时代是中世纪和封建社会，依托的条件是传统农业文明和家长政治制度的存在；放任行政存在于 18 世纪产业革命发生以后，依托的条件是自由资本主义市场经济环境的形成和资产阶级民主政治制度的建立；管制行政出现在工业社会的成熟时期，即 19 世纪 80 年代以后，依托的条件是市场经济环境的充分发展和资产阶级民主政治制度的成熟；服务行政对应的时代是后工业社会或者叫作信息社会和知识经济时代，确切地说是出现于 20 世纪 70 年代末 80 年代初，依托的条件是成熟的市场经济制度和民主政治制度以及全球化的扩展；以上两种观点各有侧重，综合比较来看，后一种分类模式客观、准确地反映了西方国家行政发展的演进历程，因此更为可取。

二、当代西方国家公共管理改革的总体情况和一般特征

当代一些西方国家的公共管理改革兴起于 20 世纪 70 年代末，影响深远。代表性的国家主要有美国、英国、法国、德国和澳大利亚。综合西方国家的公共管理改革的措施，我们就会发现西方公共管理改革总体上有五个特征。

（一）公共行政民主化

公共行政民主化包括权力的分散化和放松管制。权力分散涉及民主的价值本原，体现出权力向社会和公民回归的社会历史趋势。权力分散包括"分权""权力的非集中化"两种做法，前者是权力与责任的一起下移，后者是将不包括决策责任的权力下移。规制分为政府内部管理规制和政府外部管理规制。外部管理规制又有经济性规制和社会性规制之分。伴随各国政府职能的扩张，规制功能逐渐走向初衷的反面，成为限制企业发展和公民自由的工具。为了恢复民间的自主与活力，放松规制成为这次改革中的主要内容之一。

（二）公共部门民营化

公共部门民营化即把国有企业和事业单位这类公共部门民营化。改革过程中，各国政府基本认识到政府规模庞大不利于提高管理效能。另外，公共管理学研究者从公共选择理论、委托代理理论、交易成本理论、公共服务的安排与生产理论出发，也必须推进公共部门的民营化。

（三）公共服务市场化

公共服务市场化即把市场竞争机制引入公共服务，促进提高公共服务的质量。通过市场竞争机制提供公共产品服务是各国在行政改革中普遍实行的措施。具体措施有非垄断化竞争、公共部门与私营部门竞争、强制推动竞争以及公共部门之间的竞争。

（四）公共运营信息化

公共运营信息化是大力推行电子政务。公共运营信息化的核心是电子政务。这是随着信息技术在世界范围内的迅猛发展，特别是互联网技术的普遍应用，在政府管理领域出现的崭新事务，同时出现的是网络民主和影响深远的互联网舆情。电子政务及电子政府首先于 1993 年在美国政府发展起来，此后随着信息化的迅速发展，各国政府都大力推进电子政务的建设。

（五）重视政府绩效改革

政府绩效在西方被称为"公共生产力""国家生产力""公共组织绩效""政府业绩""政府作为"等，其字面意义是指政府所做的成绩和所获得的效益，但内涵非常丰富，既包括政府"产出"的绩效，即政府提供公共服务和进行社会管理的绩效表现；又包括政府"过程"的绩效，即政府在行使职能过程中的绩效表现。政府绩效还可分为组织绩效和个人绩效，组织绩效包括一级政府的整体绩效、政府职能部门绩效和单位团队绩效。重视政府绩效改革是公共管理改革与创新的核心措施。上述公共行政的民主化、公共部门民营化、公共管理的企业化、公共服务的市场化、公共运营的信息化很大程度上是以提高绩效为改革导向的。在政府绩效改革的运动中，以英国与美国的成效最为显著（程祥国和韩艺，2007）。

三、当代西方国家公共管理的主导模式

西方国家的公共管理改革路径各不相同、各有侧重，从不同的视角归纳可总结出不同的类型。

从大的历史进程来看，西方行政发展过程中出现三种范式及其主要表现：第一，古典范式。从 18 世纪 80 年代到 19 世纪 70 年代末，"政治-行政"二分法提出之前以贯彻实施"小政府""政党分赃制"为代表。第二，现代范式。从 19 世纪 80 年代到 20 世纪 70 年代，有学者将其称为传统行政管理阶段，以贯彻实施"官僚行政""福利国家"为代表。第三，后现代范式。从 20 世纪 70 年代至今，以贯彻实施"新公共管理""新公共服务"为代表，且仍处于实践进程中。

政府行政可分为公共行政、公共管理和回应治理三种模式（见表 7-1）。

表 7-1　政府行政的三种模式

项目	公共行政	公共管理	回应治理
公民与国家的关系	服从	授权	准许
资深官员的责任	政治家、政客	顾客	公民与利益相关者
指导原则	遵循制度与规章	效能与结果	责任、透明与参与
成功的标准	产出	结果	过程
关键特性	公平	专业精神	回应性

此外，根据公共行政理论研究的演进历程，依其运行的主导理论模式来进行区分，有学者对公共行政典范做了比较分类（见表 7-2）。

表 7-2　公共行政的三种典范

项目	传统官僚制	新公共管理	整体性治理
时间	20 世纪 80 年代前	1980~2000 年	2000 年后
管理理念	公共部门形态管理	私人部门形态管理	公私合伙/中央地方结合
运作原则	功能性分工	政府功能部分整合	政府整合型运作
组织形态	层级节制	直接专业管理	网络式服务
核心关怀	依法行政	动作标准与绩效指标	解决人民生活问题
成果检验	注重输入	产出控制	注重结果
权力运作	集中权力	单位分权	扩大授权
财务运作	公务预算	竞争	整合型预算

续表

项目	传统官僚制	新公共管理	整体性治理
文官规范	法律规范	纪行与节约	公务伦理与价值
运作资源	大量运用人力	大量利用信息科技	网络治理
政府服务项目	政府提供各种服务	强化中央政府掌舵能力	政策整合解决人民生活问题
时代特征	政府逐渐摸索改进	政府引入竞争机制	政府制度与人民需求 科技、资源的高度整合

以上探讨的当代西方国家公共管理改革与创新模式同样可从不同的角度加以区分。由于当代各国公共管理改革路径各异，从不同的角度进行归纳可以总结出不同的类型。

（一）英美的市场主导模式、欧洲或莱茵模式、东亚的政府主导型模式

各市场经济国家的政府公共管理可以按照政府干预模式的不同分为英美的市场主导模式、欧洲或莱茵模式与东亚的政府主导型模式（张康之，2002）。

这种划分方法是由厦门大学陈振明教授在其主编的《公共管理学：转轨时期我国政府管理的理论与实践》一书中提出的。该方法以政府干预的深度与广度为切入点，从各国经济发展水平与政治文化、历史传承等方面的差异出发，将各市场经济国家的政府公共管理模式分为英美的市场主导模式、欧洲或莱茵模式与东亚的政府主导型模式。

1. 英美的市场主导模式

英美的市场主导模式主要依靠市场调节，政府的干预或调控被限制在相对狭窄的范围内，具有相对浓厚的自由主义色彩。美国的市场经济奉行凯恩斯主义，以需求管理作为主要调节方式，对社会经济总量进行宏观调控。国有经济比重较小，垄断大企业在经济中起主导作用，政府对企业的调节与干预主要靠维护自由竞争的市场秩序。英国是自由放任思想的故乡，是比较典型的以市场机制作为资源配置手段的自由市场经济。

2. 欧洲或莱茵模式

欧洲或莱茵模式的特点是政府宏观调控的力度较大，国有经济的成分也

较大，有明显的混合经济色彩。德国、法国和北欧国家都属于这种模式。法国具有推崇政府作用的国家主义传统，指导性经济计划在政府宏观调控中地位突出。法国对经济实施宏观干预与调节，采用集中管理方式，调控与宏观管理的决策权集中在中央。德国的"社会市场经济"模式则力图实现市场自由秩序与社会均衡原则的结合，政府参与调节，以形成有序的市场经济。这种模式以国家调节和市场竞争相结合作为基本方针，以立法形式保护市场公平竞争秩序作为国家的基本任务，以物价稳定、充分就业、适度经济增长和国际收支平衡为宏观调控的政策目标。

3. 东亚的政府主导型模式

日本、韩国、新加坡、印度尼西亚、马来西亚、泰国等东亚新兴工业化国家采取的是政府引导市场模式，即采取"亲"市场战略，政府的干预遵循着"充分的市场，必要的政府"的原则。这种模式与前两种模式相比，政府干预力度更大，政府在财政、金融、贸易产业、计划以及社会资本投入、技术开发、人才培养等方面的调控作用突出。

(二) 盖伊·彼得斯的治理模式论

西方学者在思考研究政府公共管理改革过程中，在系统评价席卷全球的政府改革运动的基础上，探索并提出了政府未来的治理模式。其中最著名的是由美国匹兹堡大学政治学教授、公共管理学大师盖伊·彼得斯博士提出的政府治理的四种模式。彼得斯博士在《政府未来的治理模式》一书中在对传统治理和全球行政改革进行多年潜心研究的基础上，将世界各国各种不同形式和不同程度的改革分为市场模式、参与模式、弹性化政府和解制型政府四种改革模式，并进一步指出这四种模式是改善当代政府治理的主要方式。

1. 市场模式

市场模式（Market Model）是改革中最流行、最受推崇的一种模式。这种模式认为，竞争能够提高效率，通过竞争可以打破垄断，能促使公营垄断组织对顾客的需要做出反应，从而实现消费者主权与"公民主权"；通过竞争可以提高公共部门组织内部员工的自尊心和士气；当下的行政改革是利用市场并接受这样的假定，即私营部门的管理方法几乎可以说是与生俱来的优越于传统的公共部门的管理方法。人们普遍假设提高政府组织效率的最佳甚至唯一的方法是用某种建立在市场基础上的机制代替传统的官僚体制。正是这一思潮的影响下，许多国家将市场化作为改革的标杆。通过私有化、公共服务付费制、合同制、建立政府内部市场分权化等方式推行市场化改革。

2. 参与模式

参与模式（Participation Model）又称授权模式，其主张在观念形态上几乎与市场模式相反。盖伊·彼得斯认为，该方法所倡导的管理理念与市场化管理相反，它的价值倾向是寻求一个政治性更强、更民主、更集体性的机制向政府传递信号。参与是 20 世纪 90 年代的主要政治议题之一。在当今时代，如果没有公众的积极参与，政府很难使其行动合法化。按照参与模式，在传统官僚制模式中被排除在决策过程之外的团体，被允许更多地介入组织机构的活动。该模式认为，传统官僚制的组织结构和管理方式是影响公共管理效率发挥的主要障碍。因而其政治主张有三个：第一，应该分权，也就是放权于基层，让那些长期处于被动执行的管理者具有参与权；第二，放权于服务对象，也就是给服务对象更多的权利，其理由是，服务对象作为纳税人是政府消费的提供者，是政府服务的最好评判者；第三，协商，即有效地吸收基层公务员、社会团体和公众参与政府公共管理。总之，参与模式体现了当代政府重视并激励公民参与公共管理的价值理念。

3. 弹性化政府

灵活型政府模式（Flexible Government Model）又称弹性化政府，它是指政府及其相关机构有能力根据环境的变化制定相应的政策，而不是用固定的方式应对新的挑战。弹性化政府是四种政府模式中最受关注的模式，也是概念最模糊的模式。就基本层面而言，弹性化政府是指政府有应变能力，能够有效固定新的挑战。然而，很多东欧、中欧及发展中国家的政府在这方面的尝试均以失败告终。因而，对该模式更准确地理解是政府及其机构有能力根据环境的变化制定相应的政策，而不是以固定的方式，应对新的挑战。该模式主张在组织上建立临时机构以完成一些日常事务和专门性的特别任务，在人事上实施短期的或临时的雇（聘）佣制，在权力上根据地缘管理原则下放权力。在组织机构创新问题上，该模式获得美国里根派和英国撒切尔派的推崇。然而弹性化政府模式对公共管理的影响问题，学术界仍存在较多的争议。

4. 解制型政府

解制型政府模式（Deregulating Govenment Model）又称非管制政府模式，它是指通过取消公共部门过多的规章制度，取消过程取向的控制机制，相信并依靠公务员的责任心、潜力和创造力提高政府的行动水平，让政府更具有创新性和效率。该模式的主要思想是改变官僚体制下的官员循规蹈矩的传统，让政府官员尽可能发挥出潜力和创造力，实现使社会各阶层满意的创造性工作，增进社会的整体利益。其基本主张如下：如果取消一部分对官僚机构的制约和限制，政府机构就可以使目前的工作更有效率，而且还可能从事新的创造性工作改进社会的整体利益；如果政府不去干预，政府雇员将会做好自己的工作，用一种虽然不完美但却很合理的方式为公众提供服务。由于该模式的基本观点与 20 世纪 80 年代大多数政治家对待政府作用的看法相比差别很大，解制型政府要想在政治上或实际操作中广泛被人们接受，还需要有一个相对漫长的过程。

（三）费利耶的治理模式论

英国学者费利耶（Ferlie）等在《行动中的新公共管理》一书中认为，在当代西方政府改革运动中，至少有过四种不同于传统的公共行政模式的新公共管理模式，它们都包含重要的差别和明确的特征，代表了建立新公共管理理想类型的几种初步尝试。

1. 效率驱动模式

效率驱动模式是当代西方政府改革运动中最早出现的模式，往往被称为撒切尔主义的政治经济学。它在 20 世纪 80 年代初及中期居于支配地位，但目前受到了威胁。这种模式代表了将私人部门管理（工商管理）的方法和技术引入公共部门管理的尝试，强调公共部门与私人部门一样要以提高效率为核心。

2. 小型化与分权模式

小型化与分权模式在 20 世纪 80 年代虽然没有像效率驱动模式那样处于

支配地位，但其影响力正在不断增强，地位日益重要。它与 20 世纪组织结构的变迁紧密相关。这种模式派生于这样一种论证：20 世纪前 3/4 世纪（1900~1975 年）组织结构向合理化、大型化、垂直整合等级（科层制）的历史转变已走向它的反面，20 世纪最后的 25 年出现了组织发展的新趋势，包括组织的分散和分权，对组织灵活性的追求，脱离高度标准化的组织体制，日益加强的战略和预算责任的非中心化，日益增加的合同承包，小的战略核心与大的操作边缘的分离等。

3. 追求卓越模式

追求卓越模式显然与 20 世纪 80 年代兴起的企业文化（公司文化）的管理新潮有关，特别是受《公司文化》《追求卓越》这两本畅销书的影响。这种模式部分反映了强调组织文化重要性的人际关系管理学派对公共部门管理的影响。

4. 公共服务取向模式

公共服务取向模式是目前最不成熟的模式，但却展示出巨大的潜力。它代表了一种私人部门管理观念和公共部门管理观念的新融合，强调公共部门的公共服务使命，但又采用私人部门"良好的实践"中的质量管理思想。它赋予新型公共部门既与以往旧的公共组织决裂，又保留了明确的认同感和目标使命的合法性。

四、当代西方国家公共管理改革与创新对中国改革的启示

随着市场化、全球化、信息化进程的推进，针对我国的具体国情，有选择地比较借鉴西方公共管理改革与创新的成功经验能为我国公共管理改革的顺利推进提供很好的启示。考察西方公共管理改革与创新的历程及其具体措施，以下六种经验值得我国借鉴吸收：第一，重视通过立法推进行政改革、保障改革的重要成果。西方国家往往在改革之初就制定相关法律，规范改革的路径、方式和步骤。第二，合理划分政府职能是改革成功的关键。第三，裁减冗员、精简政府机构、简化办事程序、改革繁文缛节是西方国家公共管理改革的重要表现。第四，重视引入竞争机制，提高政府公共管理和服务的效率和质量是西方国家公共管理改革的重要措施。一方面，西方国家通过在政府内部推行绩效考评机制，促进政府和公务员努力提高工作绩效；另一方面，通过在公共服务领域推行市场化和民营化，有力地推动了公共服务质量的改善。第五，积极推行电子政务是政府管理和服务顺应信息化时代的必然要求。第六，推行财政预算改革，实现低成本的有效管理是西方各国公共管理改革的普遍措施和追求。

第三节　当代中国的公共管理改革

一、改革开放以来中国政府改革的回顾与反思

（一）改革开放以来中国政府改革的回顾

众所周知，自1978年底以来中国就进入了改革开放的新时期。改革开放期间，中国政府改革共经历了八次大规模的政府改革。

1. 1982年改革

1982年，为适应经济体制改革和对外开放，我国进行了一次自上而下的历时3年之久的政府改革。这次改革的重点是精简机构、裁减人员、推动领导干部队伍年轻化。据统计，经过改革，在机构方面，国务院各部委、直属机构从100个降至61个；省级政府组成部门从50~60个降至30~40个；县政府部门从40个降至25个左右。在人员方面，国务院各部门从原来的5万多人降至3万多人；省级机关人员从18万人降至12万多人；县级机关人员比原来约下降20%。在领导人员任职方面，部级领导班子的平均年龄由64岁降至60岁；局级领导集体班子的平均年龄由58岁降至54岁。这次改革为经济体制的全面改革铺平了道路，为此后进行的政府改革积累了经验。

2. 1988年改革

1988年的政府改革以转变政府职能为关键，以经济管理部门为重点。

要求按照政企分开的原则，把直接管理企业的职能转移出去，把直接管钱、管物的职能分离出去，使政府对企业的管理由直接管理逐步转向间接管理。在机构改革方面，注重强化综合管理部门、经济调节部门、监督部门和社会保障部门，适当弱化专业管理部门。改革后，国务院部委由 45 个降至 41 个，人员编制比原来减少了 9700 多人。此外，地方政府机构改革也取得了一定进展。

3. 1993 年改革

1993 年的政府改革以适应社会主义市场经济发展的要求为宗旨，重点在于转变政府职能，理顺政企关系，精简政府机构和人员，改革的根本途径是政企分开。同时，以推行国家公务员制度为重点，全面推行机关、事业、企业人事制度改革，探索国有资产的管理体制。改革后，国务院原有的 18 个专业经济管理部门撤销 7 个，新组建 5 个。国务院的工作部门由 86 个减少到 59 个，非常设机构由 85 个减为 26 个，精简人员数量达 7400 人。

4. 1998 年改革

1998 年的政府改革是在我国经济体制改革进入重要阶段、社会经济发展进入关键时期进行的，也是历次改革中力度较大、机构变化和人员调整较大的一次。这次政府改革的目标是建立办事高效、运转协调、行为规范的行政管理体制，完善国家公务员制度，建立高素质专业化行政管理干部队伍，逐步建立适应社会主义市场经济体制的有中国特色的行政管理体制。

根据这一目标的要求，这次改革涉及了政府管理的诸多方面：在政府机构和人员数量方面，国务院组成部门由 40 个精简为 29 个，省级政府工作机构由原来的平均 55 个减少为 40 个；在政府同市场、社会以及企业的关系上，政府的重点放在宏观调控、制定产业政策、规范市场、基础建设和提供公共服务上来，并大力发展一批社会中介组织，并将社会可以自我调节与管理的事务逐步交给事业单位或社会中介组织；在中央和地方的关系上，合理划分了中央和地方的管理权限，明确各自的人事权、财权和决策权；在完善国家公务员制度方面，这次改革在把建立高素质的专业化行政管理干部队伍作为机构改革目标的重要组成部分的同时，还精心进行了人员分流工作（全国各级机关干部行政编制共计精简 115 万人），为全面提高政府管理人员的素质奠定了基础。

需要指出的是，这次的政府改革并不仅是精简机构，我国政府还根据时代发展需求成立了一些新的部门，如产业损害调查局、进出口公平贸易局、司法考试司等。这是我国政府与时俱进的体现。此外，在这次改革中，我国政府也加强了行政体系的法治建设，从而为依法行政和巩固改革成果提供了法律保证。

5. 2003 年改革

2003 年的政府改革是在我国加入世界贸易组织的大背景之下进行的，其总体目标是深化行政管理体制改革，进一步转变政府职能；具体目标是"行为规范、运转协调、公正透明、廉洁高效"的行政管理体制。就政府职能而言，此次改革明确提出：政府职能应集中于市场经济调节、监管、社会管理和公共服务四个方面。

根据上述目标和职能转变的要求，此次改革成立了国有资产监督管理委员会，深化国有资产管理体制改革；将国家发展计划委员会改组为国家发展和改革委员会，目的是进一步完善宏观调控体系，使政府经济职能从计划经济体制下的"全能型"向市场经济体制下的"调控型"转化；设立银监会，健全金融监管体制；新组建商务部，不再保留国家经济贸易委员会、对外贸易经济合作部，旨在推进物流管理体制改革，在 WTO 框架内促进国内外贸易业务的相互融合；在国家药品监督管理局的基础上组建国家食品药品监督管理局，加强食品安全管理；将国家经济贸易委员会管理的国家安全生产监督管理局改为国务院直属机构，强化了安全生产监管体制建设。

这次改革突破了以往仅在机构数量和人员规模上下功夫的改革思路，而是顺应 WTO 规则要求，进一步转变政府职能，为此后的大部制改革奠定了基础。

6. 2008 年改革

2008 年的政府改革按照精简统一效能的原则和决策权、监督权、执行权既相互制约又相互协调的要求，着力优化组织结构，规范机构设置，完善运行机制，为全面建成小康社会提供了组织保障。

此次改革确定的主要任务有三：一是加强和改善宏观调控，促进科学发展；二是着眼于保障和改善民生，进一步加强社会的管理，提升公共服务的能力；三是按照探索职能有机统一的大部门体制要求，对一些职能相近的部门进行整合，实行综合设置，理顺部门职责关系。经过本次政府改革，国务院部委由 28 个减为 27 个，直属机构由 19 个减为 16 个，正部级机构减少 4 个。

2008 年的政府改革启动了第一轮大部制改革。这次改革是在上次改革基础上，把政府的管理能力和其需有的责任联系起来，强调政府公共行政体系的服务职能，与以往五次政府机构改革相比，更具有体制性的进步。

7. 2013 年改革

第七次改革是在 2013 年，重点围绕转变职能和理顺职责关系，稳步推进大部制改革，实行铁路政企分开，整合加强卫生和计划生育、食品药品、新闻出版和广播电影电视、海洋、能源管理机构。

在这次改革中，组建了国家卫生健康委员会、国家食品药品监督管理总局、国家新闻出版广电总局，国家新闻出版广电总局重新组建了国家海洋局、国家能源局，不再保留国家电力监管委员会等。

经过改革，国务院正部级机构减少 4 个，其中组成部门减少 2 个，副部级机构增减相抵数量不变。改革后，除国务院办公厅外，国务院设置组成部门 25 个。

8. 2018 年改革

2018 年 3 月 13 日，国务院机构改革的方案提请第十三届全国人大一次会议审议。根据该方案，国务院正部级机构减少 8 个，副部级机构减少 7 个，除国务院办公厅外，国务院设置组成部门 26 个。

根据提案，国务院组成部门将做如下调整：组建自然资源部，不再保留国土资源部、国家海洋局、国家测绘地理信息局；组建生态环境部，不再保留环境保护部；组建农业农村部，不再保留农业部；组建文化和旅游部，不再保留文化部、国家旅游局；组建国家卫生健康委员会，不再保留国家卫生和计划生育委员会，不再设立国务院深化医药卫生体制改革领导小组办公室；组建退役军人事务部；组建应急管理部，不再保留国家安全生产监督管理总局；重新组建科学技术部；重新组建司法部，不再保留国务院法制办公室；优化水利部职责，不再保留国务院三峡工程建设委员会及其办公室、国务院南水北调工程建设委员会及其办公室；优化审计署职责，不再设立国有重点大型企业监事会；监察部并入新组建的国家监察委员会，不再保留监察部、国家预防腐败局。

改革后，除国务院办公厅外，国务院设置组成部门26个。

（二）改革开放以来中国政府改革的反思

1. 改革的成就

改革开放以来，中国的经济发生了巨大的变化，社会也正在发生巨大的变化，在此基础上，政府改革尤其是1998年的政府改革取得了较大成就：政府职能有了较大变化，机关作风建设不断改善，机构设置相对精干，政府运作更加协调，办事效率有很大提高。从具体表现讲，政府改革的成就主要体现在六个方面。

（1）整个社会对政府改革的重要性、紧迫性和必要性等方面达成了一定程度的共识，要想推动经济改革和社会发展，就必须进行政府改革。

（2）政府机构及人员膨胀的总体势头得到了一定程度的遏制，政府自身建设向"小而能"的方向发展。

（3）政府职能转变迈开了实质性的一步，政府管理体制和运行方式创新力度加大，并开始逐渐适应市场经济的需要。

（4）在政府与企业、政府部门之间关系的理顺方面有了较大进展，在政府与社会关系的调整方面也有了良好开端。

（5）国家公务员制度不断得到完善。

（6）行政法律体系建设不断得到加强，依法治国和依法行政的观念已深入人心等。

2. 改革的经验

无论是理论上的跨越还是实践中的重大突破，对于我国的公共管理来说，无疑都具有积极意义。总结我国政府改革实践的基本经验，主要有 5 条。

（1）坚持以适应社会主义市场经济体制为改革的目标，把转变政府职能作为机构改革的关键。

（2）坚持精简、统一、效能的原则，把精兵简政和优化政府组织结构作为机构改革的重要任务。

（3）坚持积极稳妥的方针，既审时度势，把握时机，坚定不移地迈出改革步伐，又充分考虑各方面可承受的程度，审慎地推进改革。

（4）坚持机构改革与干部人事制度改革相结合，制定与之配套的政策措施，妥善安排分流人员，优化干部队伍结构。

（5）坚持统一领导，分步实施，分级负责，从实际出发，因地制宜地进行改革。

3. 改革的误区

如前所述，我国改革开放以来的政府改革确实取得了一些明显的成就。但是有成就并不等于没有问题或不足。仔细分析上述的 8 次政府改革，尤其是对于前 3 次政府改革，不难发现我们在认识上还存在五个方面的误区或缺陷（张成福，2001）。

（1）政府改革的被动适应性远远大于主动的前瞻性。根据行政发展的观点，面对不断变化的政治、经济、社会、文化以及国际环境时，政府应当以前瞻性的创新精神不断进行改革，以行政的发展来推动社会的进步。只有这样，我们才能不断地应对社会挑战，促进社会不断地向前发展。然而，纵观我国历次的政府改革，都比较缺乏主动性、自主性和前瞻性。

（2）政府改革视角的偏狭。多少年以来，由于受狭义行政和计划经济的影响，人们一提起政府改革，便将其等同于机构改革，政府改革的视角是在机构、人员的调整上。给人一种印象，似乎政府改革就是撤并机构，精简人员。事实上，政府改革或再造涉及多个面向和维度。从一般意义上而言，政府改革至少会涉及三个方面的变革：一是结构性变革，如组织结构的重组、层级的简化、人员的精简；二是工具层的变革，它涉及政府治理方式、方法以及公务员做事的方式；三是价值层面的变革，涉及政府人员的心灵改革。显然，仅仅改变政府之结构，无法达到改革目的。

（3）缺乏对政府改革理论上的反思。中国历次的政府改革都已表明，我们在政府改革理论方面的准备和反思不足。对于政府改革的一系列重大理论问题，如公共行政的性质、政府的职责、政府与市场的关系、政府与企业的关系、政府与社会的关系、中央与地方的关系、政府治理方式以及包括政府改革的目的本身，都缺乏系统的理论分析。理论上的滞后会导致实践缺乏有效的指导，影响着对政府改革的深入思考和政策选择。

（4）政府改革孤立于社会和政治系统。政府不仅是政治系统中的核心要素，还是整个社会网络的关键点。因此，政府改革不能，也不可能游离于政治和社会系统之外。进一步说，立法、行政、司法、社会组织、政党、经济组织同样都是一个社会的共同管理者，任何一个组织都不可能游离于其他组织之外而孤立存在。因此，我们必须用联系的观点去观察和处理行政问题，绝不可孤立地、片面地对待。在政府改革的过程中，不能把其仅仅局限于政府组织之内，而应与政治改革、经济改革、司法改革、立法改革、社会组织改革结合起来，这样才能相互呼应和协调。在此意义上，要适应不断变化着的内外环境，政府改革不仅在政府组织之内，应该是关联政党与政治、立法、司法、社会组织等多种环境系统的普遍、彻底的大规模的改革。

（5）效率主义典范局限。毋庸置疑，以往政府改革的核心在于追求有效率的行政。这种有效率的行政以提高政府工作效率为核心价值，以行政组织内部机构改革与重组作为改革的重心；而不论及外部政治、经济、社会与文化、环境的本质改善；以公共行政为国家意志与政策执行的出发点，希望借由国家组织社会职能和政府执行能力的改善解决问题；持管理主义的观点，从国家主导社会的角度，主张行政问题必须在行政组织内得到解决，并主张为了实现行政目标，应该赋予行政更多的更集中的权力。客观上讲，提高政府效率是应该的，也是必须的。但是必须指出的是，行政的高效率绝不是政府改革追求的全部价值，因为政府改革还需要公平、社会正义、民主、责任以及广泛的公民参与，而所有这些，也正是在追求政府高效的过程中最容易忽视的。故而我们说，以往政府改革的效率主义典范具有局限。

二、21世纪中国政府改革的战略选择

众所周知，受国内外环境发展变化的深刻影响，当前中国正在经历一次深层的转变，这种转变核心是对基本社会典范的变革。因此，我国政府必须进行不断的改革和创新，以适应这种变革的需要。在21世纪推进政府改革，不仅需要我们百尺竿头，更进一步，还需要我们用冷静的头脑、战略的眼光以及系统的思维来进行新的治理典范和方式的选择。

（一）以民为本，确立民主行政典范

民主行政并不反对追求有效率的行政，但同这种效率行政典范的理念和做法相比，它更是一种新的典范。民主行政典范认为，民主国家的基石在于民主原则和民主行政，并使民主哲学能渗入其行政机制之中。在此意义上，政府是经人民的共识建立的，政府是手段，人民是目的，把人民利益放在首位是民主行政的基本出发点。因此，作为公共利益的代表者，政府必须超越特殊利益集团，在有效运用行政资源的同时，也应重视公共服务的公平，实现社会正义。在政府决策这一方面，要有切实可行的公民参与程序和方式，使公共决策和公共政策能充分体现民意。民主行政还认为，政府应当扮演成长、创造、转变、整合的角色。同时，应鼓励多元和创新，而非无差别的一致和顺服等。

（二）合理定位，塑造公共服务精神

在传统的体制下，政府更多的是扮演生产者、监督者、控制者的角色，而为民众和社会提供公共服务的职能和角色却被淡化。在21世纪的政府改革中，我们既要积极吸收西方政府改革的经验，又要立足于我国的国情，顺应时代发展尤其是市场经济发展需求，合理定位政府角色，积极塑造公共服务精神，努力建构一个服务型政府。

服务型政府是在公民本位、社会本位的理念指导下，在整个社会民主秩序的框架下，通过法定程序，按照公民意志组建起来的以为人民服务为宗旨并承担着服务责任的政府。和过去人们经常谈论的政府服务相比，它意味着更深层次的转变。

在组织目标方面，由政府以社会控制为要务转变为以公共服务为要务；在

目标决策方面，由部分专家和机关决定，转变为由民众希望和合法期待来决定；在评价参数方面，由以成本-效益为基础的效率考量，转变为以民众评估的考量；在施政方向方面，由对特定"功能""权威""结构"的服从，转变为对"使命""顾客""成果"的认同；在施政过程方面，由一味强调按章办事转变为考虑民众的具体情况；在领导方式方面，由独断专横式转变为民众参与式。

（三）知彼知己，善用市场机制优势

对于政府和市场优缺点的认识不足以及政府对社会经济的过度干预是导致中国社会资源和财富浪费、效率低下、官僚主义、权力寻租、政治腐败以及政府机构和人员膨胀的根本原因。发达国家的实践经验也表明，市场调节和政府干预都不是万能的，而且过度的政府干预所造成的"恶果"有时比市场失灵还严重。所以，要想促进国家的发展就必须寻求政府干预和市场调节的最佳结合点，这样有利于扬长避短，达到优势互补。

正确处理政府与市场的关系，充分发挥市场机制在资源配置过程中的作用，应是中国在21世纪的政府改革中所采取的战略选择。市场之所以应得到政府的信赖，不仅是因为它以消费者为导向，还因为它具有平等性、开放性、竞争性等特征。为此，重新界定政府职能应当是当前中国政府改革中的重中之重。在此，我们必须明确一个基本原则，即政府末位原则。政府末位原则是指在界定政府职能时，在市场有效领域，应当首先发挥市场机制的作用，而在市场失灵领域，则首先考虑非政府公共部门的介入是否比政府更有效。

（四）内外结合，实现社会共同治理

随着全球化趋势的不断加强以及我国市场经济体制改革的不断深入，我国政府所面临的挑战越来越大。要适应日益多变的公共管理环境，解决更加复杂的公共问题，单靠过去那种建立在政治、经济、社会一体化基础上的无限政府的职能和结构已经难以满足当代中国公共管理发展的需求，它更多的是需要政府与整个社会之间的互动，即需要政府与民众、非政府公共部门乃至私人组织一道来相互合作，共同治理。西方各国的政府改革实践表明，国家的政府与社会各种力量之间互动的能力越强，其国家治理的能力就越强；国家的政府与社会各种力量之间的互动能力越弱，其国家治理的能力就越弱。因此，加强政府同社会之间的互动，实现政府、社会以及民众的共同治理，已成为 21 世纪中国政府改革必然的战略选择。为此，我们要为社会各种力量尤其是非政府公共部门创造良好的生存和发展环境，并通过拓宽行政参与渠道、民营化、社会责任共同承担等多种方式，整合社会不同力量，形成国家建设的协作网络，达到国家发展的目的。

（五）放松管制，激发企业经营活力

政企不分是中国传统体制下的政企关系的最大特点，它主要是指政府直接干预企业的经营活动，对企业管得过多反而不利于科学投资体制的形成，容易造成责任不清或决策失误，使市场在资源配置中的基础作用难以发挥。政企不分必然导致政府包揽属于企业事务，其结果必然是该管的事情没管好，不该管的事情管不好，大大降低了政府的工作效率。为此，改革政府与企业关系，就应该使政府的公共管理职能和企业的经营管理职能实行最彻底的分离，使企业成为真正的市场主体，使国有企业逐步从竞争性生产和经济领域退出。通过产权处置的方法，压缩国有企业的规模；贸易自由化，放松准入，停止补贴和转移支付等方法使企业更具竞争力；投资改革，使国有企业向更商业化的信贷靠近；限制软贷款的获得等方法，使其具有压力和活力；通过赋予企业经营者以更大的自由权以及引入新的监督机制（如稽查制度、业绩评议、管理合同等）来改善国有企业的激励和制约机制。

（六）适度分权，优化公共资源配置

现代社会发展的非均衡性、多元价值与利益的共存、民主政治的发展、社会变革的加速、信息的非对称等，使中央集权的管理体制面临着越来越多的挑战：较差的感知能力无法适应日益多变的公共管理环境；获取全部信息的能力无法满足现代决策对信息的渴求。因此，在 21 世纪中国政府的改革中，在强调中央权威的同时，还必须赋予地方必要的权力。适度的地方分权，有助于保护个人的权利和自由；有助于政府决策更符合地方实际；有助于地方合理使用和配置当地公共资源；有助于通过不同地方之间的竞争提高改进公共服务的质量；有助于地方积极性和创造性的发挥。

（七）弹性设计，提高组织适应能力

传统的政府机构设计缺乏弹性，适应性差；层级多，行政效率低下；机关规模缺乏标准，随意性大；部门关系不协调，内耗性高；权力过分集中，民主参与缺乏；官员对上级负责有余，对人民负责不足；监督机制不力，组织中权力扩张现象严重。因此，在政府组织设计上应更具弹性，以增强组织的适应性。弹性组织的主要特点：对环境具有开放性，强调将公众视为顾客的公共服务导向；实行政策制定与执行的分享，强调战略的管理；改变组织机构，使组织结构扁平化，减少管理的层次和环节；改变组织内部集权的结构、向下级授予权能，使其承担责任；以制度性的对话，知识和专门技能作为权力的来源；减少不必要的繁文缛节；重视决策的参与和组织的参与；网状形的沟通与联系；强调团队精神而非命令与服从达到整合与控制；建立跨部门和功能的组织。

（八）完善法治，更新政府治理模式

要建设社会主义法治国家，实施依法治国，政府必须服从法律规制，并使公民的权利和自由得到保障。为此，政府需要做到四点。

1. 崇尚秩序并反对无政府状态

人类对法律的服从并非自发实现的，人类因崇尚秩序，并因在有秩序的生活中实现自己的价值而对法律敬仰。无政府状态不能给人类带来更大的自由和幸福，相反我们看到更多的是建立在无政府状态下人类的自私、贪婪、相互残杀和对基本的人的权力的践踏。因此，对法治政府秩序的追求，就必然反对无政府状态。

2. 使法律具有普遍性

法律的普遍性是一个法治政府所应具有的最基础的形式要素，一个社会没有这种形式要素就无法成为一个法治的国家。

3. 使法律成为善法，即符合正义的法律

在一个法治政府和社会中仅仅强调法律的普遍性、稳定性和一致性是不够的，它还必须包含符合一定的正义标准，一定的正义内容。保障公民的基本权利和自由是实质正义的追求，是实质法治区别于形式法治的关键所在。

4. 政府应使自己的行为受法律的约束和控制

法治政府的理念固然承认并重视民众的守法，但其重点不是"治民"，而是"治官"，其基本的要义在于"治国者先受治于法"。因此，一个法治的社会经常试图阻碍压制性权力的出现，其依赖的一个重要手段就是通过立法为政府设定规则，通过广泛的分配权力来制约权力，通过政府间的权力分配的实现以权力制约权力。

参考文献

［1］［美］罗伯特·达尔．公共行政科学：三个问题．公共行政学百年争论［M］．颜昌武，马骏，译．北京：中国人民大学出版社，2010：47.

［2］蔡小慎．公共行政管理学［M］．大连：大连理工大学出版社，2007：254-255.

［3］陈振明．政府工具导论［M］．北京：北京大学出版社，2009：106-113.

［4］陈振明．政府工具导论［M］．北京：北京大学出版社，2009：143.

［5］陈振明．政府工具导论［M］．北京：北京大学出版社，2009：146-147.

［6］陈振明．政府工具导论［M］．北京：北京大学出版社，2009：150-153.

［7］陈振明，等．公共管理学原理（修订版）［M］．北京：中国人民大学出版社，2017：25-26.

［8］程祥国，韩艺，国际新公共管理浪潮与行政改革［M］．北京：人民出版社，2007：252-260.

［9］丁先存，王辉．新编公共行政学［M］．合肥：安徽大学出版社，2015：252.

［10］丁先存，王辉．新编公共行政学［M］．合肥：安徽大学出版社，2015：271-272.

［11］蓝志勇．谈中国公共管理学科话语体系的构建［J］．国家行政学院学报，2014（5）：33.

［12］林尚立．公共管理学：定位与使命［D］．公共管理学报，2006（2）：5-6.

［13］刘厚金．行政学概论［M］．北京：北京大学出版社，2015：341.

［14］刘厚金．行政学概论［M］．北京：北京大学出版社，2015：344.

［15］马骏．中国公共行政学研究：反思与展望［J］．公共行政评论，2012（2）：15.

［16］萨瓦斯．民营化与公私部门的伙伴关系［M］．北京：中国人民大学出版社，2002：107.

［17］宋世明．美国行政改革研究［M］．北京：国家行政学院出版社，199：148.

［18］王浦劬．论转变政府职能的若干理论问题［J］．国家行政学院学报，2015（1）：31.

［19］王玉明．第三部门及其社会管理功能［J］．中共福建省委党校学报，2001（7）：36-40.

［20］吴爱明，公共管理学［M］．武汉：武汉大学出版社，2012：241.

［21］吴爱明．公共管理学［M］．武汉：武汉大学出版社，2012：268.

［22］吴爱明．公共管理学［M］．武汉：武汉大学出版社，2012：269.

［23］吴江，马钰．25年来国外行政改革分析与评价［J］．新视野，2003（5）：29.

［24］许克样．公共管理学［M］．合肥：中国科学技术大学出版社，2014：249-250.

［25］张成福．公共管理学［M］．北京：人民大学出版社，2001：368.

［26］张康之，等．公共管理导论［M］．北京：经济科学出版社，2003：249.

［27］张康之．寻找公共行政的伦理视角［M］．北京：中国人民大学出版社，2003：5.

［28］中司林波，李雪婷，孟卫东．近十年中国公共管理研究的热点领域和前沿主题：基于八种公共管理研究期刊 2006—2015 年刊载文献的可视化分析［D］．上海行政学院学报，2017，18（3）：109.

［29］朱正威，吴佳．面向治国理政的知识生产：中国公共管理学的本土叙事及其未来［J］．中国行政管理，2017（9）：14.

［30］邹东升．公共行政学［M］．北京：北京大学出版社，2014：224-225.